校企合作经济管理精品教材

互联网 + 教育改革新理念教材

现代物流学

主　编　李　丹　黄　韧　刘　阳

副主编　肖　茜　李丽群　杨贵红

祁若溪　严晶晶

中国商业出版社

图书在版编目（CIP）数据

现代物流学 / 李丹，黄韧，刘阳主编. — 北京 : 中国商业出版社，2024. 7. — ISBN 978-7-5208-3061-4

Ⅰ. F252

中国国家版本馆 CIP 数据核字第 2024ML8403 号

责任编辑：黄世嘉

中国商业出版社出版发行

（www.zgsycb.com 100053 北京广安门内报国寺 1 号）

总编室：010-63180647 编辑室：010-63033100

发行部：010-83120835/8286

新华书店经销

北京宝莲鸿图科技有限公司印刷

*

787 毫米 ×1092 毫米　16 开　15.25 印张　348 千字

2024 年 7 月第 1 版　2024 年 7 月第 1 次印刷

定价：49.80 元

* * * *

（如有印装质量问题可更换）

前　言

物流与人们的生活息息相关，包括从采购、生产到销售这一供应链环节中所涉及的仓储、运输、搬运、包装等各项物流活动，贯穿企业活动始终，在国民经济和社会发展中发挥着重要作用。

本书根据我国物流发展现状、市场对物流人才的需求、1+X职业等级证书、物流技能竞赛的要求，系统阐述了现代物流的基础理论和发展。全书共分14章，分别介绍了物流概论、物流系统及其运输、仓储、配送、包装、流通加工七大功能环节，以及企业物流、第三方物流、供应链管理、国际物流、智慧物流等内容。本书具有以下特色。

（1）理论性和全面性：为更全面地呈现物流、物流系统以及物流的发展，本书全面介绍了现代物流的基础理论，重点阐述物流系统中7大功能环节的基础知识，并对第三方物流、供应链管理、国际物流、智慧物流进行介绍，以便学生全面了解物流理论知识。在课程思政背景下，每章结尾增加了思政园地内容，让思政渗透专业教学。

（2）应用性和实践性：本书借鉴优秀教材的编写思路，每章配有案例引入和思考、实践与实训，穿插知识拓展、案例拓展、小贴士、课堂互动，突出企业实际应用和行业发展，引导学生思考，激发学生关注实践，辅之课后习题巩固和检查学习效果，便于学生和教师教学。

（3）前瞻性：本书吸收物流行业的前沿理论与实践成果，强调案例的经典和前瞻，以应用和能力培养为出发点，贴合教学需求，便于学生将理论知识与物流发展结合起来，从而提高其应用能力。

本书由李丹、黄韧、刘阳担任主编；肖茜、李丽群、杨贵红、祁若溪、严晶晶担任副主编；具体编写分工如下：李丹编写第三章、第四章、第五章；黄韧负责编写第六章、第七章；刘阳负责编写第一章、第二章；第十三章、第十四章由祁若溪负责编写；第八章、

第九章、第十章、第十一章、第十二章由肖茜、李丽群、杨贵红、严晶晶共同编写。全书由李丹总纂并统稿。

本书在编写过程中参考了专家、学者的有关著作，并借鉴了网络上许多有益的资料，在此表示诚挚的谢意。凡有明确出处的会予以注明。若因编者疏忽而没有注明出处的，请善意提示，编者一定予以纠正。此外，由于编写时间仓促，编者水平有限，书中疏漏与不当之处在所难免，敬请广大读者批评指正。

在物流业蓬勃发展下，物流的相关理论、技术和设备等不断更迭和创新，书中一些内容有待更新和完善，不当之处恳请各院校同行、物流行业从业人员和广大读者批评指正，以臻完善。

编　者

2024 年 3 月

目　　录

第 1 章　物流概论

1. 熟悉物流与流通、物流与生产的关系
2. 掌握物流基本概念与分类
3. 了解物流学的形成与发展过程
4. 掌握物流的重要理论学说

素质目标

1. 能够运用所学知识认识和分析物流活动
2. 能结合案例分析物流管理的内容

案例导入

案例一　生活中的物流

从商场的货架上随手取下一瓶饮料，你能想到这瓶饮料从走下流水线，到你拿到手中为止，中间究竟被多少辆卡车运转到多少个物流配送中心？经过多少人的手才被送上货架？它要经过多少道工序才变成你看到的样子？更重要的是，需要怎样做才能够更经济地将这瓶饮料送到零售店里去？在这每一道工序或环节中，起到衔接、转运和增值作用的就是“物流”。

物流与人们的日常生活息息相关，在一年的52周、一周的7天和一天的24小时中，物流始终存在。例如，家中的纯净水用完了，电话预约后，配送工会按时送来；身在异地的学生在父母生日时，可以通过快递公司送去鲜花；工厂里，半成品工件由上道工序传到下道工序、由一个车间传到另一个车间，搬运小车在车间里穿来穿去；仓库里，叉车在忙着把货物从汽车上卸下来又堆放到仓库的货架上；商店里，店员把从仓库里提出来的货物陈列到货架上，由售货员向客户推销货物，并按客户要求包装好，交到客户手中。诸如此类人们习以为常的现象，都是物流现象。可以说，如果没有物流的支持，生产和销售的具体实现只能是天方夜谭。

（资料来源：张冠凤，王祯，钟伟. 现代物流管理概论［M］. 北京：航空工业出版社，2019.）

◎**思考题：**

什么是物流？你认为生活中还有哪些活动属于物流范畴？

案例二　物流到底研究什么

小周是华东交通大学物流管理本科专业一年级的学生。在刚入校与专业导师交流的时候，小周困惑地说："我高中同学听说我学物流管理专业，都说以后我就是快递哥了。"另一位小李同学说："我来上学前，我爸让我抓紧时间学习开货车，说以后毕业了好送货。"针对小周、小李同学的问题，你该如何回答？

◎**思考题：**

1. 物流到底研究什么？
2. 物流管理专业的知识结构是如何设置的？
3. 物流管理专业的学生毕业后能在社会上从事哪些工作呢？

1.1　对物流的基本认识

1.1.1　人类的流通活动

经济活动包括生产、流通和消费三个部分，而连接生产和消费的纽带就是流通。经济活动最基本的内容是以货币作为媒介物的商品供求联系，它在这个联系过程中可以解决以下两个方面的问题：

一是产成品从生产者所有转变为社会公众所有，运用交易基础设施，完成交易活动，解决所有权的更迭问题。

二是对象物从生产地转移到使用地，运用物流设施和装备完成物的位移，实现其使用价值，实现物的流转过程。

所以，所有权的更迭问题就是货币转换为商品、商品转换为货币的问题（货币流通）；物的流转问题就是商品实物形态的转移问题（实物流通）。前者被称为商流，后者被称为物流。图 1–1 体现了现代社会经济活动的全部过程。

纵观古今，人类在生产和消费活动中始终离不开物的流动，离开了物的流动就不可能进行正常的生产和消费。人类已有数千年的物流活动，物流是商品流通的必要组成。例如，人们在捕猎或游牧时进行工具的移动或实物的搬运和存放，通过这些物流活动满足自身生产和消费的需要。人类社会开始商品生产之后，随着社会分工的发展，生产和消费

（包括中间消费和最终消费）分离的趋势不断扩大，生产者和消费者之间的空间差异成为商品交换的障碍。因此，商品从生产者到消费者实体流动的作用变得更加重要，物流成为

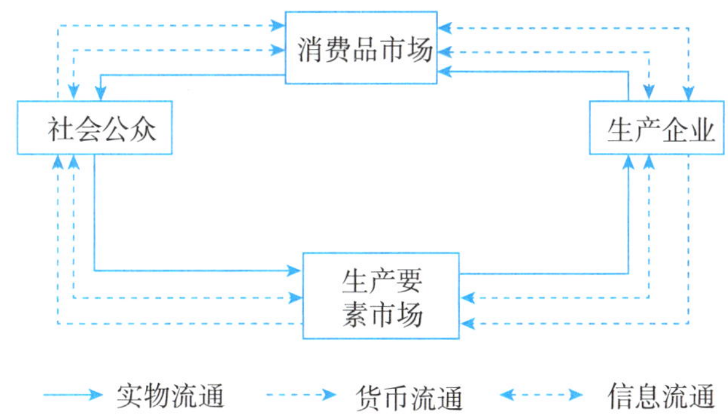

图 1-1　现代社会经济活动的全部过程

实现商品所有权转移的商流活动的必要条件。物流是连接生产者、销售者和消费者之间的网络体系，在现代经济中扮演着越来越重要的角色。

想想看，你今天早饭吃的面包、馒头，喝的牛奶，需要经过生产、加工、运输、分销等若干环节送到你的手中，农民、牧民、货运司机、银行经理、超市收银员在这些环节都付出了劳动。在面包、馒头、牛奶进入市场之前，所有权是生产厂家的，批发给销售商后，所有权转移到销售商手中，当销售商把面包、馒头、牛奶卖给超市后，所有权又转移到超市，而超市把这些面包、馒头、牛奶卖给消费者后，所有权则属于消费者了。这种买卖交易的过程包括四个流程：商流（交易中商品所有权转移）、物流（交易的商品由卖方转移到买方）、资金流（交易中买方向卖方支付货款）、信息流（为促成商流、物流、资金流的顺利进行，买卖双方的信息传递过程）。物流、商流、信息流正是现代经济的三大支柱，它们都是流通的组成部分，有机结合才能有效地实现商品由供应地向接收地的流动过程。那么，物流、商流、信息流之间是什么关系呢？

商流是物流的先导，物流是商流的支撑，信息流伴随着商流和物流。一般来说，先有所有权的更迭（商流），才有商品实物形态的转移（物流）。但是发生了商流，并不一定发生物流。例如，房产的买卖——房屋的所有权可以经过许多卖主与买主的交易，所有权出现多次转移，但房屋在原地依旧岿然不动，根本没有物的流通。还有投机活动——由商品变为货币和货币变为商品可以进行多次，由一个投机者手里转移到另一个投机者手里，商流不断地进行，商品却可以沉睡在仓库里。可见，发生了商流，不一定发生物流。反过来，发生了物流，也不一定发生商流。例如，捐赠物品时，有了商品实物形态的转移，但没有货币的流通。

1.1.2　物流的定义

“物流”一词最早出现在美国。1901 年，约翰 · F.格鲁威尔（John F.Crowell）在美国政府报告《工业委员会关于农产品配送报告》中提及配送的成本及其影响因素，第一次论述了对农产品流通产生影响的各种因素和费用，揭开了人们对物流活动认识的序幕，以后出现了两个分支，如表 1-1 所示。

表 1-1 物流概念的两个分支

时 间	创 立 人	具体概念
1905 年	美国少校琼西・贝克	军事后勤角度创立物流概念——军事物流
1915 年	美国市场营销学者阿奇・萧	市场分销角度创立物流概念——商业物流

一是美国少校琼西・贝克（Chauncey B.Beck）于 1905 年提出 Logistics，这是美国军队在第二次世界大战中使用的军事术语。他将 Logistics 定义为：关于军队移动与供给的战争科学之一，即从军事后勤角度创立物流概念。

二是美国市场营销学者阿奇・萧（Arch W.Shaw）于 1915 年从市场分销角度创立物流概念。他在其著作《市场流通中的若干问题》中首次提出“Physical Distribution 是与创造需要不同的一个问题”，并指出：“物资经过时间或空间的转移，会产生附加价值”。

1961 年，司密凯伊（Edward W.Smykay）、鲍尔索克斯（Donald J.Bowersox）和莫斯曼（Frank H.Mossman）撰写了《物流管理》（*Physical Distribution Management*），这是世界上第一本系统介绍物流的理论教科书，为物流管理成为一门学科奠定了基础。

日本最早引用“物流”概念是在 20 世纪 50 年代中期。当时，日本非常重视学习西方科学技术，于是派考察团到美国学习时引入了“物流”概念。此后，经过很长一段时间的研究与实践后，终于在 1965 年，“Logistics”一词被日本理论界和产业界普遍接受。

我国于 20 世纪 80 年代初从日本引进“物流”这个词。2021 年 12 月 1 日正式实施的中华人民共和国国家标准《物流术语》（GB/T 18354—2021）中给物流（Logistics）下的定义是：物流是指物品从供应地向接收地的实体流动过程。根据实际需要，将运输、储存、装卸搬运、包装、流通加工、配送、信息处理等基本功能实施有机结合。

美国供应链管理专业协会（Council of Supply Chain Management Professionals，CSCMP）于 2013 年 8 月更新的《供应链管理专业术语和词汇》对物流（Logistics）的定义是：物流是一个为满足客户需要，有效率、有效益地对物品从起点到消费地的运输、存储等服务及相关信息进行计划、实施、控制的过程。该定义包含正向逆向运动、内部外部运动等。

在日常生活中，从采购到生产、销售再到回收，各个领域都包含物流活动。物流活动涉及的领域如图 1-2 所示。

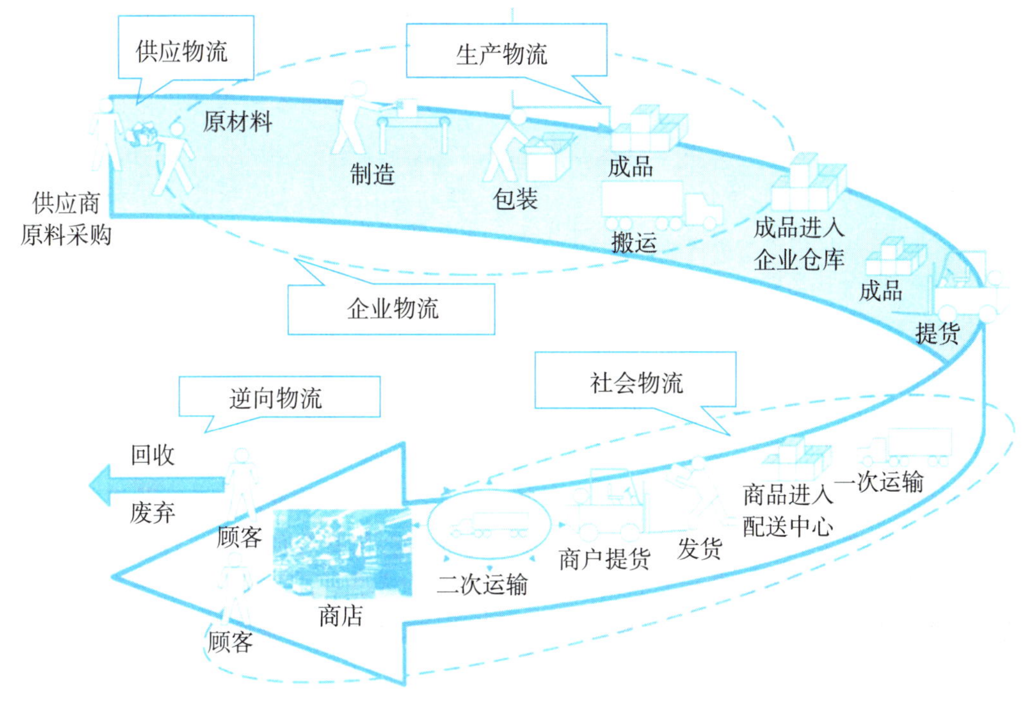

图 1-2　物流活动涉及的领域

知识拓展

中国古代物流一瞥

中国古代物流的含义和今天的物流概念不同，但物的流动确实存在，而且具有相当大的规模，物流管理世代相传，延续几千年。

1. 中国古代物流的载体

中国古代物流的载体首推漕运。漕运起于秦汉，河渠成为最早的通道。漕运的起点往往是产粮区，终点往往是京师，因为京师人多、消耗多，当地的粮食供应不足。宋代之前，京师多在西安、咸阳、洛阳，巴蜀粮食由关中、河北运至京师，山东粮食由黄河运至京师。宋代京师在汴，陕西粮食由惠民河转汴河入京，江淮粮食由淮水转汴水入京，山东粮食由五丈河入京。明代京师大部分时间在北京，通过运河送达北京，并延续至清代。同时，还通过近海航运将江南粮食经海路到江河，再至京师。自元代开近海漕运，最远的航程达 13000 多里。

除水运之外，陆路运输多以人畜力驮拉。丝绸之路上的驼队、崇山峻岭中的马帮是主要的运输工具。

除运输之外，仓储也是古代物流的重要载体。仓是存粮之所，储粮以备不时之需。秦在河南设敖仓，隋在卫州设黎阳仓、洛州设河阳仓、陕州设常平仓、华州设广通仓。明代时，粮仓东移，设临清、德州两大仓，各容粮 300 万石。洪武年间，南京设军储仓 20 所。永乐年间，北京设 37 卫仓，并且规定各行省都要设仓。在京师，除粮仓之外，还设有专业库。内务府曾设十库，分别储存硫黄、硝石、布匹颜料、战鞋、裘帽、棉丝、铜铁、甲仗、钱钞、纱罗绫锦等物。

清代京师有仓15个，通州二库，德州、临清、淮安、徐州各一库，凤阳两库，以上为国家级仓库，省、府、州、县也各设仓库。

仓库的基本用途包括储存、储备两大功能。储存是将漕运来的粮食保管起来、供皇室、史官及人民日常消费；储备是为应付战争、灾荒及突发事件的。同时，仓储还有平抑物价之功能。粮丰时收进入仓，粮欠时出仓赈灾，以维持粮食市场价格的稳定。

2.中国古代的物流管理

（1）市场管理

市场是贸易的场所，春秋战国时期的商业就已经相当发达，周易中记载："日中为市，致天下之民，聚天下之货，交易而退，各得其所。"这就说明，我国商业有3000年以上的历史。隋代时已建有形市场，市场在居民区外设立，不与居住区混杂。政府设官员进行管理。中央政府有大司农一官，下设平准署。京城有市长，州县有市令，唐代京城有东西两市，设一令二丞。在以后的朝代里，管理市场的官名虽然不一，但现货市场一直延续。朝廷设官管理也一直在延续。市场官员的职责在于保护交易，执行法令，平抑物价。"候物贵则下价出卖，物贱则加价收籴。权其轻重，以利疲人"。

（2）运输管理

运输管理最典型的例子是历代的漕运管理。自秦汉创立了漕运，历代都由官员管理。汉代的萧何就是著名的物流大师，他不仅保证了刘邦大军作战物品的供应，还创建了一系列管理制度。汉代漕运工程巨大，路途遥远，岁征600万石，用卒6万人，没有一整套的管理制度是无法完成的。

此后，唐、宋、元、明、清各代京师所用大部分物资完全依赖漕运。唐高宗时期，漕运路途艰险，粮食损耗大。中宗景龙三年，京师农业歉收，粮食不够吃，有人建议朝廷迁到洛阳"就食"。中宗不肯，而是采取疏浚河道、增选粮船、沿途设仓、派重要官员负责等方法解决粮食危机。明代设漕运府总兵官、总督，设立漕运衔门，有101个漕运卫所，运军12万多人，运船1万多艘。

（3）仓储管理

政府设专门机构和官员管理仓库。唐代时，京师有太仓，州县有正仓，又有常平仓以均贵贱，有义仓以备不足，常平仓和义仓是储备性质的仓库。例如，唐敬宗四年二月，以米贵出太仓粟40万石，于两市贱卖，以惠平民。

粮仓的分布很有讲究。一开始，皇帝把粮食聚集京师，后因漕运艰险，损耗较多，便在河道沿途设仓，派人监管，既减少损耗，又节省人力和物力。

中国历史悠久，物流故事汗牛充栋。如此一瞥，使我们感到"物流"一词虽是现代名词，但物流活动却古已有之。

（节选自：姜超峰.中国古代"物流"一瞥［J］.《中国流通经济》，2006，（5）：14-16.部分有改动。）

1.1.3　物流的分类

根据物流对象不同、物流目的不同、物流范围不同，形成了不同类型的物流。为便于研究，人们将物流按照不同的分类标准分成不同的种类，如表 1–2 所示。

表 1–2　物流的分类

分类标准	种　类
物流的作用层次	微观物流、中观物流、宏观物流
物流运动的过程（物流活动业务性质）	供应物流、生产物流、分销物流、回收物流、废弃物流
物流的功能结构	运输功能子系统、仓储功能子系统、装卸搬运功能子系统、包装功能子系统、流通加工功能子系统、信息处理功能子系统
物流活动的空间范围	农村物流、城市物流、区域物流、国际物流
物流的客体	粮食物流、钢材物流、烟草物流、医疗药品物流……
物流主体的性质	第一方物流、第二方物流、第三方物流、第四方物流

1. 按照物流的作用层次分类

（1）微观物流，又称企业内部物流、小物流，是指生产者从事的实际的、具体的物流活动。

（2）中观物流，主要是指区域物流与城市物流。

（3）宏观物流，是指社会再生产的总体物流活动，也称社会物流、大物流，它是由若干微观物流网点有机构成的物流系统，具有综观性和全局性特点。

2. 按照物流运动的过程（物流活动业务性质）分类

（1）供应物流，是指提供原材料、零部件或其他物料时所发生的物流活动。

（2）生产物流，是指企业生产过程中所发生的涉及原材料、在制品、半成品、产成品等所进行的物流活动。

（3）分销物流，主要是指企业在出售商品过程中所发生的物流活动。

（4）回收物流，主要是指不合格物品的返修、退货及伴随货物运输或搬运中的包装容器、装卸工具及其他可再用的旧杂物等，经过回收、分类、再加工、使用的流动过程。

（5）废弃物流，是指将经济活动或人民生活中失去原有价值的物品，根据实际需要进行收集、分类、加工、包装、搬运、储运，并分送到专门处理场所的物流活动。

回收物流与废弃物流不能直接给企业带来效益，但非常有发展潜力。

3. 按物流的功能结构分类

（1）运输功能子系统，是指对物资进行较长距离的空间移动，即“货物与人员在空间的流动”。它是物流体系中所有动态功能的核心。

（2）仓储功能子系统，是指对物资进行储存、管理、保养、维护。它是物流体系中唯一静态环节。

（3）装卸搬运功能子系统，是指在同一地域范围内进行的、以改变物的存放状态和空间位置为主要内容和目的的活动。它包括装上、卸下、移送、拣选、分类、堆垛、入库、出库等。

（4）包装功能子系统，是指对物资进行某种程度的捆扎或装入适当容器，以保护物资在流通过程中不受损坏。

（5）流通加工功能子系统，是指在流通过程中辅助性的加工活动，是生产加工在流通中的延伸。

（6）信息处理功能子系统，是指对各项物流活动进行计划预测、动态分析时，及时提供物流费用、生产情况、市场动态等有关信息。

4.按照物流活动的空间范围分类

（1）农村物流，是指在农村内部、农村与城市之间，物品由生产者所在地向需求者所在地的物流活动。

（2）城市物流，是指在城市范围内部、城市之间，物品由生产者所在地向需求者所在地的物流活动。

（3）区域物流，是指物流活动在区域范围内或区域之间的表现形态。

（4）国际物流，是指物品超越国境，从供给国向需求国在空间、时间上的物理性的实体流动。

5.按照物流的客体分类

按照物流的客体可以将物流分为粮食物流、钢材物流、烟草物流、医疗药品物流……

6.按照物流主体的性质分类

（1）第一方物流（First-Party Logistics），是指卖方，即生产者或者供应方组织的物流活动。由制造商或生产企业自己完成的物流活动称为第一方物流。

（2）第二方物流（Second-Party Logistics），是指买方，即销售者或流通企业组织的物流活动。一般从事第二方物流的企业属于分销商。

（3）第三方物流（Third-Party Logistics），也称外包物流或合同物流，即独立于买方与卖方之外的企业所提供的物流服务。

（4）第四方物流（Fourth-Party Logistics），是指供应链的集成商，即物流咨询、集成服务企业。

根据以上分类，讲一讲你在生活中看到或接触到的物流活动。

1.1.4 物流的效用

现在，人们已经认同“流通创造价值”的观点，因为流通过程中同样凝结了人类的劳动，产生了附加值。而物流活动创造价值在于它在物资流转、运动过程中形成了时间效用、空间效用、形质效用。

1.时间效用

“物”从供给者到达消费者手中需要一定的时间差，物流改变这一时间差而创造的价值，称为“时间效用”。物流创造时间效用的形式有以下几种。

（1）缩短时间，创造效用。缩短物流时间可获得多方面的好处：减少长时间运输中的货物损失、降低物流消耗、提高货物周转率、节约资金等，从而创造价值，因此，缩短物流时间可获得较高的时间效用。

（2）弥补时间差，创造效用。在经济社会中，需求和供给普遍存在时间差。例如，粮食、水果等农作物的生产、收获有严格的季节性和周期性，这就决定了农作物的产出较集中，但是人们的消费是天天有需求的，因而供给和需求不可避免地会出现时间差。正是有了这个时间差，商品才能取得自身的最高价值，才能获得理想的效益。由这个时间差而产生的价值本身不会自动实现，如果不采取有效的方法，集中生产出的粮食除了当时的少量消费外，会出现损坏、腐烂，而在非生产时间，人们会出现缺少粮食、水果的现象，因此必须对粮食、水果等进行储存、保管，从而保证经常性的需求，以实现其使用价值。这种使用价值是通过物流活动克服季节性生产和经常性消费的时间差得以实现的，这是物流时间效用的体现。

（3）延长时间差，创造效用。尽管加快物流速度、缩短物流时间是普遍规律，但是在某些具体物流中也存在人为地、能动地延长物流时间来创造效用的情况。例如，囤积居奇便是一种有意识地延长物流时间、增加时间差来创造效用的形式。

2. 空间效用（场所效用）

“物”的供给者和需求者往往处于不同的场所，由改变这一场所的差别而创造的效用，称为场所效用，也称空间效用。物流创造场所效用是由现代社会产业结构、社会分工所决定的，主要原因是商品在不同地理位置有不同的价值，通过物流活动将商品由低价值区转到高价值区，便可获得场所效用或者空间效用。物流创造空间效用的形式有以下几种。

（1）从集中生产场所流入分散需求场所创造效用。现代化大生产的特点之一，往往是通过集中的、大规模的生产来提高生产效率，降低成本。在一个小范围集中生产的产品可以覆盖大面积的需求地区，有时甚至可覆盖一个国家乃至若干国家。通过物流将产品从集中生产的低价值区转移到分散于各处的高价值区有时可以获得很高的利益。例如，“西煤东运，北煤南运，北粮南调，南矿北运，西棉东送”就是将集中在某一地区的原材料，通过物流流入分散需求地区，以此获得更高的利益，这就是物流场所效用（空间效用）的创造。

（2）从分散生产场所流入集中需求场所创造效用。与上面情况相反，将分散在各地乃至各国生产的产品通过物流活动集中到一个小范围的需求有时也可以获得很高的利益。例如，粮食是在一小块、一小块地上分散生产出来的，一个城市、地区的需求却相对大规模集中。一些大家电的零配件生产也分布得非常广，却集中在一起装配。这种分散生产、集中需求也会形成场所效用（空间效用）。

（3）从当地生产流入外地需求创造场所效用。在现代社会中，供应与需求的空间差比比皆是。除了大生产，有不少是自然条件、地理条件和社会发展因素决定的。例如，农村生产的农作物要在城市消售，南方生长的水果要在北方消售……现代人每日消费的物品几乎都是相距一定距离甚至十分遥远的地方生产的。这么复杂交错的供给与需求的空间差都是靠物流来弥合的，物流也从中获得了利益。

3. 形质效用（加工附加价值）

加工是生产领域常用的手段，并不是物流的本来职能。现代物流的一个重要特点，就是根据自己的优势从事一定的补充性的加工活动。这种加工活动不是创造商品的主要实体，不会形成商品的主要功能和使用价值，而是带有完善、补充、增加性质的加工活动，必然会形成劳动对象的形质效用（加工附加价值）。

综上所述，物流的作用不只在于使物品发生物理位置的转移，更重要的是产生时间和空间价值的增长。它可以通过运输、储存、保管、装卸、搬运、包装、流通加工活动创造时间效用、空间效用和形质效用。因此，物流业是高附加值的产业。其实，马克思早在100多年以前，就对物流业构成中至关重要的运输业进行过科学论述，指出除了开采业、农业和加工制造业，还有第四个物质生产部门……这就是运输业。它表现为生产过程在流通过程内的继续，并且为了流通过程而继续。

1.1.5 传统物流与现代物流的区别

一个概念出现后，随着时代的发展，其内涵会不断扩大，往往会被赋予新的内容或被转意。物流的概念也不例外。在现实社会中，有些物流学者将物流这一概念划分为传统物流与现代物流。传统物流（Physical Distribution）侧重运输、保管、包装、装卸等物流局部功能；现代物流（Modern Logistics）注重伴随着物流信息的物流功能的有机整合。现代物流与传统物流的区别，主要在于现代物流有了计算机网络和信息技术的支撑，并应用了先进的管理技术和组织方式，将原本分离的商流、物流、信息流和采购、运输、仓储、包装、配送等环节紧密联系起来，形成了一条完整的供应链。表1–3展示了传统物流与现代物流的区别。

表1–3　传统物流与现代物流的区别

传统物流	现代物流
局限于提高物流各环节作业效率	提出了物流系统化的概念，着眼系统成本最优
简单位移	增值服务
被动服务	主动服务
人工控制	信息管理
无统一标准	标准化服务
“点到点”或“线到线”	全球服务网络
单一环节的管理	整体系统优化
风险涉及范围小	风险涉及范围很广
对时间的要求不高	时间性要求很高，甚至要准时
以企业的生产制造过程即产品生产为价值取向	以企业的客户服务为价值取向
通过商流与物流的统一来实现物的使用价值转换	强调以满足消费者和市场需求为目标

续表

传统物流	现代物流
物流各要素相互之间独立发展	由企业内部延伸到企业外部而注重外部关系
物流组织形式分散、低效、高耗，各种物流方式互不关联	将相互脱节的物流活动有机地串起来，由专门的物流企业提供多功能、一体化的综合服务

物流行业借助互联网、物联网、大数据、云计算、人工智能、区块链等技术，正发生着翻天覆地的变化，智慧物流引领着中国物流业的新时代，通过对物流资源、要素与服务的信息化、在线化、数字化、智能化，并通过数据的连接、流动、应用与优化组合，实现物流资源与要素的高效配置，促进物流服务提质增效、物流与互联网及相关产业的良性互动。

知识拓展

德尔菲公司的现代物流

德尔菲公司总部设在美国阿拉斯加，主要生产深海鱼油和各种保健品。虽然它在产品设计和开发方面始终保持优势，但其复杂、昂贵和无效率的物流系统使其面临着利润下降的问题。为了改变现状，德尔菲公司不得不重新组织其物流作业。德尔菲公司新物流系统的实施是从其将全部物流作业转移到联邦速递的一家分支机构——商业物流公司开始的，商业物流公司的任务是重新构造、改善和管理德尔菲公司供应链上货物和信息流动的每一个方面。

在重新组织之前，德尔菲公司有 6 个大型仓库、8 家最重要的承运人和 12 个相互独立的管理系统，其结果是从顾客订货到顾客收货之间产生了漫长的时间，出现巨大的存货以及太多的缺货。如果一位顾客向德国一家仓库寻求一种销售很快的商品，他会被告知该商品已经脱销，新的供应品要等几个月才能运到。与此同时，该商品却在威尔士的一家仓库中积压着。

德尔菲公司意识到必须重新分布其现有仓库的位置。其构想是，除一家外，关闭所有在美国的仓库，该仓库将从仅为当地顾客服务转变为向全球顾客服务。该仓库靠近美国的制造工厂，成为一个世界性的“处理中心”，充当着德尔菲公司产品的物流交换所。虽然设置单一仓库可能要花费较高的运输成本，但是德尔菲公司认为，这种代价将会由增加的效率来补偿。

德尔菲公司发现，由于减少了交叉装运的总量，设置单一仓库实际上降低了运输成本。从美国仓库立即装运到零售店，虽然从订货到送达的前置时间大致相同，但是产品只需一次装运，而不是在许多不同的地点进行装运。

德尔菲公司的收益已超出了仅仅降低成本的范围。该公司正在瞄准机会增加服务和灵活性，它计划在 24 ~ 48 小时之内，向世界上任何地点的零售店进行补货。先进的系统和通信将被用于监督和控制世界范围的存货，联邦速递的全球化承运人网络将确保货物及时抵达目的地。

（资料来源：物流管理案例：德尔菲公司的现代物流，https://www.51test.net/show/532927.html）

1.2 物流管理

1963年，世界上第一个物流专业组织——美国物流管理协会（National Council of Physical Distribution Management，NCPDM）对物流管理（Physical Distribution Management）下了定义（简称“63定义”）：

物流管理是为了计划、执行和控制原材料、在制品库存及制成品从起源地到消费地的有效率地流动而进行的两种或多种活动的集成。这些活动可能包括但不仅限于：顾客服务、需求预测、交通、库存控制、物料搬运、订货处理、零件及服务支持、工厂及仓库选址、采购、包装、退货处理、废弃物回收、运输、仓储管理。

此后，物流的定义在美国进行了多次更新。2005年1月1日起，美国物流管理协会正式更名为美国供应链管理专业协会（Council of Supply Chain Management Professionals，CSCMP）。这意味着，在美国，物流已全部融入供应链管理，供应链管理在企业的地位日益提高，供应链管理专业人士的活动范围日益广泛，对企业价值的贡献得到了公认。

2013年，美国供应链管理专业协会对物流管理下了最新定义（“13定义”）。中华人民共和国国家标准《物流术语》（GB/T 18354—2021）中也给物流管理下了定义：为了以合适的物流成本达到用户满意的服务水平，对正向及反向的物流活动过程及相关信息进行的计划、组织、协调与控制。换句话说，物流管理就是根据物品实体流动的规律，运用物流管理的基本原理和科学方法，对物流活动进行的计划、组织、协调、指挥和监督，使各项物流活动实现最佳协调与配合，通过降低物流成本和满足市场需求来提高社会效益和经济效益的过程。

根据定义可知，实施物流管理的目的就是在尽可能低的成本条件下，实现既定的客户服务水平，即寻求服务优势和成本优势的一种动态平衡，并由此创造企业在竞争中的战略优势。

1.2.1 物流管理的发展进程

1. 运输管理

在这个初级阶段，物流管理只是在既定数量的成品生产出来后，被动地迎合客户需求，将产品运到客户指定地点，并在运输领域实现资源最优化使用，合理设置各配送中心库存量。

2. 物流管理

此阶段，物流管理范围扩展到除运输外的需求预测、采购、生产计划、库存管理、配送与客户服务等，以系统化管理企业的运作过程，达到整体效益最大化，如图1-3所示。

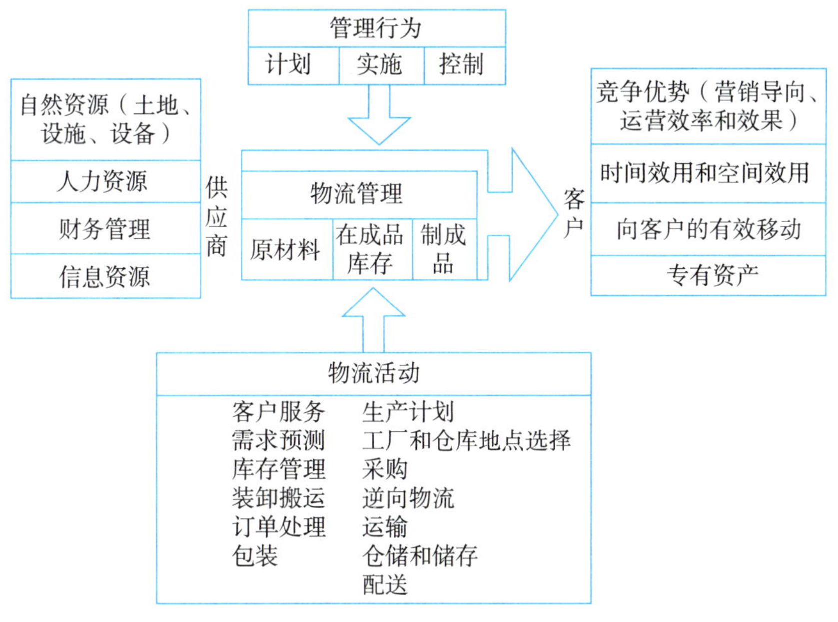

图 1-3　物流管理

3. 供应链管理

20 世纪 90 年代，随着全球一体化的进程，企业分工越来越细化，与各级供应商、分销商建立紧密的合作伙伴关系，共享信息，精确配合，集成跨企业供应链的关键商业流程如图 1-4 所示。

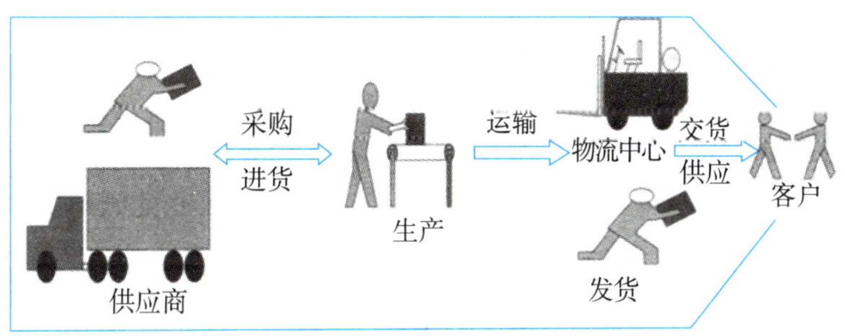

图 1-4　供应链管理

1.2.2　现代物流管理的发展历程

以西方美国、日本和欧洲为代表，现代物流管理的发展历程可划分为四个阶段，如表 1-4 所示。

表 1-4　物流管理在西方的发展

阶　段	特　征		
	美　国	日　本	欧　洲
第一阶段（20 世纪初至 50 年代）	萌芽初始阶段	1956 年引入物流概念，重视基础设施建设	储运分离，重视企业范围的物流

续表

阶 段	特 征		
	美 国	日 本	欧 洲
第二阶段（20 世纪 60 年代至 70 年代）	市场营销观念形成，配送得到较快发展	强调实现物流的现代化	形成基于企业物流，成立动态物流配送中心
第三阶段（20 世纪 70 年代至 80 年代）	物流向协作化、专业化方向发展	进入物流合理化阶段，重视降低成本	开始探索综合供应链管理，条码扫描出现，第三方物流兴起
第四阶段（20 世纪 90 年代至今）	物流向信息化、网络化方向发展	受经济发展制约，物流合理化进一步变革	信息基本现代化，电子商务兴起

1.3 物流重要理论学说

1.3.1 商物分离学说

所谓商物分离，是指流通中两个组成部分——商业流通和实物流通各自按照自己的规律和渠道独立运动，如图 1-5 和图 1-6 所示。研究与实践证明，不仅商流与物流过程可以分离，而且责任也可以分离。

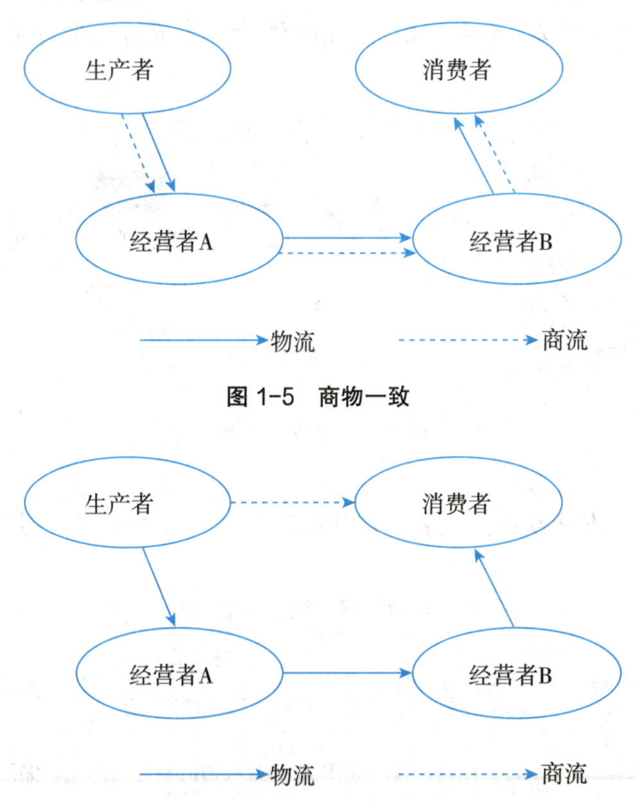

图 1-5 商物一致

图 1-6 商物分离

1.3.2　黑暗大陆学说

1962 年，美国著名的管理学家彼得 · 德鲁克（Peter F. Drucker）在《经济的黑暗大陆》（*The Economys' Dark Continent*）一文中指出：“流通是经济领域里的黑暗大陆。”德鲁克的权威论断产生了很大的社会影响，提高了现代物流学的学科地位。

在日常的财务和经营管理中，物流活动往往是最易被忽视的领域。例如，在财务会计的损益表中所反映的物流成本在整个销售额中所占比重很小，这势必造成企业经营者对物流活动的组织和管理不重视，从而使物流成为提高流通绩效的最大暗礁，这也是德鲁克把物流称为“黑暗大陆”的原因。

1.3.3　物流冰山学说

物流冰山学说是对物流费用的一种形象比喻。如果把全部物流费用形象地比喻为大海中浮着的一座冰山，其露出水面的可见部分只是冰山一角，而潜在水中的大部分是企业难以明确掌握的物流费用，如图 1-7 所示。

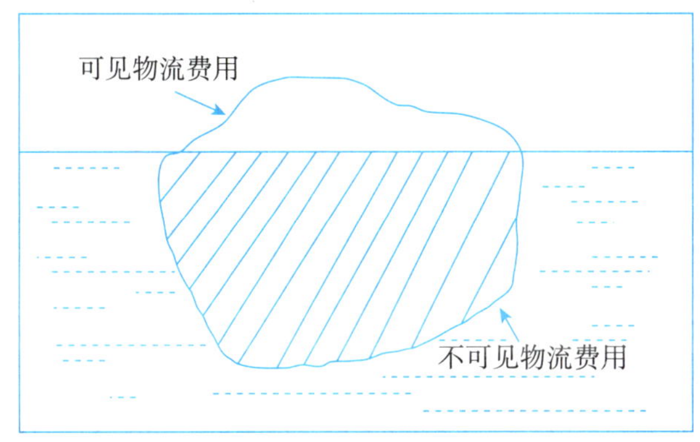

图 1-7　物流冰山

在企业的全部物流费用中，由企业财务直接支付的运费、仓库保管费、装卸作业费、包装费等，是很明显的，是能够计算和掌握的，可称为直接物流费用，但这部分费用只是全部物流费用中的一部分。因为在企业成本中占压倒多数的物流成本，未作为物流费用单独计算，而是混杂在制造成本、销售成本及一般经费之中，难以准确掌握。根据这种情况，日本早稻田大学西泽修教授提出物流冰山学说。

1.3.4　第三利润源泉学说

第三利润源泉学说也是日本早稻田大学、日本著名物流学者西泽修教授于 1970 年提出的。从历史发展来看，人类历史上曾经有过两个大量提供利润的领域，第一个是资源领域，第二个是人力领域。资源领域起初是廉价原材料、燃料的掠夺或获得，其后则是依靠科技进步、节约消耗、综合利用、回收利用乃至大量人工合成资源而获取高额利润的，习惯称之为“第一利润源”。人力领域最初是廉价劳动，其后则是依靠科技进步提高劳动生产率，降低人力消耗或采用机械化、自动化来降低劳动消耗从而降低成本、增加利润的，习惯称之为“第二利润源”。在前两个利润源潜力越来越小、利润开拓越来越困难的情况下，物流领域的潜力逐渐被企业所重视，按时间顺序排为“第三利润源”。

1.3.5 效益背反学说

效益背反指的是物流系统的若干功能要素之间存在着交替损益的矛盾，即某一功能要素的优化和利益发生的同时，往往会存在另一个或另几个功能要素的利益损失。1956 年，霍华德 · T. 莱维斯等人撰写《物流中航空货运的作用》，首次提出物流各功能之间存在"效益背反"，构成现代物流学的核心思想之一。

图 1-8 是物流成本与物流服务水平的关系，从中可以看出随着物流服务水平的提高，物流成本不断上升，这是因为物流成本与物流服务水平之间存在着效益背反。

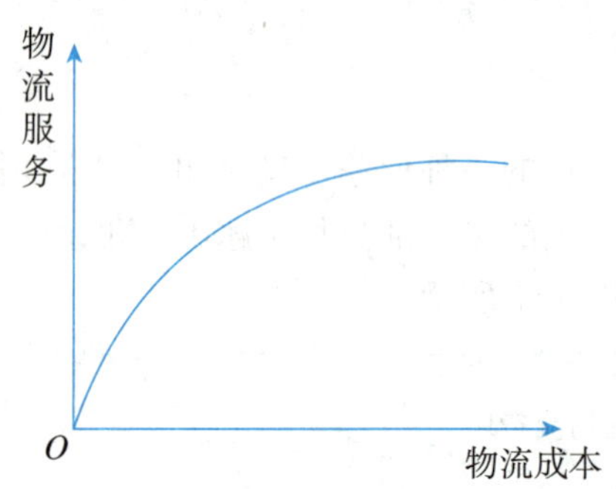

图 1-8 物流成本与物流服务水平的关系

1.4 物流学的诞生及研究性质

1.4.1 物流学的诞生

一般来说，一门学科的正式诞生有三个标志：一是有正式以该学科命名的出版物；二是在大学开设了相关课程；三是有专门从事该学科研究的专门机构。按照这个标准，可以说，物流学诞生于 20 世纪 60 年代的美国。

1961 年，爱德华 · W. 斯马凯伊（Edward W. Smykay）、唐纳德 · J. 鲍尔索克斯（Donald J. Bowersox）和弗兰克 · H. 莫斯蒙（Frank H. Mossman）撰写了世界上第一本介绍物流管理的教科书《物流管理》。该书详细论述了物流系统及整体成本的概念，为物流学成为一门学科奠定了基础。同年，密歇根州立大学及俄亥俄州立大学分别在大学部和研究生院开设了物流课程，成为世界上最早把物流管理教育纳入大学学科体系中的学校。

1963 年，美国物流管理协会成立，该协会将各方面的物流专家集中起来，提供教育培训活动，这一组织成为世界上第一个物流专业人员组织。

20 世纪 60 年代后，物流学通过吸收、借鉴系统科学、管理科学及电子、计算机技术等相关学科的最新成果，完成了基本理论体系的建立，并将其理论在实际中进行广泛应用，最终从企业管理学中分离出来，成为一门独立的学科。物流学是以物流活动的全过程为研究对象，研究物品实体流动过程中的概念、规律、范围、技术和方法的学科。

1.4.2 物流学的性质及研究对象

作为一门新兴学科，物流学在概念和理论形成过程中要借鉴大量其他学科的理论，如经济学、管理学、工程学、系统论和运筹学。从我国目前物流学研究方向看，经济学、管理学、系统论和运筹学是构成物流学科的主要理论支柱。

所以说，物流学是一门交叉学科，是社会科学和自然科学的交叉，是经济与技术相结合的综合学科，如图 1-9 所示。系统性是物流学的最基本特征。

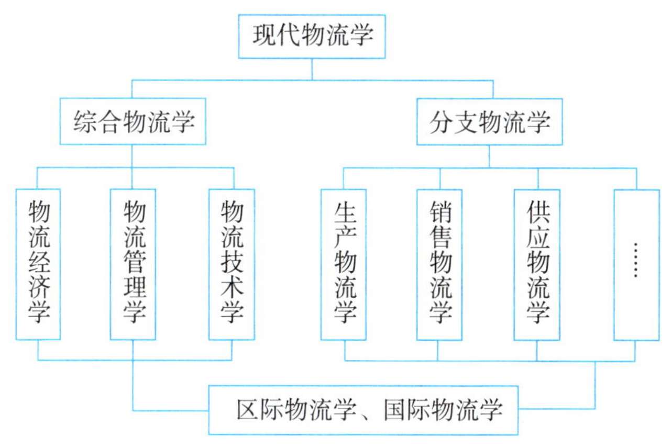

图 1-9　物流学的学科体系

物流学的研究可以采用定性研究方法和定量研究方法。定性研究方法主要是通过问卷、面谈、案例研究等方式，针对具体情况的社会性和心理性侧面的研究方法，属于管理类方法。但这种方法也越来越多地结合对调研结果的数量化处理，通过统计分析获得数量化分析结果。

定量研究方法主要是运用运筹学中优化理论、博弈论及统计分析规划最优运输路线、库存、物流网络等，建立组织利润最大化模型，模拟组织间的竞合关系，寻求最优的契约设计。有的还运用数理统计方法分析市场状况，构造各种数量模型，分析物流市场供求调查结果、企业物流评价指标等。此外，仿真方法也在物流学的研究中得到越来越广泛的运用。仿真方法一般是对系统的可执行的模型进行实验。仿真方法具有实验经济学的思想，越来越广泛地应用于物流环节优化和组织优化研究中。

物流学的研究对象是“物的动态流转过程”，是物流系统，是贯穿流通领域和生产领域的一切物料流及其有关的信息流。

思政园地

观看物流溯源的相关视频，学习物流发展历史，掌握物流发展脉络，感受中国古代物流的魅力，增强民族自信、文化自信，培养大国心态，树立物流强国梦。

课后习题

一、单项选择题

1. 流通指的是（　　）。

A. 连接生产和分配的纽带　　B. 连接生产和消费的纽带

C. 连接交换和分配的纽带　　D. 连接消费和交换的纽带

2.物流指的是（　　）。

A.产成品从生产者所有转变为用户所有

B.对象物从生产地转移到使用地以实现其使用价值

C.产成品从使用地转移到生产地为用户所有

D.对象物从生产地转移到使用地以实现其社会价值

3.对象物所有权转移的活动称为（　　）。

A.商流　　B.物流　　C.信息流　　D.流通辅助性活动

4.物流按照作用层次分类可以分为（　　）。

A.供应物流、销售物流、生产物流、回收与废弃物流

B.地区物流、国内物流、国际物流

C.社会物流、行业物流、企业物流

5.物流学作为一门正式学科诞生于（　　）。

A.20 世纪 30 年代　　B.20 世纪 60 年代

C.20 世纪 40 年代　　D.20 世纪 50 年代

6.物流学的性质是（　　）。

A.物流学是古老的学科　　B.物流学具有单一性的特征

C.物流学属于基础学科的范畴　　D.物流学是综合性交叉学科

7.我国于 20 世纪 80 年代初从（　　）引进了“物流”这个词。

A.日本　　B.美国　　C.英国　　D.德国

8.物流“黑暗大陆”学说是由（　　）提出的。

A.西泽修　　B.阿奇·萧　　C.琼西·贝克　　D.彼得·德鲁克

二、判断题

1.流通要解决四个方面的问题：商流、物流、资金流、信息流。（　　）

2.发生了物流，一定发生商流。（　　）

3.按照物流主体的性质分类，物流可以分为城市物流、农村物流和区域物流。

4.“黑暗大陆”学说体现的是企业损益表所能反映的物流成本在整个销售额中只占很小的比重，大部分物流成本并未被管理者认识。（　　）

5.物流被称为“第三利润源泉”表明只要重视和发展物流业就能提高效益、产生利润。（　　）

6.实现商物分离是提高社会经济效益的客观需要，也是企业现代化发展的需要。（　　）

7. Logistics 取代 PD，成为物流学的代名词，这是物流学走向成熟的标志。（　　）

8.物流的概念是从美国传入中国的。（　　）

9.“一手交钱，一手交货”的交易方式意味着商流与物流的统一。（　　）

10.商流与物流分离是一种必然趋势。（　　）

11.现代物流是建立在物流总成本意识的基础上的。（　　）

三、简述题

1.讨论现代物流和传统物流的区别。

2.解释物流的效用。

3.简述物流、商流、信息流的关系。

4.简述物流的重要理论学说。

5.试述物流的分类。

6.简述物流学的学科性质和研究对象。

四、案例分析题

京东的物流体系

目前，在电商行业，京东商城在物流配送方面远远领先于其他企业，物流快也成为消费者选择在京东商城购物的重要因素之一。

从 2008 年开始，京东商城在“货通全国，物畅其流”的目标牵引下，建立“撒网式”的规模和结构，通过多级物流中心延伸到用户最需要的地方。目前，京东已拥有北京、上海、广州、成都、武汉、沈阳 6 大物流中心，有近 800 个配送站点和 360 个自提点，随着自营城市范围不断扩大，实现了 211 限时达、次日达和晚间配送。此外，京东在自营城市还开通自提点，采取自营、社区合作、校园合作、便利店合作等形式，满足不同的配送需求。在强大物流的支撑下，用户的满意度不断提升，进一步巩固了京东商城在行业内的领军地位。

在阿里致力扩大自己的物流联盟和完善自己的物流规划的时候，京东在勤勤恳恳地用大投入来完善“自建物流”模式。因为阿里在电商企业中全面领先的地位，让京东在品牌知名度、信息技术、人才优势等方面没有太多的机会竞争，京东的选择就是剑走偏锋，全力发展物流服务，把物流做到极致，以此作为它的核心竞争力。京东一直以来奉行的不惜重金建设自有物流的战略是助推京东在短时间内能够迅速做强做大的重要原因，在电商逐渐同质化发展的情况下，拥有良好的物流体系，使京东快速脱颖而出。

京东有超过 3 万名的员工，2009 年自建仓库有 230 万平方米。2014 年 10 月 20 日，京东（JD.com）宣布其位于上海的首个“亚洲一号”现代化物流中心（一期）在“双十一”大促前夕正式投入使用，此举标志着京东物流战略中又一重点举措落地。该物流中心位于上海嘉定，共分两期，规划的建筑面积为 20 万平方米。

京东集团创始人兼首席执行官刘强东表示，“京东始终致力于降低成本、提升运营效率，为用户提供全流程的最佳购物体验”。“亚洲一号”上海现代化物流中心投入运营后，随着产能的释放，不断提升京东华东区的运营效率；同时，京东将物流中心开放给第三方卖家使用，让卖家通过使用京东卓越的物流系统，改善其用户体验。京东在物流领域持续创新、大胆探索，不断提升运营效率、对卖家的服务和用户体验。高度自动化的上海“亚洲一号”的投入运行，标志着京东的仓储建设能力和运营能力有了质的飞越，为日后将投入使用的广州“亚洲一号”、沈阳“亚洲一号”和武汉“亚洲一号”等奠定了基础。此外，京东在北京、成都、西安等多地的“亚洲一号”项目也在规划和建设筹备当中。

>>思考分析

1.结合自己了解的情况，谈谈电商与物流的关系。

2.京东为什么将自有物流体系的建设作为核心优势?

3.京东物流的价格与四通一达相比，是高还是低呢?为什么?

实践与实训 调研——考察学校所在区域的物流业现状和发展前景

【实践与实训目标】

1.培养学生主动观察和分析物流与生活、经济之间的关系。

2.让学生从实践中理解现代物流对人们生活、企业利润的影响。

【内容与要求】

1.组织学生分析物流对当地人们生活的影响、对当地企业利润产生的影响。

2.实地考察当地某物流中心（配送中心）或物流。

3.收集当地政府与企业有关物流发展的政策、法规、管理制度、规划等的资料。

4.根据整理收集到的一手资料，以系统的观点，对当地物流业的现状和未来进行简单的分析评价。

【成果与检测】

1.提交考察当地某物流中心（配送中心）或企业的调研报告。

2.开展调研报告间的交流讨论，评比出优秀报告。

第 2 章　物流系统

1. 掌握物流系统的概念和特点
2. 掌握物流系统的七个流动组成要素
3. 熟悉物流系统分析的概念、内容
4. 熟悉物流系统规划的内容和原则

素质目标

1. 能运用系统观整体分析和优化物流系统
2. 能够利用“效益背反”原则，解释物流系统各功能要素之间的制约关系

案例导入

海尔的高效物流系统

作为世界著名的家电跨国企业，海尔的产品每天要通过全球 5.8 万个营销网点，销往世界 160 多个国家和地区，每月采购 26 万种物料、制造 1 万多种产品，每月接到 6 万个销售订单。对于海尔集团来说，高效率的现代物流系统就是企业正常运作的生命线，为此海尔开始了与 SAP 的合作。

根据海尔的实际情况，SAP 先与其合作伙伴 EDS 为海尔物流本部完成了家用空调事业部的物料管理（MM）模块和仓库管理（WM）模块的硬件实施。2000 年 3 月开始为海尔设计实施基于协同化电子商务解决方案 mySAP.com 的电子采购平台（BBP）项目。经过双方 7 个月的艰苦工作，mySAP.com 系统下的物料管理（MM）、生产计划与控制（PP）、财务管理（FI）和电子采购平台（BBP）正式上线运营。

至此，海尔的后台 ERP 系统已经覆盖了整个集团原材料的集中采购、原材料库存及立体仓库的管理与19个事业部PP模块中的生产计划、事业部生产线上工位的原材料配送、事业部成品下线的原材料消耗倒冲，以及物流本部零部件采购公司的财务等业务，构建了海尔集团的内部供应链。由于海尔物流管理系统的成功实施和完善，构建和理顺了企业内部的供应链，为海尔集团带来了显著的经济效益：采购成本大幅降低，仓储面积减少一半，降低库存资金约7亿元，库存资金周转日期从30天降低到了12天以下。

实施和完善后的海尔物流管理系统，可以用“一流三网”来概括。“一流”是指以订单信息流为中心；“三网”分别是全球供应链资源网络、全球客户资源网络和计算机信息网络。围绕订单信息流这一中心，将海尔遍布全球的分支机构整合在统一的物流平台之上，从而使供应商和客户、企业内部信息网络这“三网”同步执行，同步行动，为订单信息流的增值提供支持。

“一流三网”的同步模式实现了四个目标：为订单而采购，消灭库存；通过整合内部资源、优化外部资源，使原来的2336家供应商优化到了840家，建立了更加强大的全球供应链网络，有力地保障了海尔产品的质量和交货期；实现了三个即时（JIT），即JIT采购、JIT配送和JIT分拨物流的同步流程；实现了与客户的零距离。目前，海尔的采购订单由网上下达，采购周期由原来的平均10天降低到3天。

（资料来源：360文库.高效物流系统：海尔生命线.资料有改动.https://wenku.so.com/d/f8115a13bf960d81b84a98aaa39c95e9.）

◎**思考题：**

什么是物流系统？物流系统包括哪些要素？

2.1 物流系统概述

2.1.1 物流系统的概念

1. 系统的含义

所谓系统，是指由相互作用和相互依赖的若干组成部分结合的、具有特定功能的有机整体。

系统与系统之间的关系是相对的，一个系统可能是另一个更大系统的组成部分，而一个子系统也可以再细分成若干更小的系统，如图2-1所示。

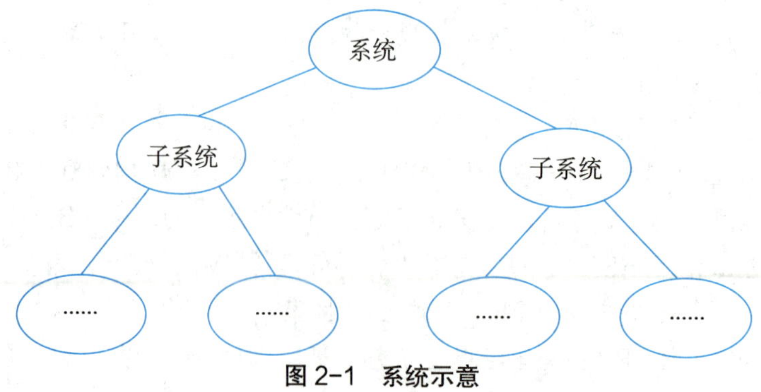

图2-1 系统示意

系统具有如下基本内涵。

（1）系统由两个或两个以上要素组成。

（2）各要素之间相互联系，使系统保持相对稳定。

（3）系统具有层次性，任何一个系统既是其更高层次系统的组成部分，它的各个组成部分又是较低层次的独立系统。

（4）系统有一定的结构，保持系统的有序性，从而使系统具有特定的功能。

（5）系统各个要素之间均按某一特定要求相互制约，以达到某种既定目标，因此，各要素的集合具有目的性。

（6）系统总是存在于更高级的系统环境中，对外部环境具有适应性。

2. 物流系统的含义

物流系统是指由物流各要素所组成的，要素之间存在有机联系并使物流总体功能合理化的综合体，如图 2-2 所示。

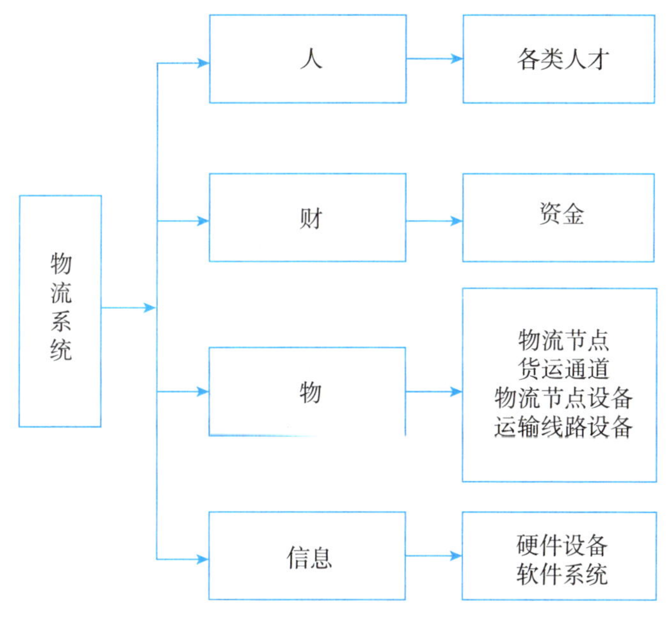

图 2-2　物流系统的组成

物流系统是社会经济大系统的一个子系统或组成部分，其目的是实现物资的空间效益和时间效益。

3. 物流系统的特点

物流系统具有一般系统共有的以下特点。

（1）目的性。物流系统一定要有明确的目的，而且这个目的只有一个，就是保证将市场所需要的商品，在必要的时候，按照必要的数量送达需求者的手中。

（2）整体性。为保证物流系统目的的实现，构成物流系统的各个功能要素或者说子系统必须围绕着物流系统的目标相互衔接，构成一个有机的整体。

（3）服从性。企业物流系统的上位系统是企业的经营系统，物流系统是企业经营大系统的一部分或者说是其子系统，为企业经营大系统服务。物流系统目标的设定，如物流服务水准设定要以企业总体的经营目标、战略目标为依据，服从企业总体发展的要求。企业物流的最终目的是促进企业的生产和销售，提高企业的盈利水平。

（4）信息性。物流系统中各个环节的衔接配合离不开信息功能，信息是构成物流系统的核心要素，为使物流系统按预定目标运行，必须对物流系统运行中出现的偏差加以纠正，设计出来的物流系统在运行的过程中也需要不断完善，这些都需要建立在对信息充分把握的基础之上。

2.1.2 物流系统的结构

组成系统的相互联系的要素的整体形态称为系统的结构。物流系统的目标是通过相互联系的要素的协同运作才能完成的，这些要素在时间和空间上的集合构成了物流系统。物流系统的要素组成的结构主要有流动结构、功能结构、治理结构、网络结构、产业结构等。本节重点介绍物流系统的流动结构和功能结构。

1.从“物的流动”的角度看物流系统的要素组成

物流系统就像一个完整的流，它具有流的七个流动要素：流体、载体、流向、流量、流程、流速、流效。流动要素之间是相关的，流体的自然属性决定了载体的类型和规模，流体的社会属性决定了流向、流量和流程，流体、流量、流向和流程决定采用的载体的属性，载体对流向、流量和流程有制约作用，载体的状况对流体的自然属性和社会属性均会产生影响等。因此，对于物流系统应该根据流体的自然属性和社会属性、流向、流程的远近及具体运行路线、流量的大小与结构来确定载体的类型与数量。

从流动结构看，物流系统七个组成要素的特点，如表 2-1 所示。

表 2-1　物流系统七个组成要素

要 素	特 点
流体	流体是指物流中的“物”，即物质实体。流体处于不断的流动状态中，具有自然属性和社会属性。 流体的自然属性是指其物理、化学、生物属性。而其社会属性是指流体所体现的价值体系及生产者、采购供应者、物流作业者与销售者之间的各种关系，有些关系国计民生的重要商品作为物流的流体还肩负着国家宏观调控的重要使命
载体	载体是指流体借以流动的设施和设备。主要包括以下两种： · 基础设施，如铁路、公路、水路、港口、车站、机场等基础设施，它们大多是固定的； · 设备，是以第一类载体为基础，直接承载并运送流体的设备，如车辆、船舶、飞机、装卸搬运设备等，它们大多是可以移动的。 物流载体的状况，尤其是第一类载体的状况直接决定物流质量、效率和效益
流向	流向是指流体从起点至终点的流动方向。物流的流向有以下四种： · 自然流向是指根据产销关系所决定的商品的流向，它表明一种客观需要，即商品要从产地流向销地； · 计划流向是指根据流体经营者的商品经营计划而形成的商品流向，即商品从供应地流向需要地； · 市场流向是指根据市场供求规律由市场确定的商品流向； · 实际流向是指在物流过程中实际发生的流向。 对某种商品而言，可能同时存在以上几种流向。在确定物流流向时，最理想的状况是商品的自然流向与实际流向一致。但由于计划流向与市场流向都有其存在的前提及载体，导致商品的实际流向经常偏离自然流向。

续表

要　素	特　点
流量	流量指加在载体上的流体在一定流向上的数量表现。流量与流向是不可分割的，每一种流向都有一种流量与之对应，流量的分类方法主要有： · 参照流向的分类，分为自然流量、计划流量、市场流量与实际流量四类； · 根据流量的特点，流量分为实际流量和理论流量。实际流量和理论流量又可分别细分为按照流体统计的流量、按照载体统计的流量、按照流向统计的流量、按照发运人统计的流量、按照承运人统计的流量。
流程	流程指借助于载体的流体在一定流向上行驶路径的数量表现。流程与流向、流量一起构成了物流向量的三个数量特征，流程与流量的乘积是物流的重要量纲。 流程的分类方法主要有： · 参照流向的分类，分为自然流程、计划流程、市场流程与实际流程四类； · 根据流程的特点，分为实际流程和理论流程； 实际流程可细分为按照流体统计的流程、按照载体统计的流程、按照流向统计的流程、按照发运人统计的流程、按照承运人统计的流程。 理论流程往往是可行路径中的最短路径
流速	流速指流体的平均运动速度，即流程与流体到达目的地所花时间的比值，可以衡量物流系统的效率
流效	流效指整个物流系统的效益，可以衡量物流系统的服务水平，如安全、准时性等

2. 从物流具体运作的角度看物流系统的要素组成

物流系统分为物流系统的一般要素、物流系统的功能要素、物流系统的支撑要素及物流系统的物质基础要素等，如表 2–2 所示。

表 2–2　物流系统的要素

要素种类	具体内容
一般要素	劳动者、资金、物料
功能要素	运输、储存保管、包装、装卸、流通加工、配送、物流信息
支撑要素	体制制度、法律规章、行政命令、标准化系统
物质基础要素	物流设施、物流装备、物流工具、信息技术及网络、组织及管理

小贴士：

上述功能要素中，运输和仓储分别解决了供给者和需要者之间场所和时间的分离，分别使物流创造“场所效用”和“时间效用”的主要功能，因而在物流系统中处于主要功能要素的地位。

2.2　物流系统规划与设计

物流系统规划，是指确定物流系统发展目标和设计达到目标的策略与行动的过程。物流系统规划设计必须以物流系统整体的目标作为中心。物流系统整体的目标是使人力、物力、财力和人流、物流、信息流得到最合理、最经济、最有效的配置和安排，即要确保物流系统的各方面参与主体功能，并以最小的投入获取最大的效益。

物流系统规划设计的内容包含以下方面：一是客户服务水平，即功能定位、服务水平；二是物流网络，即物流节点的选址、数量与功能的决定、网络布局等；三是物流节点的内部布局；四是仓储系统；五是信息系统；六是运输系统；七是运营系统；八是管理组织。

2.2.1 物流系统规划的层次

从规划的层面看，物流系统规划可分为物流系统战略层规划、物流系统策略层（战术层）规划和物流系统运作层规划；从规划所涉及的行政级别和地理范围看，物流系统规划又可分为国家级物流系统规划、区域级物流系统规划、行业物流系统规划、企业物流系统规划。

1. 国家级物流系统规划

国家级物流系统规划着重于以物流基础节点和物流基础网络为内容的物流基础平台规划。物流基础平台规划包括铁路、公路、航空等线路的规划，不同线路的合理布局，综合物流节点和物流基地的规划，以及相应的综合信息网络的规划。

2. 区域级物流系统规划

区域级物流系统规划着重于地区物流基地、物流中心、配送中心三个层次的物流节点及综合物流园区的规模和布局的规划。物流基地、物流中心、配送中心三个层次的物流节点是区域物流的不同规模、不同功能的物流节点，也是区域物流系统规划较大规模的投资项目。这三个层次物流节点的规划是区域物流系统运行合理化的重要基础。

3. 行业物流系统规划

行业物流系统在物流基础平台之上，有大量的企业和经济事业单位进行运作，如供应、分销、配送、供应链、连锁经营等。要使这些运作做到合理化和协调发展，需要有规划的指导，如重要企业、重要产品的供应链规划、以现代物流及配送支持的分销及连锁规划等。

4. 企业物流系统规划

企业物流系统规划是最微观层面的物流系统规划，它以上述物流规划为基础。企业物流系统规划包括生产企业、销售企业、服务企业等的物流规划。不同类型企业物流规划的要求也不同。因此，企业物流系统规划更要关注差异性和细节。当前，企业物流系统规划的理念也在不断发展，从“营销支持”和“流程再造”角度进行物流系统的规划，会有效地提高企业的素质，增强企业的运营能力。

2.2.2 物流系统规划设计的原则

1. 开放性原则

物流系统的资源配置需要在全社会范围内寻求。

2. 物流要素集成化原则

物流要素集成化是指通过一定的制度安排，对物流系统功能、资源、信息、网络等要素进行统一规划、管理、评价，通过要素间的协调和配合使所有要素能够像一个整体在运作，从而实现物流系统要素间的联系，达到物流系统整体优化的目的的过程。

3. 网络化原则

网络化原则是指将物流经营管理、物流业务、物流资源和物流信息等要素的组织按照网络方式在一定市场区域内进行规划、设计、实施，以实现物流系统快速反应和最优总成本等要求的过程。

4. 系统性原则

系统性原则是指在物流系统规划设计时，必须综合考虑、系统分析所有对规划有影响的因素，以获得优化方案。首先，从宏观上看，物流系统在整个社会经济系统中不是独立存在的，它是社会经济系统的一个子系统，物流系统与其他社会经济子系统不但存在相互融合、相互促进的关系，而且存在相互制约、相互矛盾的关系。因此，在对物流系统进行规划设计时，必须把各种影响因素考虑进来，达成整个社会经济系统的整体最优。其次，从微观上看，物流系统本身又由若干子系统（如运输系统、存储系统、信息系统等）构成。这些物流子系统之间既相互促进，又相互制约。

5. 可行性原则

可行性原则是指在物流系统规划设计过程中，必须使各规划要素满足既定的资源约束条件。也就是说，物流系统规划设计必须考虑现有的可支配资源情况，必须符合自身的实际情况，无论从技术上还是从经济上都可以实现。为了保证可行性原则，在进行物流系统规划设计时，要与总体的物流发展水平、社会经济的总体水平及经济规模相适应，既要体现前瞻性和发展性，又不能超越企业本身的整体承受能力，以保证物流系统规划设计的实现。

6. 经济性原则

经济性原则是指在物流系统的功能和服务水平一定的前提下，追求成本最低，并以此实现系统自身利益的最大化。显然，经济性也是物流系统规划追求的一个重要目标。

7. 可调整性原则

可调整性原则是指能够及时应对市场需求的变化及经济发展的变化。

8. 社会效益原则

社会效益原则是指物流系统规划设计应该考虑环境污染、可持续发展、社会资源节约等因素。一个好的物流系统不仅在经济上是优秀的，在社会效益方面也应该是杰出的。物流的社会效益原则也越来越受到政府和企业的重视，我国目前正倡导循环经济，绿色物流是其中的重要组成部分。另外，政府在法律、法规上将会对物流系统的社会效益问题做出引导和规定。例如，要求生产某些电子产品的厂家回收废旧产品，这是一个逆向物流的问题。

2.2.3　物流系统规划设计的基本评价指标

物流系统规划中基本评价指标体系由以下指标组成。

（1）政策性指标，包括政府的方针、政策、法令等。

（2）经济性指标，包括方案成本、利润和税金、投资额等。

（3）技术性指标，包括产品的性能、寿命、可靠性、安全性等。

（4）社会性指标，包括社会福利、社会节约、就业机会、生态环境等。

（5）资源性指标，如工程中的物质、人力、能源、水源等。

（6）时间性指标，如工程进度、时间节约、调试周期等。

思政园地

在乡村振兴背景下，了解果蔬类农产品物流系统，学习果蔬类农产物流系统的环节和构成，培养学生看物流的全面观和全局观，了解农业和物流的交叉融合，让学生懂专业的同时懂生活，接地气，引导学生关注“三农”发展，激励学生利用所学反哺农业农村农民，树立青年担当。

课后习题

一、单项选择题

1.（　　）是为实现一定目标而设计的，由各相互作用、相互依赖的物流要素（或子系统）所构成的有机整体。

A.物流技术　B.物流设施　C.物流系统　D.物流活动

2.物流系统从其构成看，可分为（　　）两大部分。

A.作业子系统和信息子系统　B.配送子系统和信息子系统

C.作业子系统和运输子系统　D.运输子系统和仓储子系统

3.物流系统分析在整体系统建立过程中处于非常重要的地位，它起到（　　）的作用。

A.系统规划　B.承上启下　C.系统设计　D.系统实施

4.物流系统分析是以（　　）为目标，给予决策者以价值判断，求得有利的决策。

A.运用各种定量方法研究　B.特定问题研究

C.整体效益　D.决策者求得有利的决策

5.以下物流活动中不存在相互影响关系的是（　　）。

A.运输与库存　B.顾客服务水平与物流成本

C.生产物流与销售物流　D.提高供货率与增加库存

6.系统规划的主要任务包括（　　）。

A.明确组织的信息需求、制订系统总体结构方案

B.对系统进行经济、技术和使用方面的可行性研究

C.选择计算机和网络系统的方案

D.确定软件系统的模块结构

7.系统设计阶段的主要成果是（　　）。

A.用户的决策方针　B.用户的分析方案

C.系统设计说明书　D.系统总体设计方案

8.区域物流规划是一项内容复杂的综合性工作，不涉及（　　）。

A.地区经济发展水平　B.当地传统习俗

C.交通基础设施建设　D.信息网络建设

9.在规划建设物流园区过程中，应该坚持以下原则，但不包括（　　）。

A.科学选址原则　　B.统一规划原则

C.政府控制运作原则　　D.现代化原则

二、判断题

1.物流系统是一个复杂、动态的系统，系统各种要素相互作用、相互配合才能有效地完成物流功能，提高物流系统的整体效益。（　　）

2.在物流活动中，运输、储存、包装、装卸搬运、配送、流通加工、物流信息等环节是功能要素。（　　）

3.企业进行生产物流系统设计时，只要针对系统中最主要的物料，即用量最多的物料的形状、大小、重量等进行研究，找出这种物料的搬运方法即可。（　　）

4.在物流系统中，提高物流系统效率的关键活动是信息处理。（　　）

三、简述题

1.简述物流系统的流动七个要素。

2.论述物流系统分析的过程。

3.简述物流系统规划设计的基本评价指标。

四、案例分析题

雅戈尔服装物流系统

为满足服饰业务不断增长的需求，中国纺织服饰的龙头企业——雅戈尔集团决定重建全新的企业物流体系。其核心环节为建设集进、储、配、送为一体的多功能、高效益、接近世界先进水平的自动化物流配送中心。经过深入细致的调研、考察以及招标评标，雅戈尔集团最终选择了北京起重运输机械设计研究院有限公司（以下简称“北起院”）作为雅戈尔物流配送中心建设项目的自动化物流系统总承包商。“北起院”仅用了15个月，就建成了国内服饰行业的首座大型自动化物流配送中心，其服饰物流体系示范效益和物流装备技术备受业界瞩目。

雅戈尔物流配送中心占地5900平方米，建筑面积17300平方米，可实现库存200万件成衣、年配送2000万件成衣的目标。其中，自动化物流系统采用了27米高的自动化立体仓库、整箱拣选、电子标签拆零拣选和楼层自动输送分拣系统等自动化物流设备，并通过服饰库存管理控制系统与上游生产ERP系统、下游销售DRP系统无缝连接，实现了商流、物流、信息流等的高度集成，使物流中心的各个作业环节和作业过程井然有序、高效流畅。

雅戈尔除了自身在仓储、分拣、配送等方面下了很大的功夫，还寻找外部优质社会资源来承担服装的运输。因为服装行业具有特殊性，对运输环节有较高的要求，所以在保证服装准时送达的前提下，还要保证服装运输的质量，不要出现褶皱以及破损等现象。

（资料来源：秦叙斌，汪浩.雅戈尔物流配送中心自动化物流系统［J］.物流技术与应用.2009，14(03)：44-53.资料有改动）

>>思考分析

1.雅戈尔服装物流系统具有哪些功能要素？

2.雅戈尔服装物流系统特点表现在哪些方面？其效用有哪些？

实践与实训 物流系统方案设计

【实践与实训目标】

1.帮助学生熟悉物流系统的结构。

2.使学生初步了解物流系统的规划设计。

【内容与要求】

某仓储企业主要提供仓配一体化业务，模拟设计其物流系统。

1.了解企业物流系统的结构、功能。

2.对企业物流系统进行规划设计，草拟物流系统方案。

【成果与检测】

1.学生分组提交系统规划设计方案，并探究方案的完整性。

2.教师对方案的层次、结构、完整性、可操作性作评价。

第3章 运 输

学习目标

1. 了解运输的地位和作用
2. 掌握运输的主要方式和特点
3. 掌握运输新模式的概念及特点
4. 明确运输的合理化原则，掌握运输合理化的途径

素质目标

1. 具有从事物流运输管理的初级能力
2. 能够结合实际情况合理选择运输方式
3. 能根据实例进行运输优化

案例导入

某外商独资食品制造企业的运输管理

某外商独资食品制造企业在中国有6个工厂，旗下有4大品牌，年销售额近10亿元。该企业目前的主要销售区域集中于南方，南北（以长江划分南北）销售比例大致为7∶3。由于生产低附加值的玻璃罐装食品（暂时只有小部分使用PET瓶），企业对物流成本一直比较注重。目前，整体物流费用占企业销售成本的4%左右。A厂每天运输数量300～500吨。省内配送主要使用汽运，用第三方物流车辆；而省外港口城市多使用海运集装箱再短驳至客户。

运输管理主要工作：监控运作质量、管理合同价格、日常回顾、给其他相关部门提供发货的信息。汽车运输价格设定：按不同吨位收取。例如，同一目的地1～3吨、3～8吨、8～10吨、10吨以上分别收取不同的运费，计价单位是元/吨。客服每天将订单通

知车队（运输供应商），由供应商根据订单派出车辆到工厂装货，车辆调度由供应商完成。供应商根据每月发货情况跟客服部门对账并确认运费。

◎思考题：

1. 该公司降低运输费用可以从哪几个方面考虑？

2. 汽车运输和水路运输的运费由哪几个部分构成？

3.1 运输概述

3.1.1 运输的定义与作用

运输是指针对运输对象，从甲地到乙地进行的经济运输行为。中华人民共和国国家标准《物流术语》（GB/T18354—2021）给运输（Transportation）下的定义是：

运输是指用专用运输设备将物品从一个地点向另一个地点运送，其中包括集货、分配、搬运、中转、装入、卸下、分散等一系列操作。

运输是物流的主要功能，解决了物品供给地和需求地之间的空间距离问题，创造了物品的空间价值。运输在整个物流中占有很重要的地位，运输成本占物流成本的35% ~ 50%、占商品价格的4% ~ 10%。

运输生产是社会再生产过程中的重要环节。现代化大生产，尤其是全球化经济的发展，社会分工越来越细，产品种类越来越多，无论是原材料的需求还是产品的输出量都大幅上升，这促进了运输业的发展和运输能力的提高。近年来，随着我国国内生产总值的稳步增长，全国货运总量和货物周转量也节节攀升。发达的运输网络和方便的运输条件，有利于开发新的资源、推动落后地区经济的发展、扩大原料供应范围和产品销售市场、促进社会生产的发展。

3.1.2 运输的功能

物质产品的生产目的是满足社会的各种需求。物质产品只有通过运输，才能进入消费，从而实现其使用价值，满足社会各种需求。运输有产品转移和产品储存两大功能。

1. 产品转移

运输可以实现产品在空间上的转移，即通过改变产品的地点与位置，消除产品的生产与消费在空间位置上的背离，或者将产品从效用价值低的地方转移到效用价值高的地方，创造产品的空间效用，使产品的使用价值得到更好的实现。

2. 产品储存

对产品进行临时储存是运输的一个特殊功能。这个功能以往并没有被人们所关注。将运输车辆临时作为相当昂贵的储存设施，是因为转移中的物品需要储存，但在短时间内（1 ~ 3 天）又将重新转移，而该物品在仓库的装卸成本可能高于存放在运输工具中所支付的费用。仓库储存空间有限时，利用运输车辆储存是一种可行的选择。

物流和运输一样吗？

3.2 运输的基本方式

目前，运输的基本方式主要有铁路运输、公路运输、水路运输、航空运输、管道运输及电子运输六种方式。除电子运输外的常用五种运输方式，如图 3–1 所示。

图 3–1 常用五种运输方式

3.2.1 铁路运输

19 世纪初出现铁路以来，世界各国纷纷投资建设铁路并形成网络。作为一种重要的现代陆地运输方式，铁路运输能提供长距离大宗商品的低成本、低能源运输。

1. 铁路运输的优点

（1）运输能力大。一般每列客车可载旅客 1 800 人左右，一列货车可装 2 000 ~ 3 500 吨货物，重载列车可装 2 万多吨货物。单线单向年最大货物运输能力达 1 800 万吨，复线达 5 500 万吨。

（2）运输过程受自然条件限制较小，连续性强，能保证全年运行；通用性能好，既可运客又可运各类不同的货物。

（3）到发时间准确性较高，运行比较平稳，安全可靠。

（4）运行速度较快。火车行驶时速一般在 80 ~ 120 千米。

（5）环境污染小，能耗较低。铁路每千吨公里标准燃料消耗为汽车运输的 1/15 ~ 1/11，为民航运输的 1/174。

（6）平均运距较长。铁路平均运距为公路运输的 25 倍，为管道运输的 1.15 倍。

（7）运输成本较低。一般来讲，铁路运输成本比水路运输成本稍高一些，但比公路运输和航空运输低得多。我国铁路运输成本分别是公路运输和航空运输的 1/20 和 1/128，美国则相应为 1/7 和 1/18。

2. 铁路运输的缺点

（1）投资高。单线铁路每千米造价为 100 万 ~ 300 万元，复线造价为 400 万 ~ 500 万元。

（2）建设周期长。一条干线要建设 5 ~ 10 年，而且占地太多，随着人口的增长，这将给社会增加更多的负担。

（3）短途运输平均成本高，灵活性差。运输的起点及终点必须有其他运输方式的配合与衔接，以便为其集散货物。

因此，铁路运输适合在内陆地区运送中长距离、运量大、时间性强、可靠性要求高的一般货物和特种货物。

2008 年以来，我国开始兴建高速铁路，到 2022 年年底高铁营业里程已超过 4.2 万千米，远远超过世界其他国家高铁营业里程的总和，占世界高铁总量 2/3 以上。中国高铁作为走向世界的一张亮丽名片吸引了国际社会的广泛关注。与汽车和航空相比，中国高铁在 1 200 千米距离内具有竞争优势，票价只有其他国家基础票价的 1/4。

知识拓展

中欧班列

近年来，我国与欧洲的经贸往来发展迅速，物流需求日益旺盛，中欧班列开行数量实现了爆发式增长。中欧班列从第 1 列到第 500 列，历时 4 年；从第 501 列到第 1000 列，历时 7 个多月；从第 1001 列到第 1500 列，历时 5 个月；从第 1501 列到第 2000 列，仅用了不到 4 个月。2024 年 1 月至 2 月，中欧班列累计开行 2928 列，发送货物 31.7 万标箱。国内出发城市达 120 个，通达欧洲 25 个国家 219 个城市。中欧班列运输具有独特优势，以我国山东威海始发、直达欧洲的国际班列为例，运输全程约 1.1 万千米，运输时间为 15 ~ 18 天，相比海运方式可节省约 50% 的时间，相比航运方式可节省约 80% 的费用。

中欧班列的开行，促使我国与班列沿线国家和地区的贸易额直线上升。但在发展初期，仍存在综合运输成本偏高、无序竞争、供需对接不充分等问题。为此，《中欧班列建设发展规划（2016—2020 年）》对中欧铁路运输通道、枢纽节点和运输线路的空间布局给出顶层设计，提出完善国际贸易通道、加强物流枢纽设施建设、加大货源整合力度、创新服务模式、建立完善价格机制、构建信息服务平台、推进便利化大通关七大任务，目的是优化运输组织及集疏运系统，提高中欧班列运行效率和效益。运输的货物品类，由开行初期的手机、计算机等电子产品，逐步扩大到衣服鞋帽、汽车及配件、粮食、葡萄酒、咖啡豆、木材、家具、化工品、机械设备等 5 万余种，为促进国内国际双循环、降低企业物流成本做出了积极贡献。

注：中欧班列是指按照固定车次、线路、班期和全程运行时刻开行，运行于中国与欧洲及“一带一路”共建国家间的集装箱等铁路国际联运列车。

（资料来源：中国经济网. 资料有改动. http://www.ce.cn/xwzx/gnsz/gdxw/201705/10/t20170510_22667450.shtml.）

3.2.2 公路运输

公路运输是最普遍的一种运输方式，主要承担短距离、小批量的运输任务。公路运输可以配合船舶、火车、飞机等运输工具完成运输的全过程，是港口、车站、机场集散货物的重要手段。

1. 公路运输的优点

（1）机动灵活，货物损耗少，运送速度快，可以实现门到门运输。公路运输网一般比铁路、水路网的密度大十几倍，分布面也广，因此公路运输车辆可以“无处不到、无时不有”。公路运输在时间上的机动性大，车辆可随时调度、装运，各环节之间的衔接时间较短。尤其是公路运输对客、货运量的多少具有很强的适应性，汽车的载重吨位有小（0.25 ~ 1 吨）、有大（200 ~ 300 吨），既可以由单个车辆独立运输，也可以由若干车辆组成车队同时运输。这一点对抢险、救灾工作和军事运输具有特别重要的意义。

（2）在中短途运输中，运送速度较快。在中短途运输中，由于公路运输可以实现“门到门”直达运输，中途不需要倒运、转乘就可以直接将客、货运达目的地，因此，与其他运输方式相比，其客、货在途时间较短，运送速度较快。

（3）投资少，修建公路的材料和技术比较容易解决，易在全社会广泛发展。公路运输与铁路、水路、航空运输方式相比，所需固定设施简单，车辆购置费用一般也比较低，因此，投资少、回收期短。据相关资料表明，在正常经营情况下，公路运输的投资每年可周转 1 ~ 3 次，铁路运输则需要 3 ~ 4 年才能周转一次。

2. 公路运输的缺点

（1）运输能力小。每辆普通载重汽车每次只能运送 5 吨货物；长途客车可送 50 位旅客，仅相当于一列普通客车的 1/36 ~ 1/30。中型货车的额定载荷为 6 ~ 14 吨，重型货车的额定载荷大于 14 吨。目前，世界上最大的汽车是美国通用汽车公司生产的矿用自卸车，长 20 多米；自重 610 吨；载重 350 吨左右，但仍比火车、轮船少得多。

（2）运输能耗高。公路运输能耗分别是铁路运输能耗的 10.6 ~ 15.1 倍、沿海运输能耗的 11.2 ~ 15.9 倍、内河运输能耗的 11.5 ~ 19.1 倍、管道运输能耗的 4.8 ~ 6.9 倍；但它比民航运输能耗低，只有民航运输能耗的 6% ~ 87%。

（3）运输成本高。公路运输成本分别是铁路运输成本的 11.1 ~ 17.5 倍、沿海运输成本的 27.7 ~ 43.6 倍、管道运输成本的 13.7 ~ 21.5 倍；但它比民航运输成本低，只有民航运输成本的 6.1% ~ 9.6%。

（4）劳动生产率低。公路运输的劳动生产率只有铁路运输的 10.6%，是沿海运输的 1.5%，是内河运输的 7.5%；但它比民航运输劳动生产率高，是民航运输的 3 倍。

（5）安全性较低，环境污染较大。据历史记载，自汽车诞生以来，它已经吞噬掉 3000 多万人的生命。特别是从 20 世纪 90 年代开始，死于汽车交通事故的人数急剧增加，平均每年达 50 多万人。这个数字超过了艾滋病、战争和结核病人每年的死亡人数。汽车所排出的尾气和发出的噪声也严重威胁着人类的健康，成为大城市环境污染的最大污染源之一。

此外，公路建设占地多，随着人口的增长，占地多的矛盾将表现得更为突出。

因此，公路运输适宜内陆地区运输短途旅客、货物；可以与铁路、水路联运，为铁路、港口集散旅客和物资；可以深入山区及偏僻的农村进行旅客和货物运输；可以在远离铁路的区域从事干线运输。

3.2.3 水路运输

水路运输是指用船舶在内河或海洋上运送货物，主要由船舶、航道和港口组成。它与铁路运输共同发挥综合交通运输体系中主要运力的作用。水路运输通常表现为四种形式：沿海运输、近海运输、远洋运输、内河运输。在国际贸易中，85%以上的货物都是通过水路运输的。我国对外贸易中，90%以上的货物是通过水路运输的。

1. 水路运输的优点

（1）运输能力大。主要运输方式中，水路运输能力最大。在长江干线，一支拖驳或顶推驳船队的载运能力已超过万吨；国外最大的顶推驳船队的载运能力达 3 万 ~ 4 万吨。

（2）通过能力强。水路运输利用天然航道完成运输。航道四通八达，在运输条件良好的航道，尤其是海上航道，通过能力几乎不受限制。目前，长江黄金水道年运量为 3 亿吨，相当于 9 条京广铁路。事实上，若给予充分开发，长江年运量至少可相当于 20 条京广铁路。

（3）投资少。水路运输只需利用江河湖海等自然水利资源，除必须投资购买船舶、建设港口外，沿海航道几乎不需投资，整治航道也只有铁路建设费用的 1/5 ~ 1/3。

（4）运输成本低。我国沿海运输成本只有铁路运输的 40%，美国沿海运输成本只有铁路运输的 1/8。就长江干线而言，其运输成本只有铁路运输的 84%。

（5）劳动生产率高。沿海运输劳动生产率是铁路运输的 6.4 倍，长江干线运输劳动生产率是铁路运输的 1.26 倍。

（6）平均运距长。水陆运输平均运距分别是铁路运输的 2.3 倍、公路运输的 5.9 倍、管道运输的 2.7 倍、民航运输的 68%。

2. 水路运输的缺点

（1）受自然条件影响较大。内河航道和某些港口受季节影响较大，冬季结冰、枯水期水位变低，难以保证全年通航；水路运输受海洋与河流的地理分布及地质、地貌、水文与气象等条件和因素的明显制约与影响；水运航线无法在广大陆地上任意延伸。

（2）运送速度慢。普通杂货船时速为 12 ~ 16 海里（1 海里=1852 米），若途中的货物多，则会增加货主的流动资金占有量。高航速集装箱船时速为 20 ~ 25 海里。近年来，为了节能，集装箱船一般采用经济航速，即每小时 18 海里左右。在沿海短途航行的集装箱船，航速每小时仅为 10 海里左右。

（3）国际海运的运输风险大。国际海运中的风险可分为外来风险和海上风险。外来风险一般是指由于外来原因引起的风险，如货物在运输途中由于偷窃、下雨、短量、渗漏、破碎等，或者由于战争、罢工、拒绝交付货物等政治、军事、国家禁令及管制措施所造成的风险与损失。海上风险包括海上发生的自然灾害和意外事故。自然灾害是指恶劣气候、雷电、海啸、地震、洪水、火山爆发等人力不可抗拒的灾害。意外事故是指由于意料不到的原因所造成的事故，如搁浅、触礁、沉没、碰撞、火灾、爆炸和失踪等。

所以，水路运输主要适用于大批量货物特别是集装箱运输，原料、半成品等散货运输，以及国贸运输，即距离远、运量大、不要求快速抵达的客货运输。

知识拓展

水路运输的形式

（1）沿海运输是使用船舶通过大陆附近沿海航道运送客货的一种方式，一般使用中、小型船舶。

（2）近海运输是使用船舶通过大陆邻近国家海上运送客货的一种运输形式，视航程长短可使用中型船舶，也可使用小型船舶。

（3）内河运输是使用船舶在内地的江、河、湖、川等水道进行运输的一种形式，主要使用小型船舶。

（4）远洋运输是使用船舶跨大洋的长途运输形式，主要依靠大型船舶。

3.2.4　航空运输

航空运输是指利用飞机运送货物的现代化运输方式。近年来，采用航空运输的方式日趋普遍，航空货运量越来越大，航空运输的地位日益提高。

1. 航空运输的优点

（1）运送速度高。航空运输的运送速度一般在 800 ~ 900 千米/小时，已成为当前国际市场上商品竞争的有利因素。因此，航空运输最适用于中长距离的旅客运输、邮件运输及精密、贵重或鲜活易腐物品运输。

（2）机动性能好。航空运输几乎可以飞越各种天然障碍，可以到达其他运输方式难以到达的地方。

（3）破损率低、安全性好。采用航空运输的货物本身价值较高，航空运输的地面操作流程环节比较严格、管理制度比较完善，这就使得货物破损率很低、安全性较好。

（4）货物包装要求低、资金周转快。航空运输保管制度完善，货损货差较少，包装可相应地简化，这就降低了包装费用和保险费用。航空运输速度快，商品在途时间短、交货速度快，这使得产品流通速度加快，也加快了资金周转速度。

2. 航空运输的缺点

（1）载重量小。飞机机舱容积和载重量都比较小，波音 747-400 货机是目前全世界仅次于安-124 的最大货机，载重量仅为 100 吨。

（2）运载成本和运价比地面运输方式高。

（3）受气候条件的限制，在一定程度上影响了运输的准确性和正常性。

（4）需要航空港设施，所以可达性差。

（5）设施成本高，维护费用高。

（6）运输能耗高。

（7）运输技术要求高，人员（飞行员、空勤人员）培训费用高。

因此，航空运输主要适用于价值高、时间紧的长距离运输。因为运输时间短、货物损坏少，航空运输特别适合急需物资、鲜活商品、精密仪器和贵重物品的输送。

3.2.5 管道运输

管道运输是用管道输送流体和粉末货物的一种运输方式。它是靠物体在管道内顺着压力方向顺序移动而实现的。它和其他运输方式的主要区别在于，管道设备是静止不动的。目前，全球的管道运输承担着很大比例的能源物质运输，包括原油、成品油、天然气、油田伴生气、煤浆的运输等。

1. 管道运输的优点

（1）运输量大。一条管径 720 毫米的管道可年输易凝高黏原油 2 000 万吨以上，相当于一条铁路的运量；一条管径 1 220 毫米的管道年运输量可达 1 亿吨以上。

（2）建设工程量小，占地少。管道运输只需要铺设管线，修建泵站，土石方工程量比修建铁路小得多，而且在平原地区大多埋在地底下不占农田。

（3）能耗小。管道运输输送每吨公里轻质原油的能耗只有铁路的 1/12 ~ 1/7，在各种运输方式中能耗是最低的。

（4）安全可靠，无污染，成本低。成品油运费仅为铁路的 1/6 ~ 1/3，接近于海运。

（5）不受气候影响，可以全天候运输，送达货物的可靠性高。

（6）可以实现封闭运输，损耗少。据近 10 年西欧石油管道运输的统计，漏失污染量仅为输送量的百万分之四。

2. 管道运输的缺点

（1）专用性强。管道运输的物品仅限气体、液体、流体，货物过于专门化。

（2）机动灵活性差。管道运输永远是单向运输。

（3）固定投资大。为了进行连续输送，需要在各中间站建立储存库和加压站，以促进管道运输的畅通。

（4）定价固定。目前，国家对管道运输执行“一线一价”政策，管道运输价格是一个相对不变因素。尽管在不同运距情况下，经济输量范围是不同的，但一条线上运价不能随运距调整。

因此，管道运输主要适用于单向、定点、量大的流体状货物运输。

知识拓展

西气东输工程

为了将新疆的天然气资源转化为现实的经济资源，改善我国的能源结构，减少大气污染，我国在 2000 年启动了西气东输工程。这是我国进入新千年后的第一个重大工程，被誉为西部大开发的标志性工程。

新疆有丰富的天然气资源。西气东输工程通过管道运输实现天然气从新疆到上海的长距离输送。该工程西起新疆塔里木盆地的轮南，终点站是上海，途经甘肃、青海、宁夏、陕西、河南、安徽、江苏等省、自治区，全长 4000 多千米，总投资 1200 亿元。

西气东输工程的建成，可以使我国利用管道运输实现西部天然气对东部沿海地区的能源供应，是一项东双赢的工程。

3.2.6 电子运输

电子运输是一种以因特网为载体的新型运输方式。人们可以利用因特网实时传输电子数据产品，产品可以是纯文本形式，也可以是图文声像影视并茂形式（如歌曲、影像等）。

当然，这种新型的运输方式只适合电子数据产品，因特网的终端载体还局限于电脑。没有电脑、电话线，人们则无法利用这种运输方式。

六种主要运输方式的技术经济指标即运输能力、运价、速度、连续性、灵活性、可行性、可靠性和频率均不相同，企业在选择运输方式时需要根据自身的需求而定。六种运输方式的技术经济指标比较如表 3-1 所示。

表 3-1 六种运输方式的技术经济指标比较

营运特征	铁 路	公 路	水 路	航 空	管 道	电 子
运输能力	2	3	1	4	6	6
运价	3	4	2	6	5	
速度	4	3	5	2	6	
连续性	3	4	6	5	2	
灵活性		1	4	2	6	5
可行性	2	1	4	3	5	6
可靠性	4	3	5	6	2	1
频率	5	3	6	4	2	1

注：表中数值 1 ～ 6 为特征由强到弱排序。

3.3 运输的新模式

3.3.1 多式联运

中华人民共和国国家标准《物流术语》(GB/T 18354—2021）给多式联运（Multimodal Transport）下的定义是：

多式联运是指联运经营者受托运人、收货人或旅客的委托，为委托人实现 2 种或 2 种以上运输方式的全程运输，并提供相关运输物流辅助服务的活动。

每一种多式联运的组合，其目的都是综合各种运输方式的优点，实现最优化的绩效。开展多式联运，有利于发挥综合运输的优势，有利于提高经济效益和社会效益，有利于挖掘运输潜力、加速货位周转、提高运输效率等。多式联运形式如图 3-2 所示。

图 3-2　海铁、铁公等联运

国际多式联运具有其他运输组织形式无可比拟的优越性，因而这种国际运输新技术已在世界各主要国家和地区得到广泛的推广和应用。目前，具有代表性的国家多式联运主要有远东—欧洲、远东—北美等海陆空联运。

1. 多式联运的特点

（1）根据多式联运的合同进行操作，运输全程中至少使用 2 种运输方式，而且是不同方式的连续运输。国际多式联运所采用的 2 种或 2 种以上不同运输方式可以是海陆、陆空、海空等。这与一般的海海、陆陆、空空等形式的联运有着本质的区别。

（2）多式联运的货物主要是集装箱货物，具有集装箱运输的特点。

（3）多式联运是一票到底、实行单一费率的运输。发货人只要订立一份合同，一次性付费，交一次保险，即可通过一张单证完成全程运输。

（4）多式联运是不同运输方式的综合组织，其全程运输均由多式联运经营人完成或组织完成。运输中无论涉及几种运输方式、分为几个运输区段，多式联运经营人都要对全程负责。

（5）货物全程运输是通过多式联运经营人与各种运输方式、各区段的实际承运人订立分运（或分包）合同来完成的，各区段承运人对自己承担区段的货物负责。

（6）在起运地接管货物、在最终目的地交付货物及全程运输中各区段的衔接工作，均由多式联运经营人的分支机构（或代表）或委托的代理人完成。这些代理人及承担各项业务的第三者对自己承担的业务负责。

（7）多式联运经营人可以在全世界运输网中选择适当的运输路线、运输方式和各区段的实际承运人，以降低运输成本，提高运输速度，实现合理运输。

2. 多式联运的种类

国际上目前采用的多式联运有下列几种。

（1）公铁联运。使用最广泛的多式联运系统是将卡车拖车或集装箱装在铁路平板车上的公铁联运或驮背运输。由铁路完成城市间的长途运输，余下的城市间运输由卡车完成，这种运输方式非常适合城市间物品的配送。对于配送中心或供应商在另一个比较远的城市，可以采用这种运输方式，实现无中间环节的一次运输作业并完成运输任务。

（2）陆海联运。陆海联运是指陆路运输（铁路、公路）与海上运输一起组成一种新的联合运输方式。这也是我国近年来采用的新运输方式。这种方式的运输流程是，先由内地起运地把货物用货车装运至海港，然后由海港代理机构联系第二程的船舶，将货物装运到国外的目的地。发运后，内地有关公司可凭联运单据就地办理结汇。

（3）陆空（海空）联运。陆空（海空）联运是一种陆（或海）路与航空两种运输方式相结合的联合运输方式。我国在1974年开始应用这种方式，而且其发展速度很快。通常的做法是，先由内地起运地把货物用汽车装运至空港，然后从空港空运至国外的中转地，再装汽车陆运至目的地。采用陆空（海空）联运方式具有手续简便、速度快、费用低、收汇迅速等优点。

（4）大陆桥运输。大陆桥运输是指使用铁路或公路系统作为桥梁，把大陆两端的海洋运输连接起来的多式联运方式。目前，世界上主要的大陆桥有西伯利亚大陆桥、远东至北美东岸和墨西哥湾大陆桥、北美西海岸至欧洲大陆桥等。为适应对外贸易的需要，我国开辟和发展了新亚欧大陆桥运输方式。与西伯利亚大陆桥相比，新亚欧大陆桥具有明显的优势：一是地理位置和气候条件优越。整个陆桥避开了高寒地区，港口无封冻期，自然条件好，吞吐能力大，可以常年作业。二是运输距离短。新亚欧大陆桥比西伯利亚大陆桥的陆上运距缩短了2 000 ~ 2 500千米；到中亚、西亚各国，优势更为突出。一般情况下，陆桥运输运费比海上运费节省20% ~ 25%，而时间缩短了1个月左右。三是辐射面广。新亚欧大陆桥辐射亚欧大陆30多个国家和地区。四是对亚太地区吸引力大。日本、韩国、东南亚各国、一些大洋洲国家等，均可利用此线开展集装箱运输。

3.3.2 集装箱运输

中华人民共和国国家标准《物流术语》（GB/T 18354—2021）给集装箱（Container）和集装箱运输（Container Transport）下的定义是：

集装箱是指具有足够的强度、可长期反复使用、适合多种运输工具且容积在1立方米以上（含1立方米）的集装单元器具。

集装箱运输是指以集装箱为单元进行货物运输的一种货运方式。

具体来讲，集装箱运输是指以集装箱这种大型容器为载体，将货物集合组装成集装箱单元，以便在现代流通领域运用大型装卸机械和大型载运车辆进行装卸、搬运作业和完成运输任务，从而更好地实现货物门到门运输的一种新型、高效率和高效益的运输方式。集装箱运输如图3-3所示。

1. 集装箱运输的特点

（1）集装箱运输是一种高效益的运输方式

①可以简化包装，大量节约包装费用。为避免货物在运输途中受到损坏，就必须有坚固的包装，而集装箱具有坚固、密封的特点，其本身就是一种极好的包装。使用集装箱可以简化包装，有的甚至无须包装，实现杂货无包装运输，大大节约包装费用。

图 3-3 集装箱运输

②可以减少货损货差，提高货运质量。货物装箱并铅封后，途中无须拆箱倒载，而是一票到底，即使经过长途运输或多次换装，箱内货物也不易损坏。集装箱运输可以减少被盗、潮湿、污损等引起的货损货差，提高货运质量。

③可以减少营运费用，降低运输成本。集装箱的装卸基本上不受恶劣天气的影响，所以船舶非生产性停泊时间缩短；集装箱的装卸效率高，所以装卸时间缩短。对船运公司而言，这可以提高航行率、降低船舶运输成本；对港口而言，这可以提高泊位通过能力，从而提高吞吐量、增加收入。

（2）集装箱运输是一种高效率的运输方式

①普通货船装卸，一般每小时为 35 吨左右；而集装箱装卸，每小时可达 400 吨左右，装卸效率大幅提高。同时，集装箱装卸机械化程度很高，因而每班组所需装卸工人人数很少，平均每个工人的劳动生产率大大提高。

②由于集装箱装卸效率很高，又受气候影响小，船舶在港停留时间大大缩短，因而船舶航次时间缩短、周转加快、航行率大大提高，船舶生产效率随之提高，从而提高了船舶运输能力。在不增加船舶数量的情况下，集装箱运输可完成更多的运量，增加船运公司的收入。

（3）集装箱运输是一种资本高度密集的行业

①船运公司必须对船舶和集装箱进行巨额投资。根据有关资料，集装箱船每立方英尺的造价为普通货船的 3.7 ~ 4 倍。可见，集装箱的投资相当大。开展集装箱运输所需的高额投资，使得船运公司总成本中的固定成本占有相当大的比例，这一比例高达 2/3 以上。

②集装箱运输中的港口投资也相当大。专用集装箱泊位的码头设施包括码头岸线和前沿、货场、货运站、维修车间、控制塔、门房及集装箱装卸机械等，耗资巨大。

③为开展集装箱多式联运，需要相应的内陆设施及内陆货运站等，需要兴建、扩建、改造、更新现有的公路、铁路、桥梁、涵洞等，这方面的投资更是惊人。可见，没有足够的资金，开展集装箱运输、实现集装箱化是很困难的。

（4）集装箱运输是一个复杂的运输系统工程

集装箱运输涉及面广、环节多、影响大，是一个复杂的运输系统工程。集装箱运输系统包括海运、陆运、空运、港口、货运站，以及与集装箱运输有关的海关、商检、船舶代理公司、货运代理公司等单位和部门。如果互相配合不当，就会影响整个运输系统功能的发挥；如果某一环节失误，必将影响全局，甚至导致运输生产停顿和中断。因此，搞好整个运输系统各环节、各部门之间的高度协作工作是集装箱运输系统顺畅运输的基础。

2. 集装箱的分类

由于集装箱的制造材料不同、结构不同、规格尺寸不同，集装箱的类型也不同。为了便于研究，人们将集装箱按照不同的分类标准分成不同的种类，如表 3-2 所示。

表 3-2　集装箱的类型

分类标准	类　型
按所装货物种类分类	杂货集装箱、散货集装箱、液体货集装箱、冷藏集装箱等
按制造材料分类	木集装箱、钢集装箱、铝合金集装箱、玻璃钢集装箱、不锈钢集装箱
按结构分类	折叠式集装箱、固定式集装箱等。固定式集装箱还可分为密闭集装箱、开顶集装箱、板架集装箱等
按总重分类	30 吨集装箱、20 吨集装箱、10 吨集装箱、5 吨集装箱、2.5 吨集装箱等
按规格尺寸分类	20 尺货柜（20 英尺 ×8 英尺 ×8.6 英尺） 40 尺货柜（40 英尺 ×8 英尺 ×8.6 英尺） 40 尺高柜（40 英尺 ×8 英尺 ×9.6 英尺）

注：1 英尺=0.3048 米。

3.3.3　甩挂运输

1. 甩挂运输的内涵

集装箱拖车由牵引车（拖头）和半挂车（拖架）两个部分组成，称为集装箱牵引列车。根据运行特点和对装卸组织工作的不同要求，集装箱牵引列车可分为定挂运输和甩挂运输两种组织形式。

（1）定挂运输，是指汽车、列车在完成运行和装卸作业后，汽车（或牵引车）和全挂车（或半挂车）一般不予分离的定车定挂组织形式。

（2）甩挂运输，俗称一头多架，是指集装箱牵引列车按照预定的计划，在各装卸作业点甩下并挂上指定的半挂车后继续运行的一种组织形式。甩挂运输既保留了定挂运输的优点，又减少了装卸货时间，从而可以充分发挥它的运输效率，最大限度地利用它的牵引能力。甩挂运输如图 3-4 所示。

图 3-4　甩挂运输

2. 甩挂运输的优势

甩挂运输方式之所以能够在欧洲等发达国家获得广泛运用，其主要原因在于它可以为企业降低营运成本、提高运营效益。这主要体现在以下三个方面。

（1）可以减少对牵引车的购置成本。由于甩挂运输的基本工作模式可以提高每辆牵引车的有效工作时间，因此企业对牵引车的购置将会减少，这不仅节约了购车成本，也避免了车辆无效行驶费用的发生。在美国、加拿大等欧洲国家，一部 40 英尺集装箱半挂车牵引车的售价为 5 万 ~ 6 万美元，挂车的售价为 3 万 ~ 4 万美元。按一部牵引车配两部挂车计算，运输企业可节约 50% 的牵引车购置费和租赁费。

（2）可以降低成本、提高运输能力。在相同的运输条件下，汽车运输效率的高低取决于汽车的载重量、技术速度和装卸时间 3 个主要因素。甩挂运输使汽车运输列车化，能相应地提高车辆每次的载重量，从而提高车辆的工作效率，避免空车行驶，免除装卸货的等候时间。据测算，采用甩挂运输可提高效率 30% ~ 50%，降低成本 30% ~ 40%，减少油耗 20% ~ 30%。

（3）能够促进多式联运的发展。为提高运输效率，发达国家从 20 世纪 40 年代开始就在铁路中进行驮背运输、在海运中采用滚装运输。这些运输形式都是以甩挂运输为基础的。由牵引车将载货的挂车拖至铁路货场或港口后，牵引车与载货挂车分离，并将挂车装至铁路平板车、滚装船上进行长途运输，到达目的站或目的港后，再由另一端的牵引车将载货挂车运至收货人处。这种多式联运组织形式实现了门到门运输，使企业零库存变为可能。

3. 甩挂运输的适用范围

甩挂运输一般适用于装卸能力不足、装卸时间占汽车运行时间比重较大且货源充足的场合。例如，集装箱码头之所以要发展甩挂运输，主要是因为集装箱运到码头后必须等待较长一段时间后才能卸下来，而采用甩挂运输，拖车甩挂后则可以马上离开码头去拖另外的集装箱，因而可以大幅提高运输效率。

3.4 运输管理

3.4.1 运输合理化

1. 运输合理化的内涵

运输合理化是指从物流系统的总体目标出发，选择合理的运输方式和运输路线，即运用系统理论和系统工程原理与方法，选择合理的运输工具和优化运输路线，以最短的路径、最少的环节、最快的速度和最少的劳动消耗，组织运输活动。

影响运输合理化的因素很多，但起决定性作用的有五个，称作运输合理化的五要素。

（1）运输距离。在运输过程中，运输时间、运输运费等若干技术经济指标都与运输距离有一定的关系。运距长短是衡量运输是否合理的一个最基本的因素。

（2）运输环节。每增加一个运输环节，势必要增加运输的附属活动（如装卸、包装等），各项技术经济指标也会因此而发生变化，因此减少运输环节对运输合理化有一定的促进作用。

（3）运输工具。各种运输工具都有其优势领域。对运输工具进行优化选择，最大限度地发挥运输工具的特点和作用，是运输合理化的重要一环。

（4）运输时间。在全部物流时间中，运输时间占绝大部分，尤其是远程运输。因此，运输时间的缩短对整个物流时间的缩短具有决定性的作用。此外，运输时间缩短，还有利于加速运输工具的周转，充分发挥运力的作用，提高运输线路通过能力，不同程度地改善不合理运输。

（5）运输费用。运费在全部物流费用中占很大的比例，运费高低很大程度上决定着整个物流系统的竞争能力。因此，运费的降低是运输合理化的一个重要标志。

2. 运输合理化的原则

（1）及时。尽量缩短物品待运和在途时间，加速商品流通，确保商品的市场供给，尽量做到门对门服务。

（2）准确。在运输过程中，要做到无错、不乱，手续交接清楚，责任明确，准确无误地完成物品运输。

（3）安全。在运输过程中，要保证物品不发生霉烂、残损、丢失、污染、渗漏、爆炸、燃烧等事故，保证人身、物品、设备安全。

（4）经济。以物流系统或供应链的总成本最低、综合效益最好作为原则选择运输方式、运输路线及运输工具，节约人力、财力、物力，降低物流费用，提高总体效益。

知识拓展

借助“互联网+物流”解决车货匹配问题

由于经济发展的不均衡，运输市场货源规模差异大，一些司机习惯走固定路线等，往往会出现车货信息不匹配情况，司机难以找到合适的货源信息，单程空驶现象较多。如今，借助“互联网+物流”可以解决信息不对称、货源不均衡的问题。车货匹配App就是一种利用信息系统平台发布货源信息的软件。司机通过车货匹配App就可以得知相关的货源信息。在“互联网+”时代，通过移动平台解决单程空驶问题实现车货匹配，已经成为现实。

3. 运输合理化的途径

（1）提高运输工具实载率。充分利用运输工具的额定能力，减少车船空驶和不满载行驶的时间，减少浪费。

（2）减少动力投入，增加运输能力。运输的投入主要是能耗和基础设施。在设施建设已建成的情况下，要尽量减少能源投入。

（3）发展社会化的运输体系。发挥运输的大生产优势，实行专业分工，统一安排运输工具，避免对流、倒流、空驶、运力不当等多种不合理形式。

（4）合理选择运输方式，开展以公路代铁路的运输。在公路运输的经济里程范围内，尽量利用公路，这样可以缓解较紧张的铁路运输压力，充分利用公路门到门这一便捷、灵活的优势。

（5）发展直达运输。越过商业物资仓库环节或铁路、水路等交通中转环节，将物品直接从产地或起运地运到目的地或销售地。直达运输的合理化是在一定条件下才会有所表现的，不能认为直达一定优于中转。是否直达要根据用户的要求，从物流总体角度出发做综合判断。

（6）进行配载运输，提高技术装载量。充分利用运输工具的载重量和容积，合理安排装载的物品及载运方法以求合理化，实现轻重混合运载。

（7）发展先进的运输技术和运输工具。采用散装运输、集装箱运输、冷藏运输方式，保证运输质量，减少货物损耗；通过流通加工，使运输合理化。

（8）发展“四就”直拨运输。“四就”直拨是由管理机构预先筹划，然后就厂、就站（码头）、就库或就车（船）将货物分送给用户，无须再入库，减少运输中转环节，以最少的中转次数完成运输任务的一种形式。

（9）通过流通加工使运输合理化。对产品形态及特性进行适当流通加工，可有效解决运输合理化的问题。如造纸材料在产地预先加工成干纸浆，然后压缩体积运输，就能解决造纸材料运输不满载的问题；将轻泡产品预先捆紧包装成规定尺寸，再装车就容易提高装载量等。

案例拓展

沃尔玛运输合理化措施

沃尔玛是世界上最大的零售企业，在物流运营过程中，尽可能降低成本是其经营的哲学。沃尔玛有时采用空运，有时采用水运，还有一些货物采用公路运输。在中国，沃尔玛百分之百地采用公路运输，所以如何降低公路运输成本是沃尔玛物流管理面临的一个重要问题。为此，沃尔玛主要采取了以下措施。

（1）沃尔玛使用一种尽可能大的卡车，有16米加长货柜，比集装箱运输卡车更长、更高。沃尔玛把卡车装得非常满，产品从车厢的底部一直装到最高，以节约成本。

（2）沃尔玛的车辆都是自有的，司机也是自有员工。沃尔玛的车队有3700多名司机，5000名非司机员工，车队每周运输距离可达7000～8000千米。沃尔玛知道，公路运输是比较危险的，有可能会出交通事故。因此，对于运输车队来说，保证安全是节约成本最重要的环节。在运输过程中，卡车司机都非常遵守交通规则。沃尔玛定期对运输车队进行调查，卡车上都带有公司的号码，如果看到司机违章驾驶，调查人员就可以根据车上的号码报告，以便于进行惩处。沃尔玛认为，卡车不出事故，就能最大限度地降低物流成本。

（3）沃尔玛采用全球定位系统对车辆进行定位，因此在任何时候，调度中心都可以知道这些车辆在什么地方、离商店有多远、还需要多长时间才能运到商店，这种估算可以精确到小时。

（4）沃尔玛连锁商场的物流部门24小时工作，无论白天或者晚上都能为卡车及时卸货。另外，沃尔玛的运输车队还可以利用夜间进行运输，从而做到了当日下午进行集货，夜间进行异地运输，翌日上午即可送货上门，保证15～18个小时内完成整个运输过程。这是沃尔玛在速度上取得优势的重要措施。

（5）沃尔玛的卡车把产品运到商场后，商场可以将其整个卸下来，而不用对每个产品逐个检查，这样就可以节省很多时间和精力，加快了沃尔玛物流的循环过程，从而降低成本。这里有一个非常重要的先决条件，就是物流系统能够确保商场所得到的产品与发货单完全一致。

（6）沃尔玛的运输成本比供货厂商的运输成本要低，所以厂商也使用沃尔玛的卡车来运输货物，从而做到了把产品从工厂直接运送到商场，大大节省了产品流通过程中的仓储成本和转运成本。

沃尔玛的集中配送中心把上述措施有机组合在一起，作出了最经济合理的安排，从而使运输车队能以最低的成本高效率地运行。

（资料来源：沃尔玛通过物流运输合理化节约成本.资料有删改. https://wenku.so.com/ d/c4a18dac0928ef59719182c6e00ca6d8.）

3.4.2 智能运输

智能运输系统（Intelligent Transportation Systems，ITS）的核心是应用现代通信、信息、网络、控制、电子等技术，建立一个高效运输系统。这个系统包括先进的交通信息服务系统、交通管理系统、车辆控制系统、营运火车管理系统、电子收费系统、紧急救援系统等。智能物流运输系统是ITS与物流相结合的产物。

1. ITS在物流中的运用

ITS通过技术平台向物流企业管理提供的服务主要集中在物流配送管理和车货动态控制两个方面。比如，通过提供当前道路交通信息和线路诱导信息，可为物流企业的优化运输方案制订提供决策依据；通过对车辆位置状态的实时跟踪，可向物流企业甚至客户提供车辆预计到达时间，为物流中心的配送计划和仓库存货战略的确定提供依据。现代物流主要可在以下五个方面利用智能运输技术：移动信息技术、车辆定位技术、车辆识别技术、车辆控制技术、通信与网络技术。

2. 智能运输技术

（1）移动信息技术。为了将移动的车辆信息纳入物流运转的信息链中，需要使用移动信息系统。该系统和物流企业的信息中心构成了一个统一的整体。确定的合同数据、运输路线数据、车辆数据和行驶数据都需要进行收集、存储、交换和处理。将货运车辆纳入信息系统所采用的主要手段是在车辆上配置（便携式）计算机或专门开发的信息处理装量，或者无线发射与接收装置。物流业中使用移动定位与短信息量是非常大的，其中用户主要是跨国物流企业和大型的物流企业。随着技术的更新及信息费用的下降，许多中小型物流企业对移动信息技术也越来越感兴趣。

（2）车辆定位技术。车辆的实时定位，有助于物流控制中心在任意时刻查询车辆的地理位置并在电子地图上直观地显现出来。动态掌握车辆所在位置可帮助物流企业优化车辆配载和调度。另外，车辆定位技术也是搜寻被盗车辆的一个辅助手段，这对运输贵重货物具有特别重要的意义。GPS（Global Position System，GPS）技术是车辆定位最常见的解决方案。对于网络GPS用户，他们还可使用全球移动通信系统（Global System for Mobile Communications，GSM）的话音功能与司机进行通话或使用安装在运输工具上的汉字液晶显示屏，进行汉字消息收发。

（3）车辆识别技术。借助电子识别系统，可以使运输中的货物通过一个号码和特别的信息加以区别，方便运输途中时间及地点的跟踪与监控。电子识别系统还可以与其他系统衔接，用于控制物流中的运输、转运、代销和存储过程。无线射频识别技术（Radio Frequency Identification，RFID）是从20世纪80年代走向成熟的一项自动识别技术。它利用射频方式进行非接触式双向通道交换数据，以达到识别目的。和传统的磁卡、IC卡相比，射频卡的最大优点在于非接触，因此完成识别工作时无须人工干预，适合实现系统的自动化且不易损坏，可识别高速运动物体并可同时识别多个射频卡，操作快捷方便。

（4）车辆控制技术。车辆控制系统是现代物流系统中货运车辆运营管理的重要组成部分。车辆控制技术提供支撑物流系统在运输环节对供应链进行全过程管理的功能。它包含运营货运车队管理、货物运输管理、货运车辆电子通关、运营货运车辆运政管理、动态承重、车载安全监控、车辆车载安全保障、货车车辆维护、危险货物运输管理等多方面的功能。这些功能可以简化诸如注册情况、车辆技术性能、尺寸等检查的手续，优化提供货物配送、回程载货信息，提高集散作业的可靠性及效率，提高运输生产效率，减少延误。

（5）通信与网络技术。在现代运输网络中，数据越来越多地需要远程输送与交换。采用标准化电子数据交换（Electrical Data Interchange，EDI）信息网，可使数据具有较好的兼容性与适用性，有利于加速信息流程、降低手工输入错误率、减少纸张需求及使数据利于检验等。远程数据通信可利用专门的数据交换网，也可借用互联网。由于互联网络具有低通信成本、高互联通率的优点，近年来越来越多的货运企业便把互联网作为数据交换平台，进行数据通信。基于网络及时、准确的信息传递保证了物流系统高度集约化管理的信息需求，也保证了物流网络各节点和总部之间及各节点之间的信息充分共享。

当前，我国智能交通系统的发展正进入一个以人工智能和机器人为代表的智能技术和智慧社会新时代。这个智能时代，必须依靠安全有效的智能交通系统来保障。否则，更加复杂且快速的产业和社会活动，加上日益智能多样的生产及消费方式，将因交通的智能水平不匹配或不适应而无法有效进行。

国家发展和改革委员会和交通运输部2019年联合发布关于《推进“互联网+”便捷交通促进智能交通发展的实施方案》，宗旨是以旅客便捷出行、货物高效运输为导向，广泛深入地利用网络和智能技术，优化资源配置、提高综合效率，全面提升交通运输水平，为我国交通发展现代化提供有力支撑。该方案重点指向便民的“交通一卡通”“一单到底”“一票制”“一站式”服务到无所不在“掌控天下”的“交通移动空间”，从“一网联控”、V2V和V2X的“车联网”、智能驾驶和自动物流及定制化智能交通工具，到“畅行中国”的信息服务。

思政园地

介绍中国古代运输，包括内河的漕运，陆路的马帮、驼队以及丝绸之路，海运的郑和下西洋等，让学生感知古代物流的伟大与不易，感受先贤的智慧，激发学生对物流历史的好奇，增强文化自信的同时培养学生向古人学习，努力克服困难，务实进取，积极创新，增强责任和担当意识。

课后习题

一、单项选择题

1.门到门运输通常采用公路运输方式，这是因为（　　）。

A.公路运输的灵活性大、适应性强　　B.公路运输的速度快

C.公路运输的运量大　　D.公路运输的运货种类多

2.各种运输方式之所以均有生存和发展空间，是因为（　　）。

A.各种运输方式的市场对象不一样

B.各种运输方式的成本不一样

C.各种运输方式的速度不一样

D.各种运输方式均拥有自己固有的技术经济特征和优势，以及运输市场具有多样性需求

3.以下运输方式中，载重量大、成本较低的是（　　）。

A.公路运输　　B.铁路运输　　C.水路运输　　D.航空运输

4.集装箱是供（　　）使用，并便于机械操作和机械运输的大型货物容器。

A.集货配送　　B.周转　　C.集装货物　　D.装卸搬运

5.多式联运是指铁路、公路、海洋、内河和航空等不同运输方式中，至少有（　　）运输方式参加，共同完成全程的货物运输。

A.1种　　B.2种　　C.1种及以上　　D.2种及以上

6.运输创造了物品的（　　），并以该效用为主，辅以多种增值服务功能，满足了用户的需求。

A.时间效用　　B.经济效用　　C.空间效用　　D.增值效用

7.被认为是国民经济大动脉，担负着主要客货流运输任务的是（　　）。

A.铁路　　B.公路　　C.水路　　D.航空

8.综合运输的规模建立的基础是（　　）。

A.运输质量　　B.运输结构　　C.运输价格　　D.运输效果

9.以下运输方式中，计划性较强，行驶阻力较小的是（　　）。

A.公路运输　　B.铁路运输　　C.水路运输　　D.航空运输

10.下列运输方式中，（　　）能实现门到门的服务。

A.公路运输　　B.铁路运输　　C.水路运输　　D.航空运输

11.（ ）解决了物资生成与消费在地域上的矛盾。

A.包装 B.运输 C.储存 D.配送

二、判断题

1.运输是物流系统的一个中心环节。（ ）

2.铁路运输的送达速度低于公路运输。（ ）

3.用运输工具储存产品是昂贵的，从总成本的角度来看，用运输工具储存往往是不合理的，甚至是浪费的。（ ）

4.直达的优势在一次运输批量和用户一次需求量达到一整车时表现得最为突出。直达一定优于中转。（ ）

5.各种运输方式中，公路运输的劳动生产率最低，水路运输的劳动生产率最高。（ ）

6.集装箱多式联运和现代物流在目标上是一致的。（ ）

7.集装箱多式联运就是采用某种运输工具进行集装箱运输。（ ）

8.虽然多式联运采取全程负责的方式，但是需要办理多次托运手续。（ ）

9.运输提供产品转移和产品储存的功能。（ ）

10.配载运输是指充分利用运输工具载重量和容积的一种运输方式，可提高运输工具实载率。（ ）

三、简述题

1.简述运输的概念及功能。

2.简述铁路运输的特点。

3.简述公路运输的特点。

4.简述水路运输的特点。

5.简述航空运输的特点。

6.简述管道运输的特点。

7.简述电子运输的特点。

8.简述多式联运的概念及特点。

9.简述集装箱运输的特点。

10.简述甩挂运输的优势。

11.简述智能运输管理的内容。

四、案例分析题

盛辉物流实施甩挂运输

早在2011年6月24日，中国物流与采购联合会在合肥隆重召开“A级物流企业授牌大会”，福建盛辉物流集团有限公司（以下简称盛辉物流）被正式授予“全国AAAAA级物流企业”牌匾，成为福建省第一家获评5A级的民营物流企业。2010年，全国甩挂运输试点工作现场会在盛辉物流召开，福建省被确定为甩挂运输试点省份，盛辉物流也被推荐为全国首批试点单位之一。

1. 推行多式联运甩挂运输

早在2007年，盛辉物流就已经意识到普通单车的传统运输组织方式存在实载率低、车辆运营效率低等诸多问题。于是盛辉物流与厦门、福州等依托港口和大型生产企业开展短途甩挂运输作业的运输企业展开交流和探讨。经过深入的调查研究后，盛辉物流决定在货源比较充足的线路上开始推行甩挂运输。虽然2007年的外部环境并不是特别有利于开展甩挂运输，但盛辉物流还是购置了沃尔沃、斯堪尼亚等一批吨位大、运载能力强、能源消耗低的牵引车和挂车，在福州至广州、广州至上海的线路上开始试行甩挂运输。

甩挂运输试行后就取得了初步的成功，随后盛辉物流便开始扩大甩挂运输规模。2009年以来，盛辉物流建立了以福州、上海、无锡、广州和东莞5个一级公司为单位，辐射长三角、珠三角、海西经济区三大片区的分公司网点，开辟了33条甩挂线路。推行甩挂运输后，盛辉物流的几项指标都比单车运输方式明显提升，包括提高了运输速度和实载率、加大了车辆的周转率、减轻了劳动强度等。

举例来说，采用单车运输时，为尽量提高车辆的运行效率、减少装卸等待时间，实载率一般在70%～75%；而采用甩挂运输方式后，车辆的实载率有了较大的提高，基本能达到90%以上。另外，采用单车运输方式，一般在站场的装卸等待时间为2～6小时；而采用甩挂运输方式，车辆只是在站内进行简单的趟检、加油及单证交接，时间一般在2小时以内。

在推进甩挂运输上，盛辉物流有自己的思路：选择福州、厦门、漳州和三明4个货源充足的城市作为福建省内开展甩挂运输的作业基地，在福州、厦门、漳州和三明4个点、5条线路上进行甩挂试点。目前，盛辉物流正在厦门、福州和南京等港口进行物流园区的选址工作，拟分别建设现代化陆海联运物流基地，进行公铁联运、陆海联运的甩挂运输，发挥各种运输方式的优势，积极推行多式联运甩挂运输。

2. 零担运输优势明显

盛辉物流目前拥有运输车1300多辆，以福州为中心，在珠三角、长三角、环渤海和中西部等经济区建立了物流分中心，旗下有分公司、办事处240多家，开通了60多条省际特快直达专线。密集的全国经营网络，不仅促使盛辉物流在车辆及货物管控上具备了一定的优势，还有利于盛辉物流开拓零担货物运输模式。

因为拥有较强的管控能力，盛辉物流的零担运输已经深受许多企业的喜爱。其客户源非常多，接的单也比较散，除了接亲亲、雅克、好彩头等食品行业，以及柒牌、花花公子等服装行业的单，还与当地五金、拉链、鞋帽、模具、陶瓷、机械等企业展开零担合作。

此外，由于装配了现代电子信息系统，盛辉物流实行对车辆跟踪、监控等现代通信管理方式，司机由公司车管部统一调派管理，并对车辆实施趟检和定期维修保养，以保持车况良好；同时在全国开通了32条特快专线，实行班次化管理，各方面运输综合能力强，也比较安全便捷。在盛辉物流晋江公司的电子信息系统上，只要将单号输入，经过运单审核后，立马就能从网络上查到该单号货车的装车、发车、中转、换班、到达签收等情况。

随着铁路、港口建设的飞速发展，以及生产企业物流外包业务的激增，不少客户对物流企业提出了多功能服务要求。凭借良好的管控和规划能力，盛辉物流将在现有基础上，不断为客户提供各种“个性化服务”，真正做到全方位服务客户，同时推动盛辉物流向现代物流跨越。

（资料来源：巫舒静，庄娜芬.盛辉：布局全国力拓零担运输模式.晋江经济报，2011.7.26.）

>>思考分析

1.盛辉物流为何要推行甩挂运输？它是如何推行的？

2.盛辉物流开展零担运输具备什么优势？

实践与实训 调研本地运输企业的运输作业流程

【实践与实训目标】

1.通过对本地运输企业状况和流程的了解，培养学生对运输流程整体的感性认识。

2.培养学生物流运输业务的运作能力。

【内容与要求】

1.调研运输企业的发货流程。

2.了解运输业务中的票据和单证。

3.学习运输业务中突发状况的处理。

【成果与检测】

1.分组提交调研报告。

2.分组做PPT汇报并讨论，教师对汇报内容给予总结和评价。

第4章　仓储与库存控制

学习目标

1. 掌握仓储的基本概念及仓库分类
2. 了解仓储管理的内涵与特点
3. 熟悉仓储作业流程
4. 掌握库存控制的概念
5. 掌握经济订购批量的计算

素质目标

1. 能运用所学分析仓储在物流网络中的作用
2. 能够按仓储作用流程模拟仓储作业
3. 能运用库存控制的方法

案例导入

纳贝斯克食品（苏州）有限公司生产中使用的物料种类、规格繁多，原料仓库存储的物料既有箱式包装也有罐式包装，出入库的方式存在常规栈板出入库和管道出入库两种。

公司仓库只是简单地进行了分区，物料也未按照固定的区域存放，经常出现仓库员工不能快速准确找到和区分物料的现象。物料入库后也没有严格按照批次进行管理，有的原料甚至过期变质。传统的手工出入库记录和库位的不准确限制了出入库操作的速度，与先进的高速生产线形成强烈的反差，并成为企业内部物流的“瓶颈”。车间生产24小时三班倒，要求仓库同步工作，但仓库不能进行准确盘点，只能利用生产线休息时盘点或由员工在出入库操作时进行粗略清点，仓库库存数据与实际值存在较大偏差。

针对这些现象，公司采取了一系列措施。首先，统一了物料的条码和格式，对原料、成品建立全面条码管理，原料严格按批次先进先出。其次，对仓库进行区位划分，物料与仓位对应，规范管理。这些措施具体体现为：出入库和盘点操作都采用无线手持终端进行，出入库和盘点的数据自动录入ERP系统中，提高了操作速度；ERP系统按发料单对发料批次、位置进行指定，既提高了发料速度，也减少了发料的错误。另外，为实现仓库不停工的动态盘点，公司设计了基于自动识别技术的动态盘点，使盘点操作与其他出入库操作同时进行。仓库还实现了7×24小时的连续运转，与生产线的节奏保持了一致。

（资料来源：RFID世界网–成功案例–食品–纳贝斯克.资料有改动. https://www.rfidworld.com.cn/success/2013_05_478e89f751f01a1b.html.）

◎**思考题：**

1. 公司原来的仓储系统存在什么问题？
2. 公司仓储系统经过现代化改造后发生了哪些变化？

4.1 仓储概述

4.1.1 仓储的概念

“仓”又称为仓库，是存放物品的建筑物和场地，可以为房屋建筑、大型容器、洞穴或者特定的场地等。“储”表示收存以备使用，含有收存、保管、交付使用的意思，适用于有形物品时也称为储存。仓库具有存放和保护物品的功能，如图4-1所示。我国的仓储最早起源于汉朝匈奴战争中，汉朝城中建立了用于储备粮食、谷物的“汉仓城”。“窖穴”是我国发现最早的仓库雏形——在西安半坡村的仰韶遗址发现了许多储存食物和用具的窖穴，多在居住区内，和房屋交错在一起。

图4-1 仓库

中华人民共和国国家标准《物流术语》（GB/T 18354—2021）给仓储（Warehousing）和储存（Storing）下的定义是：

仓储是指利用仓库及相关设施设备进行物品的入库、存储、出库的活动。

储存是指保护、管理、储藏物品。

仓储是商品流通的重要环节之一，也是物流活动的重要支柱。在社会分工和专业化生产条件下，为保持社会再生产过程的顺利进行，必须储存一定量的物资，以满足一定时间内社会生产和消费的需要。

案例拓展

京东物流

京东集团 2007 年开始自建物流，2017 年 4 月正式成立京东物流集团，2021 年 5 月，京东物流于香港联交所主板上市。京东物流是中国领先的技术驱动的供应链解决方案及物流服务商，以“技术驱动，引领全球高效流通和可持续发展”为使命，致力成为全球最值得信赖的供应链基础设施服务商。

一体化供应链物流服务是京东物流的核心赛道。目前，京东物流主要聚焦于快消、服装、家电家具、3C、汽车、生鲜六大行业，为客户提供一体化供应链解决方案和物流服务，帮助客户优化存货管理、减少运营成本、高效分配内部资源，实现新的增长。同时，京东物流将长期积累的解决方案、产品和能力进行解耦，以更加灵活、可调用与组合的方式，满足不同行业的中小客户需求。

京东物流建立了包含仓储网络、综合运输网络、最后一公里配送网络、大件网络、冷链物流网络和跨境物流网络在内的高度协同的 6 大网络，具备数字化、广泛和灵活的特点，服务范围覆盖了中国几乎所有地区、城镇和人口，不仅建立了中国电商与消费者之间的信赖关系，还通过 211 限时达等时效产品和上门服务，重新定义了物流服务标准，客户体验持续领先行业。在国家邮政局已公布的 2023 年多个季度快递服务公众满意度调查中，京东快递持续以高分位列第一阵营，服务满意度持续领跑行业。

同时，京东物流已在全球拥有近 90 个保税仓库、直邮仓库和海外仓库，总管理面积近 90 万平方米，通过领先的自动化设备应用、库存管理系统升级、运营流程优化等，为全球客户提供优质高效的一体化供应链物流服务，以海外仓为核心更推动在美国、欧洲地区、大洋洲地区、东南亚等国家、地区快递物流大提速，本土快递最快可实现“1 日达”。

京东物流始终重视技术创新在供应链全局优化中的巨大作用。基于 5G、人工智能、大数据、云计算及物联网等底层技术，京东物流不断扩大软件、硬件和系统集成的三位一体的供应链技术优势，包括自动搬运机器人、分拣机器人、智能快递车，以及自主研发的仓储、运输及订单管理系统等众多核心技术产品和解决方案，已经涵盖了包括园区、仓储、分拣、运输和配送等供应链的主要流程和关键环节，自主研发的仓储自动化解决方案处于全行业领先地位。去年上半年，京东物流将首创的大规模自动化仓储生产、管理模式“北斗新仓”与仓储拣选机器人相结合，通过“流拣选+货到人+机械臂拣选+自动分播复核+自动打包”的智能感知和动态调整，在复杂的物流场景下实现了高效率、高精度、高自动化、密集波次的作业，宿迁智能仓的全仓效率提升 2 倍。

京东物流构建了协同共生的供应链网络，中国及全球各行业合作伙伴参与其中。2017 年，京东物流创新推出云仓模式，将自身的管理系统、规划能力、运营标准、行业经验等应用于第三方仓库，通过优化本地仓库资源，有效增加闲置仓库的利用率，让中小物流企业也能充分利用京东物流的技术、标准和品牌，提升自身的服务能力，截至2023年12月31日，云仓生态平台合作云仓的数量已超过2000个。

（资料来源：京东官网，有删改.）

4.1.2 仓库的种类

仓储活动的主体设施是仓库。物流中的仓库功能已从单纯的物品储存保管，发展到具有物品的接收、分类、计量、包装、分拣、配送等多种功能。仓库是物流系统的基础设施，按其使用范围、保管物品的种类结构、保管条件等可划分为不同的类型。仓库的种类如表4-1所示。

表4-1 仓库的种类

分类	种类名称及说明
按使用范围分	营业仓库：它是按照仓库业管理条例取得营业许可，保管他人物品的仓库。它是社会化的一种仓库，面向社会，以营利为目的。与自有仓库相比，营业仓库的使用效率较高
	自有仓库：它附属于企业、机关和团体，其建设、存储物品的管理及出入库等业务均处于本单位管理责任范围内
	公用仓库：它是国家或公共团体建设的为公共事业配套服务的仓库，如国家储备库、机场仓库、铁路仓库、港口仓库等
	保税仓库：它是根据有关法律和进口贸易的规定取得许可，专门保管暂时未纳税的进出口货物的仓库。这类仓库由海关统一进行监督管理
	储备仓库：它是国家设置的为防止战争和应付自然灾害及其他意外事故而储备各类物资的仓库
按保管物品的种类结构分	专业仓库：它是用于存放一种或某一大类物品的仓库
	综合仓库：它是用于存放多种不同属性物品的仓库
按保管条件分	普通仓库：它是常温保管、自然通风、无特殊功能的仓库，可用于存放无特殊保管要求的物品
	冷藏仓库：它是具有良好的隔热性能以保持较低温度的仓库，专门用来储存冷藏冷冻物品（保鲜0～5℃，冷藏-18～-10℃，冷冻-25～-20℃，速冻-30℃）
	恒温仓库：它是能调节温度并能保持某一温度或适度的仓库
	特种仓库：它是用于存放易燃、易爆、有毒、有腐蚀性或有辐射性能物品的仓库
	气调仓库：它是用于存放要求控制库内氧气和二氧化碳浓度物品的仓库
按建筑形式分	平房仓库：单层建筑物，高度不超过6米，造价低，适合人工操作
	多层仓库：两层或两层以上，适合在土地紧缺的地方建设，可以扩大使用面积
	高层货架仓库：立体仓库，有保管10层以上的货物托盘的能力，在操作中使用计算机控制，由堆码机与吊机自动运转，可以实现自动化
	罐式仓库：主要储存石油、天然气和液体化工产品等

续表

分 类	种类名称及说明
按库内形态分	地面仓库：它一般是指单层地面库，多使用非货架的保管设备
	货架型仓库：它是指采用多层货架保管的仓库
	自动化立体仓库：它是指由计算机管理控制的机械化、自动化设备来完成作业的仓库（如图 4-2 所示）
按仓库所处的位置分	港口仓库：它是指储存水路运输货物的仓库，一般仓库地址在港口附近，以便进行船舶的装卸作业
	车站仓库：它是指储存铁路运输货物的仓库，通常在火车货运站附近
	汽车中转仓库：它是指卡车货物运输的中转地点建设的仓库，可以为卡车运输提供便利的条件
	工厂仓库：它是指工厂内部物资保管设施的总称
按建筑材料分	钢筋混凝土仓库
	钢制仓库
	砖石仓库
按仓库结构分	库房（封闭式仓库）：凡有顶盖、封墙、门窗，并有通风孔道的用以储存物料的房屋
	料棚（半封闭式仓库）：有顶盖，能防雨雪的存放物料的棚子。一般只适宜存放怕雨雪，但对温度变化影响不大的物料，分移动式和固定式两种
	料场（露天式仓库）：经过适当处理，上部没有任何建筑的存放物料的场地（如图 4-3 所示）
按仓库职能分	口岸仓库：大都集中在沿海港口城市，主要储存待运出口和进口待分拨的商品
	中转仓库：大都设在商品生产集中的地区和出运港口之间，以收储转运的商品
	流通加工仓库：这种仓库将加工业务与仓储业务相结合，其主要职责是根据市场需要，对商品进行选择、分类、整理、更换等流通加工活动
按存储商品的性能及技术设备分	通用仓库：存储没有特殊要求的工业品和农用品的仓库
	专用仓库：专门用于存放某一类商品的仓库，以确保该类商品的质量安全，因而要相应地增加一些设施，如密封、防虫、防霉、防火及监测等方面的设备和器材
	特种仓库：主要用于存放化工产品、危险品、易腐蚀品、石油及药品等。这类仓库主要有冷藏库、保温库、危险品仓库等
按物流目的不同分	配送中心型仓库：具有发货、配送和流通加工的功能
	存储中心型仓库：以储存为主要仓库

图 4-2 自动化立体仓库

图 4-3 露天式仓库（集装箱堆场）

知识拓展

生鲜电商仓储

生鲜电商物流是指通过互联网销售生鲜类产品所形成的物流运作过程。近几年，我国生鲜电商市场交易规模的迅速增长，催生了生鲜电商物流的快速发展。天天果园就是典型的生鲜电商企业。除此之外，阿里巴巴、京东旗下电商平台以及中国邮政、顺丰等快递物流企业也积极布局生鲜农产品冷链物流。例如，中国邮政速递物流股份公司全年围绕“果鲜、河（湖）鲜、冷鲜”三大主题，打造“极速鲜”平台，成功运作阳澄湖大闸蟹、烟台樱桃、查干湖鱼、广东荔枝、灵武长枣等生鲜类寄递项目。近年来，顺丰投入巨资自建食品冷库，购置冷链车，开通冷链航空线路，将生鲜寄递作为其主营业务之一。

构建生鲜电商全程冷链物流体系，在生鲜商品产地、区域分拨中心、消费地均需要建设冷链仓储。仓储内部通常分为几个温度区，包括常温区（10 ~ 25℃）、冷藏区（0 ~ 10℃）、冷冻区（−22 ~ −18℃）等，以满足不同生鲜类商品的保鲜要求。产地冷链仓储主要是对生鲜商品进行预冷、初加工、分级、打包、装箱、集货等操作，区域分拨中心主要是对冷链产品进行拆包、暂存、分拣、包装、转运等，消费地的前置仓储保障“最后一公里”配送。

（资料来源：鲁衔，黄惠春，陈乐群. 现代物流基础［M］. 成都：电子科技大学出版社，2022.）

4.1.3 仓储在物流中的作用

仓储是物流过程中的重要环节。仓储靠改变货物的时间实现其价值。仓储可以保证商品在流通过程中的质量，可以保证社会再生产过程顺利进行。仓储作业的优化，可以使商品流通顺畅，商品流通总体成本降低，从而提高物流效率、降低商品流通的综合成本。

知识拓展

仓库的功能

（1）储存保管功能。无论是储备仓库，还是周转仓库，其首要的功能就是储存保管。

（2）集散货物功能。仓库通过运输从各个供应商处收集货物，然后在仓库进行储存、整理、组配、流通加工、分拣、分发、分销、分运到各个不同需求的客户手中。

（3）衔接供需功能。仓库就像一个储水池，可以衔接供应者和需求者在供需时间上的不同步，缓冲供需矛盾，保证生产、流通和运输各个环节的顺利进行。

（4）客户服务功能。仓库可以为客户代储、代运、代加工、代服务。为客户的生产、供应、销售、生活等提供物资和信息支持，为客户带来各种方便。

（5）防范风险功能。储备仓库和周转仓库的安全储备都是用于防范灾害、战争，偶发事件以及市场变化。随机事件而设置的保险库存可以用于防范各种风险，保障生产和生活的正常进行。

（6）物流中心功能。仓库是各种物流活动集中的场所，除了储存，在仓库内还可以进行运输、配送、包装、装卸、流通加工等活动，以及提供各种物流信息，因此仓库往往成为物流中心配送中心或储运中心等，有的仓库还可以进行商流，仓库也就成了流通中心。

（资料来源：张冠凤，王祯，钟伟.现代物流管理概论［M］.北京：航空工业出版社，2019.）

课堂互动

仓储具有以上重要作用，那么它又有哪些弊端呢？

4.2　仓储管理

4.2.1　仓储管理的内含和特点

1. 仓储管理的内含

仓储管理（Warehouse Management）就是对仓库及仓库内的物资进行的管理，是仓储机构为了充分利用所具有的仓储资源提供高效的仓储服务所进行的计划、组织、控制和协调过程。具体来说，仓储管理包括仓储资源的获得、仓储商务管理、仓储流程管理、仓储作业管理、保管管理、安全管理多种管理工作及相关的操作。仓储管理需对库存物品、仓库设施及其布局等进行规划、控制，衔接供应与需求。

2. 仓储管理的特点

（1）经济性：仓储活动是社会大生产的重要组成部分，并且仓储活动本身也是生产活动的一部分。

（2）技术性：在现代化的仓储管理中，仓储作业的机械化、仓储管理的信息化已是发展趋势。

（3）综合性：物流作为跨行业、跨产业的服务功能与各行各业紧密联系在一起。

如今，仓储管理已从单纯意义上的对物料储存的管理，转变为物流过程中的中心环节，它的功能已不再是单纯的物料存储，而是兼有包装、分拣、整理、简单装配的多种辅助性功能。

4.2.2 仓储管理的任务和意义

1. 仓储管理的任务

合理规划仓储设施网络、合理选择仓储设施设备、严格控制商品进出质量、认真保管在库商品、保证仓库高效运作、降低仓库运营成本、确保仓库运行安全。

2. 仓储管理的意义

（1）仓储管理是保证社会再生产过程顺利进行的重要条件。正常的物料储备是保证在社会分工前提下社会再生产过程连续进行的必要条件，它是物流活动不可缺少的环节。特别是在现代化大生产条件下，经济活动的全球化、专业化程度不断提高，面临的影响因素更加复杂，以现在的技术装备手段难以完全满足要求。同时，国民经济中经常会出现不平衡现象，如各种自然灾害、国家安全等，也只有依靠国家的储备来进行调剂和平衡。因此，搞好仓储管理，是保证社会再生产过程顺利进行的必要条件。从微观角度来看，它更是保证企业生产正常进行的前提条件。

（2）仓储管理是物流管理的有机组成部分。仓储管理在物流管理中占有特殊的地位，物流管理的各环节与仓储有着直接或间接的联系。仓储管理工作好坏直接影响着物流管理工作的进行。

（3）仓储管理是保持储存物料原有使用价值的重要手段。任何一种物料，当它处在储存时期，表面上物料是处在静止状态，但从物理和化学的角度来看，物料仍不断发生着变化。这种变化，因物料本身的性质、所处的条件及与外界的接触不同而有差异，变化结果除极少数外，大多对物料的使用价值都有损害作用。为保管好这些储存品，使它们不受或少受有害因素的影响，就必须进行科学的保管保养。从这个角度讲，物料的管理比资金的管理更难，也更有意义。

（4）仓储管理有利于加速资金周转，提高企业经济效益。由于仓储工作担负着物料流通中实物储存保管、装卸搬运、配送发运等任务，这些环节的快慢程度直接影响着物料的流通时间，因此要求仓储工作做到快进快出，以加快物料的周转速度。在现代生产企业中，仓储是集中反映工厂各种物流活动状况的集中场所。清晰准确的报表等信息记载，为企业的生产经营活动提供了便利的信息来源。

案例拓展

耐克筹建自己的物流中心

近年来，耐克在大中华区的年销售额不断增长，面对业务的快速扩张，其首先要考虑的问题不是品牌，不是营销，而是建立一个能够高效管理库存和快速补货的强大物流支持系统。基于公司业务发展目标，耐克决定筹建自己的物流中心，以降低成本、提高效率，尤其是满足包含多种产品的大订单精准发货的需求。为了实现以上目标，耐克不惜投入 10 亿元巨资，筹建耐克中国物流中心。

耐克选址的原则是既要靠近耐克的制造工厂，耐克的主要市场和分销商、经销商，还要有合适的空间可利用。耐克中国物流中心选在江苏太仓，靠近耐克服装、运动鞋的外包生产商裕盛体育有限公司的太仓基地，这将大大降低产品的运输费用，减少中转时间。耐克中国物流中心建筑面积达 20 万平方米，拥有超过 10 万个货物托盘，年吞吐能力超过 2.4 亿件次，可同时供 79 个集装箱货车装卸货。该物流中心投入使用后，耐克将缩短 15% 的交货时间，一件货物从门店下单到发货将只需要数小时。

耐克中国物流中心具备强大的信息采集和处理能力。所有入库货物都嵌入了 RFID 电子标签。通过扫描标签，工人即可根据电子显示屏上的信息来分拣、配送货物，扫描的信息还可通过专门的数据端口与耐克的全球信息系统连接，使管理部门每天都可以得到完整的共享数据。

耐克中国物流中心的仓库里，配有长达 9 千米的连续传送带、顺序拣货机、无线射频扫描仪、自动化仓库管理系统等，这些设施和设备的使用使物流中心仓库在分拣效率、吞吐量、适应能力等方面均达到了全球领先水平。

启示：仓储是供应链中不可缺少的环节，总是出现在采购与生产之间、生产的上道工序与下道工序之间、生产与销售之间、批发与零售之间、不同运输方式的转换之间等。物流环节之间总是存在各种不均衡性，仓储正是消除这种不均衡性的手段。从许多实际案例中可知，对供应链的整合优化最后都归结为仓储节点的建设、管理与控制。由此也可看出，仓储管理是供应链管理的核心环节。

（资料来源：鲁衎，黄惠春，陈乐群．现代物流基础［M］．成都：电子科技大学出版社，2022．）

4.2.3　仓储管理作业的基本流程

仓储管理作业的基本流程可分为三个阶段，即收货、储存和发货。其具体内容如图 4-4 所示。

仓储管理作业由供应货车到达卸货站台开始，经进货作业确认进货后，便依次将货品验收入库、上货架储存，而后为确保在库货品受到良好的保护管理，再进行物料实时控制与管理。客户订单进来后，先根据订单性质做订单处理，之后即可根据处理后的订单信息执行将客户订购货品从仓库中取出的拣货作业。拣货完成后，如果拣货区剩余的存量过低，则必须补货；如果储存区的存量低于标准，便向上游采购进货。而从仓库拣出的货品经整理后即可准备出货，等到一切出货动作就绪，司机便可将出货品装上配送车，将其配送到各个客户点交货。这一过程主要包括以下活动。

（1）仓储规划与设置。

（2）验收入库与上架作业。

（3）物料库内保管养护。

（4）物料分拣发放与配送。

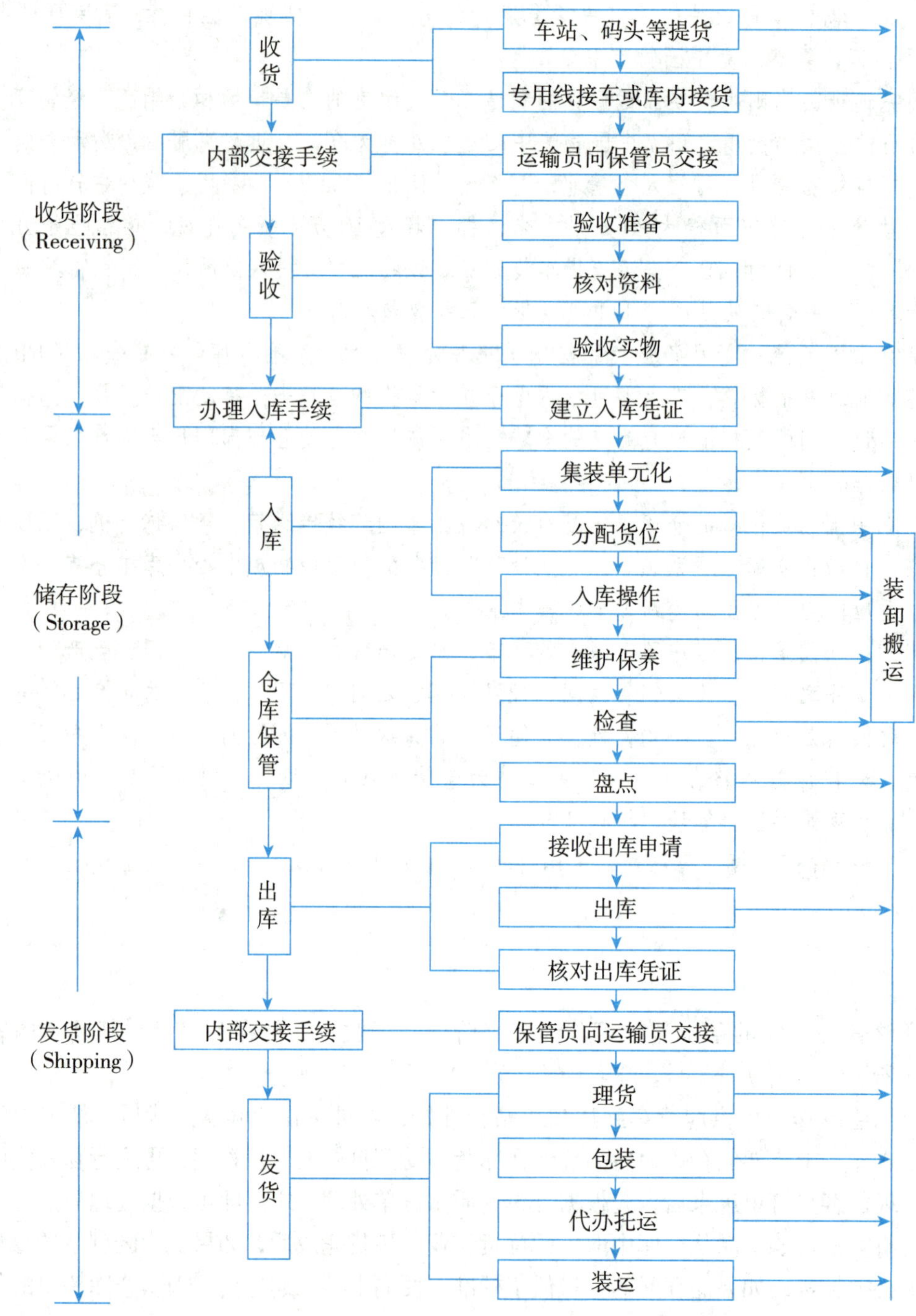

图 4-4　仓储管理作业的基本流程

（5）物料实时盘点。

（6）呆废料的处理。

（7）库存控制与物料定额管理。

（8）仓储绩效考核管理。

（9）配送与配送中心设计及运作管理。

（10）信息系统的设计与管理。

一定程度上，上述活动均出现在所有的仓储管理中。不过，其中某个或某些活动也可能并不限于既定的设施内，而是和其他活动融合在一起。

案例拓展

菜鸟云仓

（1）菜鸟云仓的设备配置

位于长三角地区的菜鸟云仓是一座 2 层的建筑物。一楼作业区域由收货区和配送交接区构成，二楼作业区域包括存储区、制单区、复核包装区、拣选区、称重区、办公区等。库内商品主要是电商平台销售的休闲零食类、牛奶类、洗护类、酒类、方便面类 5 类商品。仓储区域分为 5 个区域，分别存放上述 5 类商品。牛奶类、洗护类、酒类商品码放在托盘上，就地存放。休闲零食类、方便面类商品直接码放在货架上。

为提升仓库的作业能力，菜鸟云仓配置了 100 多台手动托盘搬运车、40 余台电动托盘搬运车、10 余台平衡式电动叉车和高位叉车等搬运设备，安装了 90 余台动力滚筒输送机和皮带输送机，700 余台计算机设备、电子秤、RFID 手持终端等，日处理订单能力达到 100 万单，很好地支撑了“双 11”“双 12”“618”等大型促销活动。

启示：**货架和托盘是最常用的仓储存储设备，除此之外，仓储作业还需要使用装卸搬运、拣货、包装、称重计量等设施设备。**

（2）菜鸟云仓收货入库

在货物到达仓库之前，仓库作业人员就能通过信息系统收到菜鸟公司预发的到货清单，然后根据系统到货清单打印出到货通知单，根据到货通知单提前安排好卸车人员、装卸搬运设备，制订准备放置货物的储位计划。待货物到达仓库相应卸货码头后，立即进行卸车，用托盘搬运车将货物放到指定暂存区。在暂存区，仓库派专门人员进行货物登记，包括纸质到货登记和系统到货登记，仓库和送货司机之间采用纸质交接单进行交接验收。交接验收时，查看货物外包装有无破损、水湿等状况，查验货物数量、质量和有效期，若有问题则现场拍照取证，发商家确认，待商家确认处理方式后再做处理；若无异常，则用电动托盘搬运车将货物由垂直电梯送到二楼计划好的存储区存放。

启示：**菜鸟提前发到货清单，仓库提前做入库准备工作。入库作业主要包括 4 个环节：入库准备、接运货物、验收货物、办理入库。**

（3）入库验收策略

手机备件库入库商品包括手机的机头、主板、显示屏、键盘、保护膜、保护壳等配件。验收人员在收货时，对量小、价高的备件进行开箱点数，例如，若验收的是手机的机头类、主板类配件，则需将装箱单与箱贴进行核对，对每箱货开箱点数，在验收单上签字后，将货物拉入仓库。对手机的其他配件类货物，数量较大时，核对装箱单与箱贴，直接点托盘数即可，无须开箱点数。

对于配件的质量检验，机头类配件需查验外观是否有划痕，若是旧返新的货物需要逐一检查，若是新出厂的机头类货物则按30%的比例抽验；屏类货物需要查看是否有漏液和碎裂的情况，按100%的比例全验，每块屏都需揭开保护膜进行验视；对于其他配件类货物，按30%的比例抽验货物的质量。

启示：**仓库在入库检验时，需采用一定的验收策略来平衡验收效率和验收质量，才能做到既不使仓库利益受损，又使入库验收作业效率得到保障。**

（4）菜鸟云仓的盘点

菜鸟云仓每周进行一次商品有效期盘点，有效期盘点期间不停止出入库作业。仓库内许多货物如饼干、牛奶、奶粉等有严格的有效期管理要求，有效期盘点的目的就是对货物的有效期信息进行管理，确保货物出库时能够做到先进先出。该仓库某次有效期盘点发现如下问题：货位为06-03-11-22的舒化无乳糖牛奶，信息系统显示有效期为20170720，但实物有效期为20170702，经查是收货组上架录入信息时出错，将20170702录入为20170720，使有效期相差18天；货位为K06-01-06-22的全脂营养奶粉存在20170319、20170331、20170615三个有效期，盘点后做优先拣选标记，指示拣货组优先拣选有效期为20170319的奶粉。

菜鸟云仓每月进行一次全盘，全盘时需要停止出入库作业。全盘是针对仓库内所有电商旗舰店的货物进行盘点。盘点时，由信息系统导出库存数据，按盘点格式打印纸质盘点单，然后进行实物盘点，核对数量。

此外，菜鸟云仓还按货主对存货进行账面盘点。盘点时，如果从信息系统中导出的存货数量加上订单占用数量少于50件，则通知货主补货。

启示：**盘点是对库存物品进行数量清点的作业。为了及时有效地掌握库存物品的状况，需要定期或临时对库存进行盘点与检查。盘点的方法可以为全盘、循环盘、不动不盘、交接盘、抽样盘。**

（5）菜鸟云仓的拣货出库

在电商仓库，出库是由客户订单拉动的。电商平台信息系统直接将客户订单信息推送到仓库管理信息系统，仓库制单组接收推送来的订单信息，在信息系统中进行汇单，按一定的拣选策略生成拣货单和电子面单，然后打印输出拣货单和电子面单（对应收货人信息），一并交给拣货组。拣货人员根据拣货单到指定库位拣货，并将拣出的货物放到托盘上，拣货完成后，用电动托盘搬运车将拣出的货物连同拣货单放到出库复核区等待复核。

在出库复核区，通过扫描电子面单，系统读取并显示该电子面单收货人所购买的商品数量总和和每种商品的明细信息，包括商品条码、名称、数量，已完成复核的数量和未复核的商品数量。复核人员依据系统提示查找相应商品，依次扫描对应商品的条码，系统自动完成条码比对，实现拣选环节的复核。

复核完毕，持货人员根据商品的数量和体积选取合适的包装箱型，将该单对应的所有商品放入包装箱内，并填充适量的气泡枕，用胶带封箱；然后将热敏电子面单粘贴到箱子的最大面上，再将贴好电子面单的箱子放到传送带上，传送到配送交接区，等待快递取件。

启示：出库是仓储作业流程的最后一个环节，主要包括催提、核单、备货、复核、包装、点交、登账、清理，其作业质量直接影响仓储经济效益。

（资料来源：鲁衔，黄惠春，陈乐群. 现代物流基础［M］. 成都：电子科技大学出版社，2022.）

4.3　仓储合理化

仓储合理化就是用最经济的办法实现仓储的功能。仓储的功能是对需要的满足。商品储备必须具备一定的量，才能在一定时期内满足需要，这是仓储合理化的前提或本质。如果不能保证仓库储存功能的实现，其他问题便无从谈起。但是储存的不合理又往往表现为对储存功能的过分强调，导致过分投入储存力量和储存劳动。所以，合理储存的实质是在保证储存功能实现的前提下，尽量少地投入储存力量和储存劳动。

4.3.1　仓储合理化的标志

1. 质量标志

保证仓储物的质量是完成仓储功能的根本要求。只有这样，商品的使用价值才能通过物流得以最终实现。仓储中增加了多少时间价值或得到了多少利润，都是以保证质量为前提的。所以，仓储合理化的主要标志中，首要应反映使用价值的质量。现代物流系统已经拥有很有效的维护货物质量、保证货物价值的技术手段和管理手段，也正在探索物流系统的全面质量管理问题，即通过物流过程的控制、通过工作质量保证仓储物的质量。

2. 数量标志

在保证功能实现的前提下，有一个合理的数量范围。

3. 时间标志

在保证功能实现的前提下，寻求一个合理的仓储时间。这是和数量有关的问题，仓储量越大，消耗速率越慢。

4. 结构标志

从仓储物不同品种、不同规格、不同花色的仓储数量的比例关系对仓储合理性进行判断，尤其是相关性很强的各种货物之间的比例关系更能反映仓储合理与否。

5. 分布标志

根据不同地区仓储物的数量比例关系，判断当地供需比、对需求的保障程度及对整个物流的影响。

6. 费用标志

只有考虑仓租费、维护费、保管费、损失费、资金占用利息支出等，才能从实际费用上判断仓储的合理与否。

小贴士：

仓储的服务水平与仓储经营成本有着密切的相关性，两者相互对立，服务好常伴随成本高。因此，仓储服务管理就是在降低成本和提高（保持）服务水平之间保持平衡。

4.3.2 仓储合理化的途径

1. 实行ABC分类法

意大利经济学家Pareto所揭示的社会现象“20/80”法则（也称二八定律）告诉人们，进行库存控制时，应该抓住关键的少数，集中精力控制少数重要的、关键的物资。ABC分类法把库存物资按照其所占品种数的百分比和所占资金的百分比分为三类：A类物资、B类物资、C类物资，如表 4-2 所示。

表 4-2 ABC分类法

项　目	品种数的百分比	资金的百分比
A类物资	10%（3% ~ 20%）	70%（50% ~ 90%）
B类物资	20%（15% ~ 30%）	20%（10% ~ 35%）
C类物资	70%（50% ~ 70%）	10%（3% ~ 15%）

知识拓展

ABC管理法的应用

某企业为降低仓储成本，将各种产品按销售量比重进行分类：A类产品的销售量占总销售量的 70% 以上，B类产品占 20% 左右，C类产品则为 10% 左右。对A类产品，在各销售网点都备有库存，B类产品只在地区分销中心备有库存而在各销售网点不设库存，C类产品连地区分销中心都不设库存，仅在工厂的仓库才有存货。事实证明这种方法是成功的，经过一段时间的运行，该企业的仓储成本下降了 20% 以上。

2. 适度集中库存

所谓适度集中库存，是指利用储存规模优势，以适度集中储存代替分散的小规模储存，实现仓储合理化。

3. 加速总周转

储存现代化的重要课题是将静态储存变为动态储存。这样周转速度一快，便会带来一系列合理化好处：资金周转快、资本效益高、货损小、仓库吞吐能力增加、成本下降等。

4. 采用有效的“先进先出”方式

保证每个仓储物的储存期不致过长，“先进先出”是一种有效的方式，这也成了仓储管理的准则之一。

5. 提高仓容利用率

（1）采取高垛的方法。

（2）缩小库内通道宽度，以增加储存的有效面积。

（3）减少库内通道数量，以增加储存的有效面积。

6. 采用有效的储存定位系统

储存定位的含义是确定被储物的位置。如果定位系统有效，则能大大节约寻找、存放、取出被储物的时间，节约不少物化劳动及活劳动，而且能防止差错，便于清点及实行订货点的管理方式等。较常用的定位方法是“四号定位法”。具体来讲，就是采用 4 个数字号码对库房（货场）、货架（货区）、层次（排次）、货位（垛位）进行统一编号。四号定位货位编码图例如图 4-5 所示。

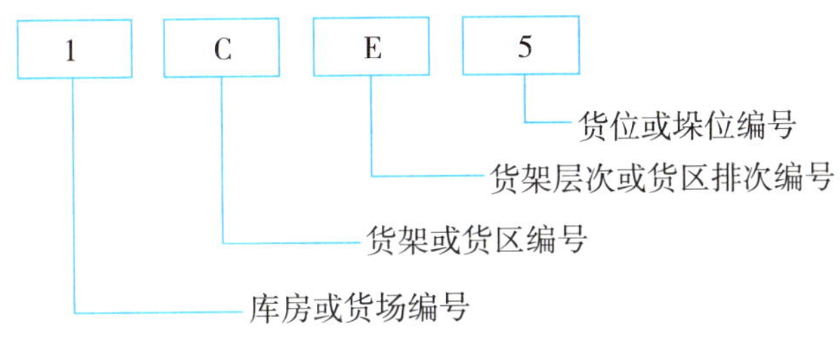

图 4-5　四号定位货位编码图例

7. 采用有效的监测清点方式

监测清点的有效方式主要有“五五化”堆码（以“五”为基本计数单位，堆成总量为“五”的倍数的垛形，如梅花五、重叠五）、光电识别系统、计算机监控系统等。

4.4　库存控制

4.4.1　库存与库存控制的概念

库存现象由来已久。以往，为保证生产和消费的顺利进行，人们总认为商品存储得越多越好，但随着商品供应的日益丰富及市场竞争的日趋激烈，人们越来越注重库存的控制。

中华人民共和国国家标准《物流术语》（GB/T 18354—2021）给库存（Stock）及库存控制下的定义是：

库存是指储存作为今后按预定目的使用而处于闲置或非生产状态的物品。

一般情况下，人们设置库存的目的是防止短缺，就像水库里储存的水一样。此外，库存还具有保持生产过程连续性、分摊订货费用、快速满足用户订货需求的作用。在企业生产中，尽管库存是出于种种经济考虑而存在的，但库存也是一种无奈的结果。它是由于人们无法预测未来的需求变化，才不得已采用的应付外界变化的手段，也是因为人们无法使所有的工作都做得尽善尽美才产生的，并不想要的一些冗余与囤积——不和谐的工作沉淀。

库存控制是以控制库存为目的的方法、手段、技术及操作过程的总称。它是对企业的库存量（包括原材料、零部件、半成品及产品等）进行计划、协调和控制的工作。

库存控制的相关概念主要包括以下七项。

（1）平均库存量。平均库存量是指库存的平均数。

（2）安全库存量。又称缓冲性库存量，是指仓库用于处理各种突发情况（如发生需求变化、订不到货、运输中断等）的库存。

（3）订货点（ROL）。当库存量降低到某一预先设定的点时，即开始发出订货单来补充库存，直到库存量降低到安全库存时，发生的订单所订购的物料刚好到达仓库，补充前一时期的消耗，这一订货的数值点即称为订货点。库存订货点模型如图 4-6 所示。

（4）订货批量。每次订货的数量。

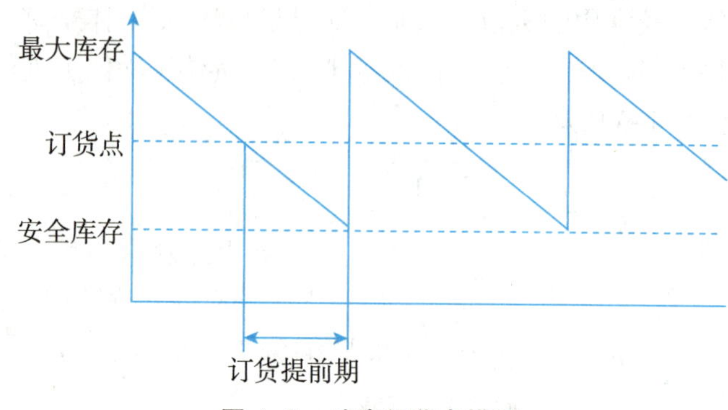

图 4-6 库存订货点模型

（5）订货提前期。一旦库存量降至订货点并安排了订货，等待物品到货以补充库存，这段等待时间称为订货提前期或简称为提前期或交货期。

（6）订货费用。订货费用是指为取得物品而订货时所需要的费用。每订货一次就会发生一次费用，如订购的追踪、收货、验收、进库等费用。

（7）存储费用。存储费用是指物资库存期间所需要的费用，如仓储费用、物资积压所发生的利息损失，以及物资因陈旧、变质、损耗所发生的损失等。

4.4.2 库存控制的目标

为了控制库存量，可以控制订货、进货过程，也可以控制销售出库过程。但是控制销售出库过程，意味着限制了用户需求、影响了社会需求，所以最好采用通过控制订货、进货过程的办法控制库存量。这样，不但可主动控制库存量，而且不影响社会需求。

库存控制的目标有两个：一是降低库存成本；二是提高客户服务水平。两者之间是一个相互制约、相互权衡的关系。降低库存，意味着企业可能停工待料、销售下降，必定带来客户服务水平的下降；而保持高水平的客户服务水平，即让客户尽可能快地获得产品，这就需要维持一个较高水平的库存，致使库存成本提高。传统的库存控制方法比较注重库存总成本的下降，而随着如今买方市场的形成和竞争的日趋激烈，越来越多的企业开始重视提高客户服务水平。

具体而言，库存控制要回答以下问题：如何使库存成本最优？怎样避免产生不必要的库存？如何使生产和销售计划相平衡，以满足交货要求？怎样避免销售损失，以提高客户满意度？归根结底，库存控制就是要确定什么时候订货、每次订多少货及确定库存检查周期等问题。

4.4.3 库存过程

一个完整的库存过程可以分为以下几个部分，具体如图 4-7 所示。

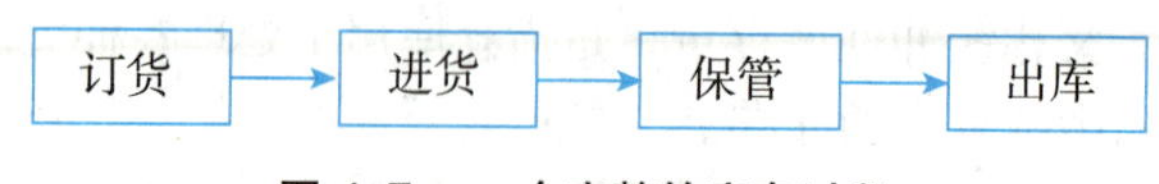

图 4-7 一个完整的库存过程

1. 订货过程

订货过程指从向外订货或发出订单开始，一直到订货成交为止的整个阶段。订货过程即商流过程，目的是补充库存。

2. 进货过程

进货过程指把货物由供方运进需方指定地点的过程。这个过程使库存量增加，属于物流过程。

3. 保管过程

保管过程指从货物入库到货物出库所进行的一系列保管、保养活动。这个过程不会使库存发生变化，是物流过程。

4. 出库过程

出库过程指将货物送到消费者手中或指定的生产工序的阶段。其中，库存减少是物流过程，有时兼有商流过程。

4.4.4 库存控制方法

1. 定量库存控制与定期库存控制

定量库存控制也称订货点控制，是指库存量下降到一定水平时，按固定的订购数量进行订购的方式。这种方法订购时间不固定，订购数量固定。相反地，定期库存控制是指每隔一定时间就订购一次，而每次订购批量是可变的。这种方法有利于定期补足物资储备定额。定期库存控制不必严格跟踪库存水平，减少了库存登记费用和盘点次数。两种方法的比较如表 4–3 所示。

表 4–3　定量库存控制与定期库存控制的比较

	优　点	缺　点	适 用 范 围
定量库存控制	· 订购时间和订购数量不受人为判断的影响，保证了库存管理的准确性； · 订购数量一定，便于安排库内的作业活动，节约了理货费用； · 便于按经济订购批量订购，节约库存总成本	· 不便于对库存进行严格的管理； · 订购之前的各项计划比较复杂； · 不能对应需求的变化； · 容易流于形式	· 单价比较便宜而且不便于少量订购的物品，如螺栓等C类物资； · 需求预测比较困难的物品； · 品种数量多、库存管理事务量大的物品； · 消费量计算复杂的物品及通用性强、需求总量比较稳定的物品等
定期库存控制	· 不必严格跟踪库存水平，减少了库存登记费用和盘点次数； · 能够对应需求的变化； · 可同时订购许多物品	· 不能保证库存管理的准确性； · 不能按经济订购批量订购，库存总成本增加	· 单价高、需要实施严密管理的重要物品； · 需求量变动幅度大，需要经常调整生产或采购数量的物品； · 共用性差、专用性强且不易保管的物品； · 订货前置时间长的物品； · 可以预测需求量的物品

2. 需求驱动精益供应系统

实行“精益生产”或“准时（JIT）生产”的企业面对各种复杂的约束条件，它们一般按生产需求的准确数量及时间订货。在这些生产方式中，订货频率和订货数量都由需求数量决定，即生产需求将直接传递给供应商。

这类作业的特点是只有很小的或根本没有原材料库存。企业从几家选定的供应商那里进行高频率、小批量订货，通常以便于立即使用的包装方式而被直接送至生产线。

3. 供应商管理库存

供应商管理库存（Vendor Managed Inventory，VMI）是一种以用户和供应商双方都获得最低成本为目的，在一个共同的协议下，由供应商管理库存，并不断监督协议执行情况和修正协议内容，使库存管理得到持续改进的合作性策略。这种库存管理策略打破了传统的各自为政的库存管理模式，体现了供应链的集成化管理思想，适应市场变化的要求，是一种新的、有代表性的库存管理思想。

VMI管理模式的核心思想是供应商通过共享用户企业的当前库存和实际耗用数据，按照实际的消耗模型、消耗趋势和补货策略进行有实际根据的补货。因此，交易双方都改变了传统的独立预测模式，尽最大可能地减少由于独立预测的不确定性而导致的商流、物流和信息流的浪费，降低供应链的总成本。

VMI的实施要点主要有两点：一是供应商完全拥有和管理仓库，直到零售商将其售出为止；但是零售商对库存有看管的义务，并对库存物品的损伤或损坏负责。二是信息共享，即供应商从零售商处获得销售点数据并使用该数据对需求做出预测，能够更准确地确定客货批量，从而减少安全库存量，同时更快地响应用户需求。

4. 联合库存管理

联合库存管理（Jointly Management Inventory，JMI）是一种在VMI的基础上发展起来的上游企业和下游企业权利责任平衡和风险共担的库存管理模式。JMI体现了战略供应商联盟的新型企业合作关系。它强调双方同时参与，共同制订库存控制计划，使供需双方相互协调，使库存管理成为连接供需双方的桥梁和纽带。

实施JMI对于经销商和制造商都是有益的。对于经销商来说，可以借助JMI建立覆盖整个经销网络的库存池。这种一体化的物流系统不仅能使经销商的库存更低，使整个供应链的库存更低，而且能快速响应用户需求，更有效、快速地运输配件，减少因缺货而使零售商失去销售机会的情况，提高服务水平。对于制造商来说，零售商比制造商更接近客户，能更好地按客户要求做出更快的响应，并为购买产品安排融资和提供良好的售后服务，能使制造商集中精力搞好生产、提高产品质量。

JMI的实施要点主要有三个：一是建立供需协调的管理机制；二是建立信息共享与沟通的系统；三是把库存管理的部分功能给第三方物流系统管理，发挥第三方物流系统的作用。

在供应链环境下，库存管理的最高理想是在不增加成本或不降低响应速度的情况下，减少必要的供应链库存，实现库存管理与控制的最优化。为了适应供应链管理模式的要求，供应链下的库存管理方法必须做出相应的变化，其中供应商管理库存和联合库存管理是比较先进的供应链库存管理技术与方法。

思政园地

介绍中国古代的粮仓制度，如常平仓、义仓、广惠仓等，让学生了解古代仓储的发展和演变，感受古人的伟大智慧，增强对历史的认同感和自豪感，增强民族自信、制度自信，把握物流地位和使命。

课后习题

一、单项选择题

1.在物流系统中，起着缓冲、调节和平衡作用的物流活动是（　　）。

A.运输　　B.配送　　C.装卸　　D.仓储

2.易燃易爆商品一般存放在（　　）。

A.普通仓库　　B.专用仓库　　C.恒温仓库　　D.低温仓库

3.通过仓储，可使商品在最有效的时间段发挥作用，创造商品的时间价值和（　　）。

A.使用价值　　B.空间价值　　C.剩余价值

4.下列不属于仓库功能的是（　　）。

A.储存和保管　　B.产品增值　　C.调节货物运输能力　　D.调节供需

5.仓储是物资流通中不可缺少的环节，这是因为（　　）。

A.仓储是物流中的支柱环节

B.仓储是物资流通必然产生的形式

C.仓储是解决社会分工中产品的生产与消费之间时间差异的唯一途径

D.仓储具有蓄水池的功能

6.保税仓库是经过海关批准，外国货物可以（　　）的场所。

A.生产加工　　B.连续长时间储存

C.装卸搬运　　D.免关税

7.仓储管理作业的基本流程可分为 3 个阶段，即入库、储存、（　　）。

A.发货　　B.信息服务

C.分拣作业　　D.运输服务

8.在 ABC 分类法中，库存数目大但资金占用小的库存品属于（　　）。

A. A类物资　　B. B类物资　　C. C类物资

9.库存控制关键是订货点、订购量和（　　）。

A.降低成本　　B.订货提前期　　C.备足货物　　D.总价

10.衔接不同运输方式的仓储称为（　　）。

A.中转仓储　　B.流通仓储　　C.生产仓储　　D.营业型仓储

二、判断题

1.按仓库功能分类，仓库可分平房仓库、楼房仓库、高层货架仓库、罐式仓库和简易仓库。（　　）

2.仓库是保管、储存物品的建筑物和场所的总称。从现代物流系统的角度来看，仓库也是从事包装、分拣、流通加工等物流作业活动的物流节点设施。（　　）

3.仓储主要创造了空间效用。（　　）

4.仓储管理的目标是使仓库空间利用与库存货品的处置成本之间实现平衡。（　　）

5.实施零库存管理可以规避产品因市场变化和产品升级换代而产生的降价风险。（　　）

6.库存管理的核心问题是库存控制，库存管理的宗旨或目标是在保障供应的前提下尽可能地降低成本。 （ ）

7.为保证仓库的物流作业准备而迅速地进行，在入库作业中必须对商品进行分类及编号。 （ ）

8.保证被储存物的质量，是完成仓储功能的根本要求。 （ ）

三、简述题

1.阐述仓库、仓储管理及库存控制的区别。

2.举例说明仓储企业的运作流程。

3.说明仓储企业实现仓储合理化的主要措施。

4.谈一谈你对零库存的认识。

5.谈一下物流业和制造业对物料仓储管理的区别。

6.简述定量库存控制和定期库存控制的区别。

四、案例分析题

美的的供应商管理库存

在广东地区，美的近期正在悄悄地为终端经销商安装金算盘财务进销存软件。这是美的日益浮出水面的“业务链条前移”策略——实现供应商管理库存和管理经销商库存的一个步骤。

1.供应商管理库存

长期以来，美的空调销售业绩一直不错，但是依然有最少5～7天的零部件库存和几十万台的成品库存。为降低库存，美的开始导入供应商管理库存。美的是供应链的链主（通常称为核心企业），其供应商追求及时供货。

对于美的来说，较为稳定的供应商共有300多家，零配件（出口、内销产品）加起来一共有3万多种。但是60%的供应商位于美的总部顺德周围，还有部分供应商位于车程3天以内的地方，如广东的清远一带。因此，只有15%的供应商距离美的较远。在这个现有的供应链之上，美的实现VMI的难度并不大。

对于15%的远程供应商，美的在顺德总部建立了很多仓库，然后把仓库分成很多片。运输距离长（运货时间3～5天）的外地供应商一般都会在美的的这个仓库里租赁一个片区（仓库所有权归美的），并把零配件放到片区里面储备。

美的需要用这些零配件的时候，就会通知供应商，然后进行资金划拨、取货等工作。这时，零配件的产权才由供应商转移到美的手上——在此之前，所有的库存成本都由供应商承担。

此外，美的在ERP基础上与供应商建立了直接的交货平台。这样，供应商在自己的办公地点，就能看到美的的订单内容：品种、型号、数量和交货时间等。供应商不用安装一整套的ERP系统，而是通过网络，登录到美的公司页面，查看订单内容。

原来，供应商与美的的每次采购交易，都要签订非常多的协议。现在，美的对此进行了大量的简化——每年年初确定供应商，并签下一揽子的总协议方式。价格确定下来以后，美的就在网上发布每次的采购信息，然后由供应商确认信息，一张采购订单就此合法化。

实施VMI后，供应商不需要再像以前那样疲于应付美的的订单，而是只要做一些适当的库存即可。美的的ERP系统可以提前预告供货的情况，便于告诉供应商美的需要的品种和数量。这样，供应商不用备很多货，一般满足 3 天的需求即可。

实施 VMI 后，美的零配件库存周转率上升到 70 ~ 80 次/年，零部件库存也由原来平均的 5 ~ 7 天存货水平，大幅降为 3 天左右，而且这 3 天的库存由供应商管理并承担相应成本。资金占用降低、资金使用效率提高、资金风险下降、库存成本直线下降——近一年来，美的的材料成本大幅下降。

2. 管理经销商库存

在业务链后端的供应体系进行优化的同时，美的也在加紧向前端销售体系的管理渗透。

在经销商环节上，美的几年前就已经有基于 ORACLE 开发的销售系统，可以统计到经销商的销售信息（分公司、代理商、型号、数量、日期等）。近年来，美的则公开了与经销商的部分电子化往来——进行业务往来的实时对账和审核，而以前是半年一次的手工性的繁杂对账。

作为经销商的供应商，美的为经销商管理库存。理想的模式是经销商不用备货。经销商缺货时，美的就会立刻自动送过去，而不需经销商提醒，“经销商的库存实际上是我们自己的库存”。这种存货管理上的前移，提高了服务水平和服务质量。这样做，美的可以有效地削减和精准地控制销售渠道上昂贵的存货，而不是任其堵塞在渠道中，占用经销商的大量资金。

美的下一步要做的是订单集成和系统集成，即直接掌握每个经销商每个品种的存货量，并实现网上直接下订单。这种集成有点像 DRP（分销资源计划），但以前的 DRP 仅限于企业内部的物流和货源分布，现在则更体现加强与经销商的互动和信息共享。

（资料来源：360 文库 . 资料有改动 . https://wenku.so.com/d/5abda517d59d970864ce7f0812802ce7.）

>> 思考分析

1. 请说出供应商管理库存的含义和实施的前提条件。

2. 请分析美的是如何做到供应商管理库存的？

实践与实训　入库方案设计

【实践与实训目标】

1. 增加学生对出入库流程的熟悉和把控能力。

2. 掌握物动量 ABC 及货物组托图。

3. 培养学生办公软件操作和团队协作能力。

【内容与要求】

1. 提供某仓储企业出入库的数据信息，学生据此分析商品类别，进行货物组托和储位分配及上架，并组织拣选和出库业务。

2. 分小组完成报告并实操。

【成果与检测】

1. 制作 PPT 汇报入库方案并打分。

2. 在实训室利用实操将方案呈现出来。

第 5 章　装卸搬运

学习目标

1. 掌握装卸搬运的概念
2. 熟悉装卸搬运的类型
3. 理解装卸搬运的特点
4. 掌握装卸搬运合理化的措施

素质目标

1. 能够梳理操作简易的装卸搬运设备
2. 能够正确地组织装卸搬运作业

案例导入

云南双鹤医药是北京双鹤这艘医药航母部署在西南战区的一艘战舰，是一个以市场为核心、现代医药科技为先导、金融支持为框架的新型公司，是西南地区经营药品品种较多、较全的医药专业公司。虽然云南双鹤医药已形成规模化的产品生产和网络化的市场销售，但其流通过程中物流管理严重滞后，造成物流成本居高不下，不能形成价格优势。这严重阻碍了物流服务的开拓与发展，成为公司业务发展的“瓶颈”。

装卸搬运活动是衔接物流各环节活动正常进行的关键，而云南双鹤医药恰好忽视了这一点。由于搬运设备的现代化程度低，只有几个小型货架和手推车，公司的大多数作业仍处于人工作业为主的原始状态，工作效率低，且易损坏物品。另外，仓库设计不合理，造成长距离搬运；而且库内作业流程混乱，形成重复搬运，大约有70%的无效搬运，这种过多的搬运次数，损坏了商品，也浪费了时间。

（资料来源：360 文库.资料有改动.https://wenku.so.com/d/40b6681add56a9aa87e097873047ed42.）

◎**思考题：**

1. 针对医药企业的特点，请对云南双鹤医药搬运系统的改造提出建议。
2. 分析装卸搬运环节对企业发展的作用。

5.1　装卸搬运概述

装卸搬运作业作为物流活动的重要环节之一，贯穿物流活动的全过程，是物流各项活动中最基础、最频繁的作业环节，起着衔接桥梁的重要作用。可以说，物流环节的各项活动都离不开装卸搬运作业。

5.1.1　装卸搬运的概念

装卸是运输的影子，运输活动必然伴随装卸活动。装卸是完成运输任务的补充手段。装卸也是运输方式的衔接环节。

中华人民共和国国家标准《物流术语》（GB/T 18354—2021）给装卸（Loading and Unloading）和搬运（Handing）下的定义是：

装卸是指物品在指定地点以人力或机械载入或卸出运输工具的作业过程。

搬运是指在同一场所内，对物品进行空间移动的作业过程。

有时在特定场合，单称“装卸”或单称“搬运”也包含了“装卸搬运”的完整含义。

在实际操作中，装卸与搬运是密不可分的，两者是伴随在一起发生的。因此，物流学中并不过分强调两者的差别，而是将它们作为一种活动来对待。物流领域（如铁路运输）常将“装卸搬运”这一整体活动称为“货物装卸”；生产领域常将这一整体活动称为“物料搬运”。实际上，这一整体活动的内容都是一样的，只是领域不同而已。

小贴士：

搬运的“运”与运输的“运”有着量变与质变的关系，搬运是在同一地域的小范围内发生的，而运输则是在较大地域范围内发生的。

5.1.2　装卸搬运活动的构成

1. 堆码拆取作业

堆码是将物品从预先放置的场所移送到运输工具或仓库等储存设施的指定场所，再按规定的位置和形态码放的作业；拆取是与堆码逆向的作业。

2. 分拣配货作业

分拣是在堆码作业前后或配送作业之前把货物按品种、出入先后、运送方向进行分类，将货物堆码到指定地点的作业；配货是将货物从所在的位置，按照货物种类、作业次序、发货对象等分类取货、堆码在规定场所的作业。

3. 搬送移送作业

搬送移送作业是为进行装卸、分拣、配送等活动而进行的各种移动货物的作业，包括水平、垂直、斜向搬送及其组合。

5.1.3 装卸搬运的特点

1. 附属性

装卸搬运是物流开始及结束时必然发生的活动，但时常被人忽视，或被看作其他操作不可缺少的组成部分。例如，一般而言的“汽车运输”，就实际包含了相随的装卸搬运，仓库中泛指的保管活动，也含有装卸搬运活动。

2. 复杂性

装卸搬运是一种多工种、多环节联合作业的活动。物流装卸搬运的目的是满足物流需求。因此，经过换装、堆存的货物种类、品种、包装、性质多种多样，各不相同，运输这些货物的运输工具在种类、构造、尺寸等方面也不尽一致。这就给物流的装卸搬运工艺与装卸搬运组织造成了很大的困难。

3. 不均衡性

生产领域，由于生产活动有连续性和比例性，力求均衡，故企业内装卸搬运相对也比较均衡。然而，物资一旦进入流通领域，由于受到产需衔接、市场机制的制约，物流量便会出现波动。某种货物的畅销和滞销、远销和近销，销售批量的大与小，便会使货物实际流量发生巨大变化。从物流领域的内部观察，运输路线上“跑在中间、窝在两头”的现象广泛存在，装卸搬运量也会出现忽高忽低的现象。各种运输方式由于运量上的差别，运速的不同，使得港口、码头、车站等不同物流节点也会出现集中到货或货物停滞等待的不均衡装卸搬运。

5.1.4 装卸搬运的意义

装卸搬运的基本动作包括装车（船）、卸车（船）、堆垛、入库、出库及连接上述各项动作的短程输送。装卸搬运活动是随运输和保管等活动而产生的必要活动。在物流过程中，装卸搬运是不断出现和反复进行的，它所出现的频率高于其他各项物流活动。根据我国对生产物流的统计，机械工厂每生产 1 吨成品，需要进行 252 吨次的装卸搬运活动。

装卸搬运每次都要花费很长时间，消耗的人力也很多，所以往往成为决定物流速度的关键。在集装箱大规模使用前，美国与日本之间的远洋船运，往返需要 25 天，其中运输时间 13 天、装卸搬运时间 12 天。

装卸费用在物流成本中所占的比重也较高。以我国为例，铁路运输的始发和到达的装卸搬运作业费大致占运费的 20%，船运占 40%。

此外，进行装卸搬运操作时往往需要接触货物，是物流过程中造成货物破损、散失、损耗、混合等损失的主要环节。例如，袋装水泥纸袋破损和水泥散失主要发生在装卸搬运过程中，玻璃、机械、器皿、煤炭等产品在装卸搬运时最容易造成损失。

由此可见，装卸搬运是影响物流效率、决定物流技术经济效果的重要环节。

5.1.5 装卸搬运的作用

1. 装卸搬运是物流各阶段之间相互转换的桥梁

物流的各阶段（环节、功能）的前后或同一阶段的不同活动之间，必须进行装卸搬运作业。比如，运输过程结束、货物进入仓库之前，必须有装卸搬运作业。正是装卸搬运把

“物”的运动的各个阶段连接成连续的“流”，才使物流的概念名实相符。

2. 装卸搬运（换装）连接各种不同的运输方式，使多式联运得以实现

通常，经联合运输的货物，要经过 4 次以上的装卸搬运与换装（多则经过十几次），其费用约占运输费用的 25%。

3. 在许多生产领域和流通领域，装卸搬运已经成为生产过程的重要组成部分和保障系统

在加工业和流通业，装卸搬运是生产工艺中不可缺少的组成部分。例如，采掘业的生产过程实质上就是装卸搬运。据调查资料，我国机械工厂生产用于装卸搬运的成本为加工成本的 15.5%。

运输和仓储是物流的两大功能环节，那么装卸搬运在物流中重要吗?

5.2　装卸搬运的分类

装卸搬运可以按如下分类标准进行分类，如表 5-1 所示。

表 5-1　装卸搬运分类

分类标准	类　型
装卸搬运实施的物流设施、设备对象	仓库装卸、铁路装卸、港口装卸、汽车装卸
装卸搬运的机械及机械作业方式	使用吊车的“吊上吊下”方式、使用叉车的“叉上叉下”方式、使用半挂车或叉车的“滚上滚下”方式、“移上移下”方式、散装散卸方式
被装物的主要运动形式	垂直装卸、水平装卸
装卸搬运的对象	散装货物装卸、单件货物装卸、单元装卸、集装货物装卸
装卸搬运的作业特点	连续装卸、间歇装卸

1. 按装卸搬运实施的物流设施、设备对象分类

（1）仓库装卸。仓库装卸须配合出库、入库、维护保养等活动进行，并且以堆垛、上架、取货等操作为主。

（2）铁路装卸。铁路装卸是对火车车皮的装进及卸出。其特点是一次作业就实现一车皮的装进或卸出，很少出现仓库装卸时出现的整装零卸或零装整卸的情况。

（3）港口装卸。港口装卸包括码头前沿的装船，也包括后方的支持性装卸搬运。有的港口装卸还采用小船在码头与大船之间“过驳”的办法，因而其装卸的流程较为复杂，往往需要经过几次装卸搬运作业才能最后实现船与陆地之间货物过渡的目的。

（4）汽车装卸。汽车装卸一般一次装卸批量不大。汽车的灵活性可以减少或从根本上减去搬运活动，而直接、单纯地利用装卸作业达到车与物流设施之间货物过渡的目的。

2. 按装卸搬运的机械及机械作业方式分类

（1）“吊上吊下”方式。这种方式采用各种起重机械从货物上部起吊，依靠起吊装置的垂直移动实现装卸，并在吊车运行的范围内或回转的范围内实现搬运或依靠搬运车辆实现小搬运。由于吊起及放下属于垂直运动，这种装卸方式属垂直装卸。

（2）“叉上叉下”方式。这种方式采用叉车从货物底部托起货物，并依靠叉车的运动进行货物位移，搬运完全靠叉车本身，货物可不经中途落地直接放置到需要放置的地方。这种方式垂直运动不大，主要是水平运动，所以属水平装卸方式。

（3）“滚上滚下”方式。这种方式主要指港口装卸的一种水平装卸方式。利用叉车或半挂车、汽车承载货物，连同车辆一起开上船，到达目的地后再从船上开下，称“滚上滚下”方式。利用叉车的“滚上滚下”方式，在船上卸货后，叉车必须离船，利用半挂车、平车或汽车，拖车则将半挂车、平车拖拉至船上后，拖车开下离船而载货车辆连同货物一起运到目的地，原车再开下或拖车上船拖拉半挂车、平车开下。“滚上滚下”方式需要有专门的船舶，对码头也有不同要求，这种专门的船舶称作滚装船。

（4）“移上移下”方式。这种方式是在两车之间（如火车及汽车）进行靠接，然后利用各种方式，不使货物垂直运动，而靠水平移动从一辆车上推移到另一辆车上，称“移上移下”方式。“移上移下”方式需要使两种车辆水平靠接，因此须对站台或车辆货台进行改变，并配合移动工具实现这种装卸。

（5）散装散卸方式。这是指对散装物进行装卸，一般从装点直到卸点、中间不再落地的装卸方式。这是集装卸搬运于一体的装卸方式。

3. 按被装物的主要运动形式分类

按被装物的主要运动形式可将装卸分成垂直装卸和水平装卸两种形式。

4. 按装卸搬运的对象分类

（1）散装货物装卸。这是指对大批量粉状、粒状货物进行无包装散装、散卸的装卸方式。装卸可连续进行，也可用间断式，但都需机械化设施和设备。特定情况下且批量不大时，可采用人力装卸。散装货物装卸方法主要有气力输送装卸、重力装卸和机械装卸三种。

（2）单件货物装卸。这指的是非集装按件计的货物逐个进行装卸操作的作业方式。单件货物装卸作业对机械、装备、装卸条件要求不高，因而机动性较强，不受固定设施、设备的地域局限。单件货物装卸作业可采取人力、半机械化及机械装卸三种方法。由于逐件处理装卸速度慢，容易出现货损及货差，作业对象主要是包装杂货，多品类、少批量货物，单件大型笨重货物，以及不宜集装的危险货物和行包等。

（3）单元装卸。这是指用集装化工具将小件或散装货物集成一定数量或体积的组合件，以便利用机械进行作业的装卸方式。单元装卸的装卸速度快，装卸时并不逐个接触货体，因而货损小，货差也小。

（4）集装货物装卸。这是指用集装箱将小件或散装货物集成组合件，利用机械进行装卸的作业方法。集装货物装卸按装卸工艺可分为吊装和滚装两种方式。

5. 按装卸搬运的作业特点分类

（1）连续装卸。同种大批量散装或小件杂货通过连续输送机械，连续不断地进行作业，中间无停顿，货间无间隔，这种方式称为连续装卸。在装卸量较大、装卸对象固定、货物对象不易形成大包装的情况下适宜采取这一方式。

（2）间歇装卸。这种方式具有较强的机动性，装卸地点可在较大范围内变动，主要适用于货流不固定的各种货物，尤其适于包装货物、大件货物。散粒货物也可采用此种方式。

5.3　装卸搬运的合理化

装卸搬运必然要消耗劳动。科学、合理地组织装卸搬运过程，可以减少用于装卸搬运的劳动消耗。由于装卸搬运作业仅是衔接运输、保管、包装、配送、流通加工等各物流环节的活动，本身不创造价值，所以应尽量节约时间和费用。装卸搬运作业应采取一些合理化的措施，下面将分别介绍。

5.3.1　防止和消除无效作业

所谓无效作业，是指装卸搬运作业活动中超出必要的装卸、搬运量的作业。显然，防止和消除无效作业对装卸搬运作业的经济效益具有重要作用。为了有效地防止和消除无效作业，企业可从以下几个方面入手。

1. 尽量减少装卸搬运次数

要使装卸搬运次数降到最小，则要避免没有物流效果的装卸搬运作业。如果增加一次装卸搬运，费用就相应地增加一次，同时增加了商品污损、破坏、丢失、消耗的概率。

2. 去除无效物质，提高物料的纯度

物料的纯度，指物料中含有水分、杂质与物料本身使用无关的物质的多少。进入物流过程的货物，有时混杂着没有使用价值或对用户来讲使用价值不高的各种掺杂物，如煤炭中的矸石、矿石表面的水分、石灰中的未烧熟石灰及过烧石灰等。在反复装卸搬运时，这些无效物质反复消耗劳动，因而形成无效装卸搬运。物料的纯度越高，则装卸搬运作业的有效程度越高。

3. 包装要适宜

包装是物流中不可缺少的辅助作业手段。包装的轻型化、简单化、实用化会不同程度地减少作用于包装上的无效劳动。

4. 缩短搬运作业的距离

物料在装卸搬运中要实现水平和垂直两个方向的位移，选择最短的路线完成这一活动，就可避免超越这一最短路线以上的无效劳动。

5.3.2　提高装卸搬运的灵活性

装卸搬运的灵活性是指装卸搬运作业中对物料进行装卸搬运作业的难易程度。堆放货物时，事先要考虑物料装卸搬运作业的方便性。

根据物料所处的状态，即物料装卸搬运的难易程度，装卸搬运的灵活性可分为不同的级别如图 5-1 所示。

0 级——物料杂乱地堆在地面上的状态。

1 级——物料装箱或经捆扎后的状态。

2 级——箱子或被捆扎后的物料，下面放有枕木或其他衬垫，便于叉车或其他机械作业的状态。

3 级——物料被放于台车上或用起重机吊钩钩住，处于移动的状态。

4 级——被装卸搬运的物料，已经被启动或直接作业的状态。

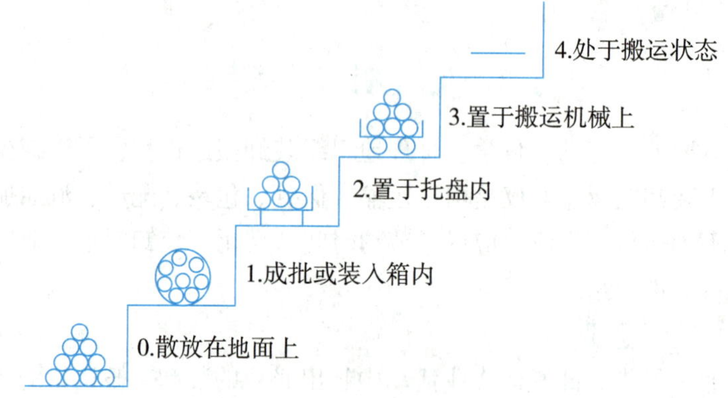

图 5-1 装卸搬运的级别

理论上讲，级别越高越好，但也必须考虑到实施的可能性。例如，物料在储存阶段，级别为 4 的输送带和级别为 3 的车辆，在一般的仓库中很少被采用，这是因为大批量的物料不可能存放在输送带和车辆上。

小贴士：

从理论上讲，活性指数越高越好，但也必须考虑到实施的可能性。例如，活性指数为 4 的输送带和活性指数为 3 的车辆在一般的仓库中很少被采用，这是因为大批量的货物不可能存放在输送带和车辆上。

5.3.3 实现装卸搬运作业的省力化

装卸搬运使物料发生垂直和水平位移，必须通过做功才能实现，所以要尽力实现装卸搬运作业的省力化。

装卸搬运作业中应尽可能地消除重力的不利影响。在有条件的情况下，利用重力进行装卸搬运，可减轻劳动强度和能量的消耗。将设有动力的小型输送带（板）斜放在货车、卡车或站台上进行装卸，使物料在倾斜的输送带（板）上移动，这种装卸就是靠重力的水平分力完成的。在搬运作业中，不用手搬，而是把物资放在车上，由器具承担物体的重量，工人只要克服滚动阻力，使物料水平移动，这无疑是十分省力的。

5.3.4 提高装卸搬运作业的机械化水平

随着生产力的发展，装卸搬运的机械化程度必将不断提高。此外，由于装卸搬运的机械化能把工人从繁重的体力劳动中解放出来，尤其对于危险品的装卸搬运作业，机械化能够保证人和货物的安全，这也是装卸搬运机械化程度不断得以提高的动力。

1. 装卸搬运机械的分类

装卸搬运机械是指用来搬移、升降、装卸和短距离输送物料或货物的机械。它是物流机械中的重要机械设备，不仅用于完成船舶与车辆货物的装卸，还用于完成库场货物的堆码、拆垛、运输，以及舱内、车内、库内货物的起重输送和搬运。

装卸搬运机械的种类很多，分类方法也很多。为了运用和管理方便，人们常按以下标准对装卸搬运机械进行分类，如表 5-2 所示。

表 5-2　装卸搬运机械的种类

分类标准	类　型
主要用途或结构特征	起重机械、连续运输机械、装卸搬运车辆、专用装卸搬运机械
作业性质	装卸机械、搬运机械、装卸搬运机械
装卸搬运货物	长大笨重货物的装卸搬运机械、散装货物的装卸搬运机械、成件包装货物的装卸搬运机械、集装箱货物的装卸搬运机械

知识拓展

自动导引搬运车（AGV）

自动导引搬运车（AGV）又称无人搬运车，是指装有自动导引装置，能够沿规定的路径行驶，在车体上还具有编程和停车选择装置、安全保护装置以及各种物料移载装置的搬运车辆。

世界上第一台 AGV 是由美国 BrretL 电子公司于 20 世纪 50 年代初开发成功的。它是一种牵引式小车系统，可十分方便地与其他物流设备自动连接。1976 年，我国起重设备研究所研制出第一台 AGV。

AGV 应用最广泛的领域是装配作业，特别是汽车装配作业。在西欧各国，用于汽车装配的 AGV 占整个 AGV 数量的 57%，德国用于汽车装配的 AGV 占整个 AGV 数量的 64%。

2. 装卸搬运机械化的原则

（1）符合装卸搬运商品种类及特性的要求。不同种类的商品的物理、化学性质及外部形状是不一样的，因此选择装卸搬运机械时必须使其符合商品的品种及特性要求，以保证作业的安全和商品的完好。

（2）适应运量的需要。运量的大小直接决定了装卸搬运的规模和装卸搬运设备的配备、机械种类及装卸搬运机械化水平。因此，确定机械化方案前，必须了解商品的运量情况。对于运量大的，应配备生产率较高的大型机械；对于运量不大的，宜采用生产率较低的中小型机械；对于无电源的场所，则宜采用一些无动力的简单装卸搬运机械。这样，既能充分发挥机械的效率，又能使方案经济合理。

（3）适合运输车辆类型和运输组织工作特点。装卸搬运作业与运输是密切相关的。因此，考虑装卸搬运机械时，必须考虑装载商品所用的运输工具的特性，包括车船种类、载重量、容积、外形尺寸等；同时要了解运输组织的情况，如运输取送车（船）次数、运行图、对装卸搬运时间的要求、货运组织要求、短途运输情况等。比如，在港口码头装卸搬运商品和在车站装卸搬运商品，所需要的装卸搬运机械是不同的。即使同一运输工具，构造相同，也可能需要采取不同的装卸搬运机械，如用于铁路敞车作业和用于铁路棚车作业的装卸搬运机械就是不一样的。

（4）适合当地的自然条件和经济条件。确定选择机械化方案时，要做技术分析，尽量达到经济合理的要求。也就是说，对现有的设施、仓库和道路要加以充分利用，同时充分考虑装卸搬运场所的材料供应情况、动力资源、电力、燃料等因素，利用当地的地形、地理条件，贯彻因地制宜、就地取材的原则。

5.3.5 推广组合化装卸搬运方式

在装卸搬运作业过程中，必须根据不同物料的种类、性质、形状、重量的不同，确定不同的装卸搬运作业方式。处理物料装卸搬运的方法有 3 种：将普通包装的物料逐个进行装卸搬运，叫作分块处理；将颗粒状物料不加小包装而原样装卸搬运，叫作散装处理；将物料以托盘、集装箱、集装袋为单位组合后进行装卸搬运，叫作集装处理。

对于包装的物料，要尽可能地进行集装处理，实现单元化装卸搬运，这样可以充分利用机械进行操作。组合化装卸具有以下优点。

（1）装卸单位大、作业效率高，可大量节约装卸搬运作业时间。

（2）能提高物料装卸搬运的灵活性。

（3）操作单元大小一致，易于实现标准化。

（4）不用用手触及各种物料，可达到保护物料的效果。

5.3.6 合理地规划装卸搬运作业过程

合理地规划装卸搬运作业过程是指对整个装卸搬运作业的连续性进行合理的安排，以减少运距和装卸搬运次数的活动。

装卸搬运作业现场的平面布置是直接关系到装卸搬运距离的关键因素。装卸搬运机械要与货场长度、货位面积等互相协调；要有足够的场地集结货物，并满足装卸搬运机械工作面的要求；场内的道路布置要为装卸搬运创造良好的条件，有利于加速货位的周转。使装卸搬运距离达到最小平面布置是减少装卸搬运距离的最理想的方法。提高装卸搬运作业的连续性应做到：作业现场装卸搬运机械合理衔接；不同的装卸搬运作业在相互连接时力求使它们的装卸搬运速率相等或接近；充分发挥装卸搬运调度人员的作用，一旦发生装卸搬运作业障碍或停滞状态，立即采取有效的措施补救。

思政园地

观看传统装卸搬运工具及智慧物流下的装卸搬运工具，通过视频对比，让学生感受“工欲善其事，必先利其器”，感受科技进步所带来的效率提升和社会发展，培养学生通过技术技能改善工作，引导学生关注智慧物流，关注行业发展，从而针对性提升自我技能，以适应物流发展。

课后习题

一、单项选择题

1.装卸是指物品在指定地点以人力或机械（　）的作业过程。

A.装入运输设备　B.从运输设备上卸下　C.装入运输设备或卸下　D.卸下运输设备

2.在同一地域范围内进行的，以改变物的存放状态和空间位置为主要内容和目的的活动称为（　）。

A.运输　B.装卸搬运　C.配送　D.流通加工

3.下列物流活动中，造成货物损耗的最主要的环节是（　）。

A.运输　B.装卸　C.包装　D.配送

4.散放在地上的物品，其级别是（　）。

A.0　B.1　C.2　D.3

5.置于一般容器的物品，其级别是（　）。

A.0　B.1　C.2　D.3

6.集装化的物品，其级别是（　）。

A.0　B.1　C.2　D.3

7.下列不属于装卸搬运特点的是（　）。

A.附属性　B.不均衡性　C.复杂性　D.机动性较差

8.在设计包装尺寸和重量时，大都以中年妇女的搬运能力为标准，这体现了（　）原则。

A.省力化　B.人性化　C.重力化　D.轻薄化

9.与其他环节相比，（　）具有伴随性的特点。

A.运输　B.装卸搬运　C.配送　D.流通加工

10.装卸搬运中需要遵循一个原则是使货物处于搬运活性（　）的状态。

A.低　B.运动　C.静止　D.高

二、判断题

1.搬运一般是指在物流节点间进行物品的物理活动。（　）

2.装卸是指物体横向或斜向的移动。（　）

3.搬运是指物体上下方向的移动。（　）

4.货物从装卸搬运状态转变为静止状态的难易程度称为装卸搬运灵活性。（　）

5.放在托盘上的货物比放在箱子里的货物的装卸搬运活性指数高。（　）

6.装卸搬运物料中含有的水分、杂质毕竟占少数，因此不会造成无效作用。（　）

7.物料是装卸搬运的对象，也是影响装卸搬运设备和方法选择的间接因素。（　）

8.严格地讲，装卸和搬运是两个相同概念的组合。（　）

9.在生产过程中，装卸搬运通常称为货物装卸，在流通过程中装卸搬运多称为物料搬运。（　）

10.配送中心装卸搬运设施布置应以系统管理为指导思想，以装卸搬运系统作为整个物流系统的一个子系统，所以其设施布置应具有系统的观点。 （ ）

三、简述题

1.简述装卸搬运的概念。

2.简述装卸与搬运的区别。

3.举例说明装卸搬运的作用。

4.解释装卸搬运的方法。

5.简述装卸搬运机械的分类。

6.简述装卸搬运机械化的原则。

7.试述装卸搬运的合理化途径。

8.举例说明装卸搬运的灵活性。

四、案例分析题

联华公司的装卸搬运系统

联华公司是上海首家发展连锁经营的商业公司。经过11年的发展，该公司已成为中国最大的连锁商业企业之一。联华公司的快速发展，离不开高效、便捷物流配送中心的大力支持。目前，联华公司共有4个配送中心，分别是2个常温配送中心、1个便利物流中心、1个生鲜加工配送中心，总面积7万余平方米。

联华便利物流中心总面积8000平方米，由4层楼的复式结构组成。为了实现货物的装卸搬运，配送中心配置的主要装卸搬运机械设备为电动叉车8辆、手动托盘搬运车20辆、垂直升降机2台、笼车1000辆、辊道式输送机5条、数字拣选设备2400套。在装卸搬运时，操作过程如下。在来货卸下后，把其装在托盘上，由手动叉车将货物搬运至入库运载处，入库运载装置上升，将货物送上入库输送带。接到向第一层搬送指示的托盘在经过升降机平台时，不再需要上下搬运，将直接从当前位置经过一层的入库输送带自动分配到一层入库区等待入库；接到向二层至四层搬送指示的托盘，将由托盘垂直升降机自动传输到所需楼层。当升降机到达指定楼层时，货物由各层的入库输送带自动报送至入库区。货物下平台时，由叉车从输送带上取下托盘入库。出库时，工作人员根据订单进行拣选配货，拣选后的出库货物用笼车装载，由各层平台通过笼车垂直输送机送至一层的出货区，装入相应的运输车上。

先进、实用的装卸搬运系统为联华便利店的发展提供了强大的支持，使联华便利物流运作能力和效率大大提高。

（资料来源：联华公司先进实用的装卸搬运系统.资料有删改. https://max.book118.com/html/2017/0929/135177826.shtm.）

>>思考分析

1.该物流中心装卸搬运系统的设计对各平台间的搬运自动化做了哪些方面的考虑？

2.你认为该物流中心装卸搬运系统有改进的余地吗？假如有，如何改进？

实践与实训 操作搬运和装卸设备

【实践与实训目标】

1.掌握手动和电动叉车的使用方法。

2.能够使用叉车完成货物的装卸搬运。

【内容与要求】

在学校物流实训室开展实训。

1.认真学习教师对手动和电动叉车使用方法的讲解。

2.分组练习手动液压叉车的使用，完成前进、拐弯、升降等练习。

3.尝试用电动叉车完成上架及移库操作。

【成果与检测】

1.教师检查学生操作是否规范。

2.学生按要求提交实训报告。

第6章 包 装

学习目标

1. 掌握包装、绿色包装的概念
2. 熟悉包装的功能
3. 掌握包装的分类
4. 理解包装材料、包装技术的应用
5. 掌握包装合理化的途径

素质目标

1. 能根据货物和产品特点正确选择包装容器和包装技术
2. 能对包装进行优化管理
3. 能熟悉并了解最新的物流包装

案例导入

快递包装的绿色化

国家邮政局发布的《2017 中国快递领域绿色包装发展现状及趋势报告》显示，2016 年全国快递业务量达 312.8 亿件，共消耗编织袋约 32 亿条、塑料袋约 68 亿个、包装箱 37 亿个、卷胶带 3.3 亿个。光一年消耗的快递包装所需的瓦楞纸箱原纸就多达 4600 万吨，相当于消耗了 7200 万棵树，足足等于 46.3 个小兴安岭。

如何处理这些终将被遗弃的包装物，成为全社会需要共同面对的问题。据了解，目前中国快递业中，纸板和塑料的实际回收率不到 10%，包装物总体回收率不到 20%。以聚乙烯、聚氯乙烯为主要成分的塑料和胶带等最难降解，这些包装材料在自然降解中，通常需要几十年甚至上百年时间。

面对快递包装产生的影响，近年来各方都开始积极行动。国家层面上，《推进快递业绿色包装工作实施方案》《关于协同推进快递业绿色包装工作的指导意见》等政策的出台引导快递的绿色发展，规范快递包装的使用。菜鸟、京东、苏宁等电商企业也积极响应，从推行“无纸化”电子面单，到推行“共享快递盒”“可循环快递袋”等，都在力争降低快递包装污染的产生。

（资料来源：组卷网.资料有部分改动.https://zujuan.xkw.com/10q9596821.html.）

◎**思考题：**

1.快递包装的绿色化是指什么？

2.快递包装的回收再利用可以从哪些方面着手？

6.1 包装概述

6.1.1 包装的定义

根据中华人民共和国国家标准《物流术语》（GB/T 1835—2021），包装（Package/Packaging）的定义是：

包装是指为在流通过程中保护产品、方便储运、促进销售，按一定技术方法而采用的容器、材料及辅助物等的总体名称，也指为了达到上述目的而采用容器、材料和辅助物的过程中施加一定技术方法等的操作活动。

包装标志指的是印刷在包装上的文字、图形、记号或附着在包装上的标签、标志等。比如，为了实现包装保护产品的功能，就需要在剧毒、危险、易碎、怕压及需要防潮、不准倒置等产品的包装上，标明显著的警告和指示性标志及运输、储存注意事项。

包装装潢指的是对包装的造型、结构、图案、色彩、文字等方面进行的艺术性设计和装饰。比如，在包装上标明产品名称、规格、数量、使用注意事项及商标标志、生产许可证标志、认证标志等，还有与以上某些方面的内容相配合的图案和画面形象。

6.1.2 包装的功能

1.保护产品

包装的主要功能是保护产品，即保护产品不受损伤和损失。

（1）防止产品破损变形。产品包装必须能够承受在装载、运输、保管等过程中的各种冲击、振动、颠簸、压缩、摩擦等外力的作用，形成对内装产品的保护，具有一定抗震强度。

（2）防止产品发生化学变化。产品在流通、消费过程中易受潮、发霉变质、生锈而发生化学变化，影响产品的正常使用。这就要求包装能在一定程度上起到阻隔水分、潮气、光线及有害气体的作用，避免外界环境对产品产生不良影响。

（3）防止有害生物对产品的影响。鼠、虫及其他有害生物对产品有很大的破坏性。这就要求包装能够具有阻隔霉菌、虫、鼠侵入的能力，形成对内装产品的保护作用。

（4）防止异物混入、污物污染、丢失、散失等。

2. 方便流通

产品经过适当的包装能为搬运、装卸提供方便。标准化的产品包装的形状、尺寸能提高运输效率，包装物的标记便于仓库管理的识别、存取和盘点，这一切都有效地提高了物流效率。产品出厂后，购销双方要对产品进行计数、计量与清点、验收。在流通过程中，产品需要经过搬运、堆码、运输、装卸、零售、批发等环节，包装合理，可加速产品流转，提高产品流通的经济效益。

3. 促进销售

包装上的说明能使消费者了解产品，从而购买产品。精美的包装，给人以美的享受，可起美化宣传产品的作用，能诱导和激发消费者购买动机和重复购买的兴趣。特别是在当今人们的物质生活和文化生活不断提高的情况下，包装与装潢更成为消费者购买产品的重要因素。

4. 便于使用

包装上的使用说明、注意事项等，对消费者或用户使用、保养、保存产品，具有重要的指导意义。同时，方便使用的饮料包装，封口严密，但容易开启。玻璃瓶普遍采用拧断盖的开启方法，马口铁罐普遍采用拉开盖法，不必用开启工具，方便使用。

案例拓展

一个价值 600 万美元的玻璃瓶

1898 年，鲁特玻璃公司一位年轻的工人亚历山大·山姆森根据女友穿着筒式连衣裙的形象设计出一个玻璃瓶。瓶子试制出来之后，获得大众赞誉。有经营意识的亚历山大·山姆森立即到专利局申请专利。

可口可乐的决策者坎德勒在市场上看到了亚历山大·山姆森设计的玻璃瓶后，认为非常适合作为可口可乐的包装。最后可口可乐公司以 600 万美元的天价买下此专利。“仕女瓶”不仅美观，而且使用非常安全，易握不易滑落。更令人叫绝的是，其瓶身的中下部是扭纹形的，如同少女所穿的条纹裙子；而瓶子的中段则圆满丰硕，如同少女的臀部。此外，由于瓶子的结构是中大下小，当它盛装可口可乐时，给人的感觉是分量很多的。采用亚历山大·山姆森设计的玻璃瓶作为可口可乐的包装以后，可口可乐的销量飞速增长，在两年的时间内，销量翻了一倍。从此，采用山姆森玻璃瓶作为包装的可口可乐开始畅销美国，并迅速风靡世界。600 万美元的投入，为可口可乐公司带来了数亿美元的回报。

启示：包装有促进产品销售的作用。可口可乐的“仕女瓶”包装就起到很好的促销作用。事实胜于雄辩，采用新包装后的可口可乐公司的销售量飞速增长，两年时间里销量翻了一番。

（资料来源：360 文库．资料有改动．https://wenku.so.com/d/56fa039dfd1244a796830c1d831eedbe）

6.1.3 包装的分类

为了便于研究，人们将包装按照不同的分类标准分成不同的种类，如表 6–1 所示。

表 6–1 包装分类

分类标准	名　称	内容特点
包装在物流中发挥的作用	工业包装（运输包装、外包装）	基于运输的目的，起着保护产品、方便运输、方便装卸搬运及储存的作用； 通常不随产品销售给购买者。包装在设计上着重考虑保护产品、便于储运、易于识别等问题
	单个包装（销售包装、小包装）	产品送到使用者手中的最小单位，直接与产品接触，并随产品进入零售网点和消费者或用户直接见面的包装。在生产中与产品配成一个整体，并且印有作为产品的标记或说明等信息资料。设计上不仅要考虑保护产品，而且要考虑介绍产品、便于使用、指导消费及美化和宣传产品、塑造产品形象、提高企业声誉、促进产品销售、增加产品附加价值等问题
	商业包装（中包装）	中包装是介于单个包装与工业包装之间的中间包装。中包装起着进一步保护产品及单个包装、方便使用和销售、方便产品分拨、便于销售时点数和计量、方便包装组合等作用
包装材料	纸制品包装	成本低廉、透气性好，且印刷装饰性较好
	塑料制品包装	种类繁多，综合性能比较好
	木制容器包装	一般用在重物包装及出口产品的包装等方面
	金属容器包装	罐头、铁桶和钢瓶
	玻璃陶瓷容器包装	耐腐蚀性较好，比较稳定
使用次数	一次性包装	一次性包装只能使用一次，不再回收复用
	复用包装	复用包装指的是回收后经过适当加工整理后仍可使用的包装
	周转性包装	周转性包装是专门设计和制造的能够反复使用的包装容器
适用范围	专用包装	专用包装指的是专门针对某种产品进行设计和制造的包装，只能用于包装某种特定的产品
	通用包装	通用包装指的是根据标准系列尺寸制造的包装，可用于包装各种标准尺寸的产品

6.2 包装材料

6.2.1 包装材料

包装材料是指用于制造包装容器、包装装潢、包装印刷、包装运输等满足产品包装要求所使用的材料，它既包括金属、塑料、玻璃、陶瓷、纸、竹本、野生蘑类、天然纤维、化学纤维、复合材料等主要包装材料，又包括涂料、黏合剂、捆扎带、装潢、印刷材料等辅助材料。包装材料是构成包装实体的主要物质，包装材料的选择对保护产品有着非常重要的作用。随着科学技术的发展，新型包装材料和包装技术不断出现，包装材料的性能将会更加完善。包装材料主要有以下几种类型。

1. 纸质包装材料

在包装材料中，纸的应用最广，耗量最大。因为纸具有价格低、质地细腻均匀、耐摩擦、耐冲击、容易黏合、不受温度影响、适于包装生产的机械化等优点。但是纸质材料也有缺点：防潮性能不好，受潮后强度下降，密闭性、透明性差。

纸质包装材料可分为包装纸和纸板两大类。

纸板的种类很多，但太薄或太厚的纸板在加工上都有一定难度，因此企业需要根据包装物的大小、重量等需求来选择厚度适宜的纸板。纸板中的复合纸板应用也越来越广泛，它是采用复合铝箔聚乙烯、防油纸、蜡等其他材料复合加工而成的纸板，它赋予纸板防油、防水、保鲜等多种功能。

2. 木质包装材料

木材是一种生物质材料，具有很好的环境性能，作为包装材料使用时具有很多性能优势：强重比高、抗机械损伤能力强、可承受较大的堆垛载荷、具有一定的缓冲性能、取材广泛、制作比较容易、易于吊装和回收性能好等。

木质包装材料主要用于机电设备、石油化工、五金机械等工业主要运输包装容器，特别是很多笨重、易碎及需要特殊保护等产品不可或缺的储运器具，在食品、艺术品、礼品等高档用品包装上也占有一定的市场。

我国较为常见的木质包装容器有普通木箱、滑木箱、框架木箱、底盘和钢丝捆扎箱。

3. 金属包装材料

金属包装材料于19世纪初期开始在欧美国家得到应用，起初是为满足军队远征的需要而用于长期保存食物，随着制造技术的进步，金属包装逐渐成为深受人们喜爱的包装形式。

现在使用的金属包装罐重量很轻，而且经常涂有各种材料以防止包装金属与产品发生反应，并且随着印刷技术的发展外观也越来越漂亮。金属包装以马口铁、铝和钢为原材料。

金属材料用于包装，具有牢固、易加工、不透气、防潮、避光、能再生使用等优点。但金属作为包装材料受到成本高、在流通中易变形、易锈蚀等缺点的限制。

4. 塑料包装材料

塑料材料自20世纪问世以来，已逐步发展成使用非常广泛的一种经济型包装材料，而且使用量逐年增加，应用领域不断扩大。

塑料的种类繁多、属性各异，可满足各种盛装需要。塑料有软有硬，有单色的、白色的和彩色的，透明的、不透明的，并可塑造成各种形状和尺寸。

塑料用于包装具有许多优点，有一定的强度和弹性、耐折叠、耐摩擦、抗振动、防潮、气密性好、耐腐蚀、易加工等。但它也有不少缺点，如易老化、有异味、废弃物难处理、易产生公害等。

5. 玻璃包装材料

玻璃作为容器早在公元前十五六世纪的古埃及就得到了应用。玻璃容器形态、大小和颜色各异，是适用于大多数产品门类的常见材料。

这种材料具有高度的透明性及抗腐性，并具有可反复使用等优点。但它也有缺点，如重量大，运输存储成本较高，不耐冲击等。

6. 复合包装材料

复合包装材料是将两种或两种以上具有不同特性的材料，通过各种方法复合在一起，以改进单一包装材料的性能。常见的复合包装材料有三四十种，使用最广泛的是塑料与玻璃复合材料、塑料与金属箔复合材料、塑料与塑料复合材料、塑料与纸张复合材料等。

案例拓展

含双酚A塑料奶瓶为什么不能用

所谓双酚A，即双酚基丙烷（BPA），是PC的重要原料。PC就是聚碳酸酯的简称，英文名Polycarbonate，具有优异的电绝缘性、延伸性、尺寸稳定性及耐化学腐蚀性，有较高的强度、耐热性和耐寒性，价格低廉且能提升透明度和抗摔性。

人们在生活的各个角落都能见到PC塑料的影子，如食品包装容器、婴儿奶瓶等儿童用品。双酚A在加热时能析出到食物和饮料当中，可能扰乱人体的代谢过程，对婴儿发育、免疫力有影响，甚至致癌。此外，双酚A有雌性荷尔蒙效果，可能会导致婴儿出现女性化变化。

欧盟宣布自2011年3月1日起禁止生产含双酚A的塑料奶瓶，6月起禁止任何双酚A塑料奶瓶进口到欧盟成员方。

其实，除了PC奶瓶以外，还有玻璃、PP（聚丙烯）、PPSU（聚苯砜）等奶瓶可以选，而这些都是不含双酚A的安全材质。买塑料奶瓶时，留意奶瓶底部三角形里的数字，选1、2、4、5的塑料制品较安全。

启示：包装具有保护产品、方便流通、促进销售和便于使用的功能。但是包装材料的安全性是包装发挥作用的大前提，是包装不可分割的重要组成部分。双酚A奶瓶使我们联想到塑料包装，特别是食品塑料包装的安全性问题。食品包装与食品安全有密切的关系，食品包装必须保证被包装食品的卫生安全，才能使食品成为放心食品。

（资料来源：360百科.资料有删改. https://baike.so.com/doc/5579368-5792738.html.）

6.2.2 绿色包装材料

1. 绿色包装材料的概念

绿色包装材料（Green Packaging Material）是指在生产、使用、报废及回收处理再利用过程中，能节约资源和能源，废弃后能够迅速自然降解或再利用，不会破坏生态平衡，而且来源广泛、耗能低、易回收且再生循环利用率高的材料或材料制品。

现在全球性大力研究和发展的新型绿色包装材料（可降解材料），都是针对难以处理的“白色污染”而提出的。

2.绿色包装材料的种类

根据各国目前的研发现状，绿色包装材料包括以下几种。

（1）可降解塑料。塑料制品因其优异的性能和低廉的价格，已成为最重要的包装材料之一。目前，可降解塑料主要分为光降解型、生物降解型和水降解型。

（2）代木材料。纸制品从回收再循环的观念上可以说是绿色的包装材料，但是造纸过程会产生污染，并且消耗大量森林资源，因此应大力提倡采用芦苇、竹子、麦秸等农作物废弃物来代替木材。目前，我国已经开发出利用这些植物纤维制品制成的绿色材料来替代发泡塑料和包装内衬，都取得了较好的效果。

（3）可食性材料。随着PVC风波，人们对食品包装的安全问题越来越重视，因此可食性包装材料在这种环境下应运而生。可食性材料主要由淀粉、蛋白质、植物纤维和其他天然材质组成，对人体无害、可食，已被广泛应用于食品、药品的包装。

（4）纳米材料。纳米技术是21世纪三大科学技术之一。采用纳米技术对传统包装材料进行改良后，材料具有高强度、高硬度、高韧性、高阻隔性、高降解性及高抗菌性的特点，使其在实现包装功能的同时，实现绿色包装材料的环境性能、资源性能、减量化性能及回收处理性能等。纳米复合包装材料、纳米抗菌包装材料、纳米阻隔性包装材料都为包装材料的绿色化提供了良好的应用前景。

（5）绿色包装辅助材料。辅助材料用量虽占材料总量的比重不大，但对包装产品的绿色性能颇有影响，如有机溶剂型黏合剂在加工制作时容易挥发，排出有毒的有机溶剂气体，尤其是苯、二甲苯气体严重损害人体健康，甚至会致癌。

案例拓展

东洋制罐株式会社的包装产品

由东洋制罐开发的塑胶金属复合罐——TULC罐，为PET及铁皮合成的二片罐，主要使用对象是饮料罐。这种复合罐既节约材料又易于再循环，在制作过程中低能耗、低消耗，属于环境友好型产品。东洋制罐还研发生产一种超轻级的玻璃瓶。用这种材料生产的187mL的牛奶瓶的厚度只有1.63mm，质量为89g，而普通牛奶瓶厚度为2.26mm，质量为130g，它比普通瓶轻40%，可反复使用40次以上。该公司还生产不含木纤维的纸杯和可生物降解的纸塑杯子。东洋制罐为了使塑料包装桶、瓶在使用后方便处理，在塑料桶上设计几根环形折痕，废弃时可很方便地折叠缩小体积。这类塑料桶（瓶）种类很多，从500mL到10L容积不等的品种都有。

启示：为了便于运输、仓储和销售，必须对商品进行包装。研究包装，对有效降低物流成本、保护商品、方便储运、保护环境有重要意义。

3.绿色包装材料的选择原则

（1）选用再生材料。选用再生材料不仅能提高包装材料的利用率，减少生产成本，而且可以节省大量的能源和减少其他资源的消耗，同时减少对环境的排放。

（2）选用可再循环的材料。选用回收和再利用性能好的包装材料是实现绿色包装的有效途径之一。聚苯二甲酸乙二醇酯（PET）是可循环的、清洁的、高质量的塑料包装，常用于饮料包装，宝洁公司（P&G）也用它来包装家用清洁剂。

（3）选用可降解材料。可降解性指在特定时间内，不可回收利用的包装废弃物要能分解腐化，回归自然或生态。例如，可降解塑料是指在特定时间内，通过土壤和水的微生物作用，或通过阳光中紫外线的作用，在自然环境中，其化学结构发生变化，最终以无毒形式重新进入生态环境、回归自然的一种塑料。

（4）尽量使用同一种包装材料。尽量使用同一种包装材料，避免使用由不同材料组成的多层包装体，以减少不同材料包装物的分离，提高包装物的回收和再利用性能。

（5）尽可能减少包装材料。在满足包装的保护、审美、便利、销售的前提下，尽量减少包装材料的使用。减少材料的使用不但意味着减少了原材料成本和加工制造成本，也可能意味着同时减少了运输和销售的成本，以及包装废弃后的回收再利用和处理成本。

（6）避免过度包装。过度包装对消费者没有用处。当包装减少时，还要考虑消费者的使用习惯和产品的外观形象，一些包装上还要提供足够的空间来标明产品的各种信息。

（7）重用和重新填装的包装。重用和重新填装的包装可以提高产品包装的使用寿命，从而减少其废弃对环境的影响。同时，要考虑包装物收集和清洗的成本，以及对环境的影响；要建立好相应的重新填装网络和体系。例如，经过二次填充的打印机喷墨盒、碳粉盒可以使用5次以上。

（8）包装结构的优化设计。通过包装物的结构设计来实现绿色包装；通过改变包装形状，使产品运输更加便利。

（9）改进产品结构。通过改进产品的结构和形态，提高产品的结构强度。

案例拓展

法国的包装新技术——用爆米花代替泡沫的包装材料技术

雷诺公司是法国的一家汽车制造商，它的领导人以爆米花为基础发明了一种能代替保护运输途中易碎品的泡沫聚苯乙烯的新型包装材料。一粒玉米被制成爆米花体积会膨胀25～30倍。用作包装的爆米花制成后经过筛选，保留爆成球状且大小相同的爆米花，这些爆米花将用于塑胶菲林包装。

启示：包装材料的创新和新的包装技术的应用，不仅可以降低包装成本，还可以实现包装材料的绿色环保和可持续发展，降低回收的难度，是个两全其美的选择。

6.3 包装技术

商品包装操作既包括产品包装技术处理，又包括包装充填、封口、捆扎、裹合、加标和捡重等技术活动。产品包装技术是在包装作业时所采用的技术和方法。任何一个产品包装件在制作和操作过程中都存在技术、方法问题，通过对产品包装件合理的技术处理，才能使产品包装形成一个高质量的有机整体。

1. 防震包装技术

防震包装又称缓冲包装，在各种包装方法中占有重要的地位。产品从生产出来到开始使用要经过一系列的运输、保管、堆码和装卸过程，置于一定的环境之中。在任何环境下，都会有力作用在产品之上，并使产品发生机械性损坏。为了防止产品遭受损坏，就要设法减小外力的影响，防震包装就是为减缓内装物受到冲击和振动，保护其免受损坏所采取的一定防护措施的包装。主要的防震方法有全面防震包装方法、部分防震包装方法、悬浮式防震包装方法 3 种。

2. 防破损包装技术

缓冲包装有较强的防破损能力，因而是防破损包装技术中有效的一类。此外，还可以采取以下几种防破损保护技术：

（1）捆扎及裹紧技术。捆扎及裹紧技术的作用是使杂货、散货形成一个牢固整体，以增加整体性，便于处理及防止散堆来减少破损。

（2）集装技术。利用集装，减少与货体的接触，从而防止破损。

（3）选择高强度保护材料。通过外包装材料的高强度来防止内装物受外力作用破损。

3. 防锈包装技术

（1）防锈油防锈蚀包装技术。大气锈蚀是空气中的氧、水蒸气及其他有害气体等作用于金属表面引起电化学作用的结果。如果使金属表面与引起大气锈蚀的各种因素隔绝（将金属表面保护起来），就可以达到防止金属大气锈蚀的目的。防锈油包装技术就是根据这一原理将金属涂封防止锈蚀的。

用防锈油封装金属制品，要求油层要有一定厚度，油层的连续性好，涂层完整。不同类型的防锈油要采用不同的方法进行涂封。

（2）气相防锈包装技术。气相防锈包装技术就是用气相缓蚀剂（挥发性缓蚀剂），在密封包装容器中对金属制品进行防锈处理的技术。气相缓蚀剂是一种能减慢或完全停止金属在侵蚀性介质中的破坏过程的物质，它在常温下即具有挥发性，它在密封包装容器中，在很短的时间内挥发或升华出的缓蚀气体就能充满整个包装容器内的每个角落和缝隙，同时吸附在金属制品的表面上，从而起到抑制大气对金属锈蚀的作用。

4. 防霉防腐包装技术

在运输包装内装有食品和其他有机碳水化合物货物时，货物表面可能生长霉菌，在流通过程中如遇潮湿，霉菌生长繁殖极快，甚至伸延至货物内部，使其腐烂、发霉、变质，因此要采取特别防护措施。包装防霉烂变质的措施，通常是采用冷冻包装、真空包装或高温灭菌方法。有些经干燥处理的食品包装，应防止水汽浸入以防霉腐，可选择防水汽和气密性好的包装材料，采取真空和充气包装。

真空包装法也称减压包装法或排气包装法。这种包装可阻挡外界的水汽进入包装容器内，也可防止在密闭的防潮包装内部存有潮湿空气，在气温下降时结露。

防止运输包装内货物发霉，还可使用防霉剂。防霉剂的种类很多，用于食品的必须选用无毒防霉剂。机电产品的大型封闭箱，可酌情开设通风孔或通风窗等相应的防霉措施。

5. 防虫包装技术

防虫包装技术常用的是驱虫剂，即在包装中放入有一定毒性和气味的药物，利用药物在包装中挥发气体杀灭和驱除各种害虫。常用驱虫剂有萘、对位二氯化苯、樟脑精等，也可采用真空包装、充气包装、脱氧包装等技术，使害虫无生存环境，从而防止虫害。

6. 危险品包装技术

对有毒商品的包装要明显地标明有毒的标志。防毒的主要措施是包装严密不漏、不透气。对有腐蚀性的商品，要注意商品和包装容器的材质发生化学变化。金属类的包装容器，要在容器壁涂上涂料，防止腐蚀性商品对容器的腐蚀。

对黄磷等易自燃商品的包装，宜将其装入壁厚不少于 1 毫米的铁桶中，桶内壁须涂耐酸保护层，桶内盛水，并使水面浸没商品，桶口严密封闭，每桶净重不超过 50 公斤。对于易燃、易爆商品，防爆炸包装的有效方法是采用塑料桶包装，然后将塑料桶装入铁桶或木箱中，每件净重不超过 50 公斤，并应有自动放气的安全阀，当桶内达到一定气体压力时，能自动放气。

7. 物流包装捆扎技法

包装外捆扎对运输包装起着重要作用，有时还是关键性的作用。捆扎的直接目的是将单个物件或数个物件捆紧，以便于运输、储存和装卸。捆扎既能防止失盗又能保护内装物品，既能压缩容器减少保管费和运费又能加固容器。

捆扎有多种方法，一般根据包装形态、运输方式、容器强度、内装物重量等不同情况分别采用工字、十字、双十字等不同方法。“工”字形包装，主要用于小型封装箱。“十”字形包装，主要用于中大型封装箱。“双十”字形包装，主要用于大型或内件过重的封装箱。

对于体积不大的普通运输包装，捆扎一般在打包机上进行。而对于托盘这种集合包装，用普通方法捆扎费工费力，所以发展形成了新的捆扎方法：收缩薄膜包装技术和拉伸薄膜包装技术。收缩薄膜包装技术是用收缩薄膜裹包集装的物件，然后对裹包好的物件进行适当的热处理，使薄膜收缩而紧紧贴于物件上，使集装的物件固定为一体；拉伸薄膜包装技术是一种新的包装技术，它依靠机械装置，在常温下将弹性薄膜围绕包装件伸拉、裹紧，最后在其末端进行封口而成，薄膜的弹性也使集装的物件紧紧固定为一体。

8. 集合包装法

集合包装法是将一定数量的包装件或包装产品装入具有一定规格、一定强度和长期周转使用的更大包装容器内，形成一个合适的搬运单元。它包括集装箱、集装托盘、集装袋、滑片集装、框架集装和无托盘集装等。

集合包装在现代运输包装系统中，越来越显示其优越性，主要表现有便于实现产品装卸、运输的机械化和自动化；简化了产品流通环节，加速了产品流通；节省包装费用，降低运输成本；促进了包装规格的标准化。

9. 特种包装技术

（1）充气包装。充气包装是根据好氧性微生物需氧代谢的特性，在密封的包装容器中改变气体的组成成分，降低氧气的浓度，抑制微生物的生理活动、酶的活性和鲜活商品的呼吸强度，达到防霉、防腐和保鲜的目的。

（2）真空包装。真空包装是将物品装入气密性容器后，在容器封口之前抽成真空，使密封后的容器内基本没有空气的一种包装方法。真空包装不但可以避免或减少脂肪氧化，而且抑制了某些霉菌和细菌的生长。

（3）收缩包装。收缩包装就是用收缩薄膜裹包物品（或内包装件），然后对薄膜进行适当加热处理，使薄膜收缩而紧贴于物品（或内包装件）的包装技术方法。

（4）拉伸包装。拉伸包装是依靠机械装置在常温下将弹性薄膜围绕被包装件拉伸、紧裹，并在其末端进行封合的一种包装方法。由于拉伸包装不需进行加热，所以消耗的能源只有收缩包装的1/20。拉伸包装可以捆包单件物品，也可用于托盘包装之类的集合包装。

（5）脱氧包装。在密封的包装容器中，使用能与氧气起化学作用的脱氧剂与之反应，从而除去包装容器中的氧气，以达到保护内装物的目的。脱氧包装方法适用于某些对氧气特别敏感的物品和那些即使有微量氧气也会促使品质变坏的食品包装中。

谈一谈包装材料、包装技术在物流企业发展中的作用。

6.4 包装合理化、绿色化、标准化

6.4.1 包装合理化

所谓包装合理化，是指包装过程中使用适当的材料和技术，制成与物品相适应的容器，节约包装费用，降低包装成本，既满足包装保护产品、方便储运、有利于销售的要求，又提高包装的经济效益的包装综合管理活动。

包装合理化是商品包装追求的最终目标。

1. 包装合理化的具体内容

（1）包装应妥善保护内装的商品，使其质量不受损伤。这就要求制定相应的、适宜的标准，使包装物的强度恰到好处地保护商品质量免受损伤。除要在运输装卸时经受住冲击、振动外，还要具有防潮、防水、防锈等功能。

（2）包装材料和包装容器应当安全无害。包装材料要避免使用聚氯联苯之类的有害物质，包装容器的造型要避免对人造成伤害。

（3）包装的容量要适当，要便于装卸和搬运。

（4）包装的标志要清楚、明了。

（5）包装内商品外围空闲容积不应过大。

（6）包装费用要与内装商品相适应。

（7）提倡节省资源的包装。

（8）包装要便于废弃物的治理。

2. 包装合理化的设计要点

（1）深入了解产品因素和物流因素

深入了解产品因素和物流因素是包装合理化的重要前提，否则就无法进一步确定保护等级要求和选择包装材料、容器、技法、标志等。

①了解产品的性质、尺寸、结构、重量、组合数等来决定采用什么类型的包装或者决定是否需要包装。

②了解产品的形状、脆性、表面光洁度、耐蚀性、电镀油漆类别等性质来决定采用什么样的内衬件或缓冲件。

③了解产品的价值或贵重程度来决定如何选择保护措施。

④了解内装物与包装材料之间有什么互相作用，是否可能产生有害物质，以合理选择包装材料和容器。

⑤了解不同内装物放在一起，有无造成污染的可能性，以决定包装的方法。

⑥了解是否有必要提供空间或空隙。

⑦了解是否有必要提供防盗措施。

（2）了解流通环境和运输目的地

①了解产品从生产厂到目的地之间的整个路途，是国内运输还是国际运输，是热带地区还是寒带地区，是车站还是港口，是城市还是村庄。

②了解运输方式，是公路、铁路、水路、航空，还是人工运输，弄清楚运输工具的类型、振动、冲击等量值，道路路面情况，是否使用集装箱运输，是按体积计算货物运价还是按重量计算。

③了解搬运、装卸及库存情况，弄清楚装货和卸货的预计次数和特点，流通中中转及目的地装卸条件的机械化，搬运操作的文明程度，运输前后及中途存放日期和条件等。

④了解运输途中或目的地的气候条件，弄清楚温度、相对湿度的可能范围，有无凝结水的可能性，是否会受暴雨袭击，是否会受海水侵害，所经受大气压的范围，尘土、空气污染等情况。

（3）注意包装各功能间的平衡

包装合理化就是要做到在合理地保护产品安全的基础上，尽量降低包装成本和减少物流费用。这一问题实质上是搞好包装各种功能之间的综合平衡。

运输包装的保护功能的提高，将导致运输、储存为包装的不可靠而支付费用的降低；而运输包装方便，传达功能的提高，也将导致物流管理费用的降低。另外，包装保护功能的提高，将导致材料费、设备费、人工费、技术引进等费用的增加，结果是包装费用的增加。因此，为了求得包装各功能间的平衡，就需要设计出在技术经济上最优的运输包装，也就是使产品可靠地从生产厂到达用户手中，在包装费用与物流费用之间保持平衡。包装合理化并不是可靠度最高的包装，而是运输包装各功能之间平衡的一种包装。

3.包装合理化的主要表现

（1）包装的轻薄化。

（2）包装的单纯化。

（3）符合集装单元化和标准化的要求。

（4）包装的机械化与自动化。

（5）与其他环节的配合。

（6）有利于环保。

4. 包装合理化的要点

（1）防止包装不足

①包装强度不足。

②包装材料水平不足。

③包装成本过低。

④包装容器的层次和容积不足。

（2）防止包装过剩

①包装材料选择过高，包装物强度设计过高。

②包装技术过高，包装层次过多，体积过大。

③包装成本过高。

（3）从物流总体的角度出发，用科学的方法确定最优包装

①方便装卸。

②方便运输。

③方便保管。

5. 包装合理化措施

（1）包装尺寸标准化。实现包装尺寸标准化对于实现物流全过程的整体合理化具有特别重要的意义。比如，纸箱尺寸的设计与托盘、集装箱、车辆、货架等各物流子系统发生联动，包装、运输、装卸、保管等不同物流环节的机械器具的尺寸设计需要建立在共同的、标准的基础上。

（2）包装作业机械化。实现包装作业机械化是提高包装作业效率、减轻人工包装作业强度、实现省力的基础。包装作业机械化首先从逐个包装开始，然后向装箱、封口等外包装关联作业推进。目前出现了液体、颗粒、粉剂自动包装机，塑料带捆扎机，自动封箱机，超声波自动封口机，真空包装机，封口机，打码机，吸塑包装机，贴体包装机，电磁感应封盖机，自动贴标机等。图 6-1 为广泛应用于各种粉末、颗粒、块状及液体物料包装的自制袋立式全自动包装机。

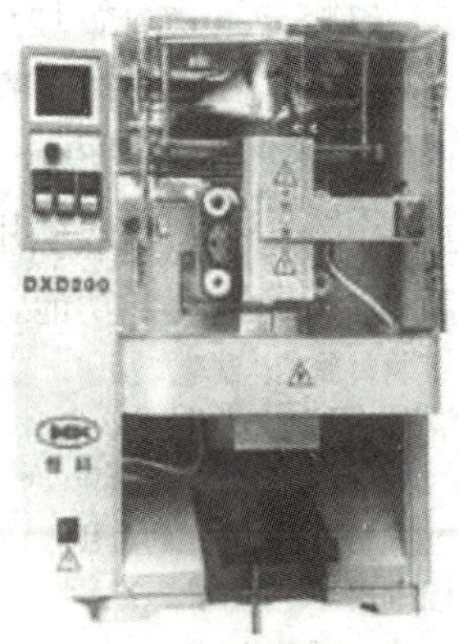

图 6-1 全自动包装机

（3）包装成本低廉化。占包装成本比例最大的是包装材料费，对于包装材料的种类、材质的选择应该在保证功能的前提下，尽量选用低廉的材料，节约材料费用。

影响成本的第二个因素是劳务费，要合理选用人工包装与机械包装的方式，使劳务成本与设备购置费用总量最低。

在包装设计上要防止过剩包装，应根据内装商品的价值和商品的特点设计包装。对于低价值的商品，为保证不发生破损而采用高档次包装的做法在经济上未必合理，允许一定的破损率，会大大节约包装成本。

（4）包装单位大型化。随着交易单位（商品成交的基本量）的大量化和物流过程中的装卸机械化，包装单位大型化的趋势也在加强。这样有利于物流机械的使用，提高装卸搬运效率。

（5）包装材料资源节省化。包装材料中大量使用的纸箱、木箱等消耗了大量的自然资源，给环境带来了破坏，包装废弃物给环境带来了负面影响，这些要求我们必须以节约资源作为包装合理化的重要衡量指标。加大包装物的再利用程度，加强包装废弃物的回收，减少过剩包装，开发和推广新型包装方式，减少对包装材料的使用。

6.4.2 包装绿色化

1. 绿色包装的内涵

绿色包装（Green Package）是对生态环境和人体健康无害，能循环复用和再生利用，可促进国民经济持续发展的包装，即包装产品从原材料选择、产品制造、使用、回收和废弃的整个过程均应符合生态环境保护的要求。它包括了节省资源、能源，避免废弃物产生，易回收复用，再循环利用，可焚烧或降解等生态环境保护要求的内容。其中保护环境是核心。

从技术角度讲，绿色包装是指以天然植物和有关矿物质为原料，研制成对生态环境和人类健康无害、有利于回收利用、易于降解、可持续发展的一种环保型包装。包装产品从原材料选择、产品的制造到使用和废弃的整个生命周期，均应符合生态环境的要求，应从绿色包装材料、包装设计和大力发展绿色包装产业三个方面入手实现绿色包装。

具体而言，绿色包装应具有以下含义。

（1）包装减量化（Reduce）。包装在满足保护产品、方便销售等功能的条件下，应是用量最少。

（2）包装应易于重复利用（Reuse），或易于回收再生（Recycle）。通过生产再生制品、焚烧利用热能、堆肥化改善土壤等措施，达到再利用的目的。

（3）包装废弃物可以降解腐化（Degradable）。

（4）包装材料对人体和生物应无毒无害。包装材料中不应含有有毒性的元素、病菌、重金属，或这些含有量应控制在有关标准以下。

（5）包装制品从原材料采集、材料加工、制造产品、产品使用、废弃物回收再生，直到其最终处理的生命全过程均不应对人体及环境造成公害。

以上绿色包装的含义中，前四点应是绿色包装必须具备的要求，最后一点是依据生命周期评价，用系统工程的观点，对绿色包装提出的理想的、最高的要求。从以上的分析中，绿色包装可定义为，能够循环复用、再生利用或降解腐化，而且在产品的整个生命周期中对人体及环境不造成公害的适度包装。随着科技的进步，绿色包装还将有新的内涵。

2. 包装废弃物的绿色回收及利用

废弃物的回收及利用的程度是绿色物流的一个重要的衡量指标，也是是否符合循环经济及可持续经济发展的一个重要组成环节。有效的废弃物回收可以提高废弃物的再利用率，同时减轻了因填埋和焚烧垃圾而造成的对环境的污染。

要实现包装废弃物的有效回收，就必须对废弃物进行分类处理。特别是塑料制品，不同材质的塑料制品混放，很难做到再利用。因此，要在生产过程中对包装容器进行材质标注，并且使用“绿色标志”或“再生标志”，从污染形成的上游产品生产到下游的回收再利用全过程进行预防和管理。

案例拓展

可回收的利乐包装

随着我国生活水平的提高，健康意识的不断增强，对牛奶、果汁等饮料的需求量越来越大，由此产生的废弃利乐包装也越来越多。然而，由于消费者并不了解利乐包装可以再生利用，所以往往将废弃包装随手扔掉。其实，通过专业厂家的处理和加工，废弃利乐包装能生产出再生纸、地板、垃圾桶、衣架、乒乓球拍、托盘等一大批生活用品和工业用料，既有益环保，又能产生良好的经济效益。

利乐包装为六层复合纸包装，其中约75%的成分为优质长纤维纸浆，这些纸浆无疑是再生纸的优质原料。为了保护人类的生存环境，本着高度的社会责任感，利乐积极开发利乐包装的回收再利用技术。一条新兴的废弃复合纸包装回收产业链正从南到北逐渐形成。北京、上海、杭州、深圳等地都建立了专业的回收厂。

不过，回收厂家普遍面临的问题是缺乏足够的废弃牛奶饮料纸包装原料，生产线还处于“吃不饱”的状态。因此，宣传利乐包装回收知识，培养大众回收习惯，建立便利的回收体系，是迫切需要解决的问题，同时也是一个漫长的过程，需要厂商和社会的共同努力。

利乐积极参与回收工作，协助政府和相关机构完善废弃物回收和处理系统，推动牛奶饮料纸包装回收再生产业链的优化和升级。目前，北京、上海、杭州、深圳、山东等地陆续出现了循环再利用企业，一条覆盖华北、华东、华南的再生利用产业链已经初步形成。

启示：包装的可回收重复利用是绿色包装发展的主要表现形式。仅设计可回收包装还不够，企业需要协助政府及相关机构完成再生利用产业链的建立，完成可回收包装的回收工作。

6.4.3 包装标准化

1. 包装标准化的含义

包装标准化是指在生产技术活动中，对所有制作的运输包装和销售包装的品种、规格、尺寸、参数、工艺、成分、性能等做出的统一规定，并且按照统一的技术标准对包装过程进行管理。

2. 包装标准化的作用

包装标准化是提高产品包装质量，减少消耗和降低成本的重要手段，主要作用表现在以下几个方面。

（1）包装标准化有利于包装工业的发展。包装标准化是有计划地发展包装工业的重要手段，是保证国民经济各部门生产活动高度统一、协调发展的有利措施。商品质量与包装设计、包装材料或容量、包装工艺、包装机械等有着密切关系。由于商品种类繁多、形状各异，为保证商品质量，减少事故的发生，根据各方面的需要，制定行业标准及互相衔接标准，逐步形成包装标准化体系，有利于商品运输、装卸和储存；有利于各部门、各生产单位有机地联系起来，协调相互关系，促进包装工业的发展。

（2）包装标准化有利于提高生产效率，保证商品安全可靠。根据不同商品的特点，制定相应的标准，使商品包装在尺寸、重量、结构、用材等方面都有统一的标准，使商品在运转过程中免受损失，同时为商品储存、养护提供了良好条件，使商品质量得到保证。

（3）包装标准化有利于合理利用资源、减少材料损耗、降低商品包装成本。包装标准化可使包装设计科学合理、包装型号规格统一。

（4）包装标准化有利于包装的回收复用，减少包装、运输、储存费用。商品包装标准的统一，使各厂各地的包装容器，可以互通互用，便于就地组织包装回收复用，节省了回收空包装容器在地区间的往返运费，降低了包装储存费用。

（5）包装标准化便于识别和计量。标准化包装简化了包装容器的规格，统一了包装的容量，明确规定了标志与标志书写的部位，便于从事商品流通的工作人员识别和分类。同时，整齐划一的包装，每箱中或者每个容器中的重量一样、数量相同，对于商品使用和计量非常方便。

（6）包装标准化有利于提高我国商品在国际市场上的竞争力。当前，包装标准化已成为发展国际贸易的重要组成部分，包装标准化已成为国际交往中互相遵循的技术准则。国际贸易往来都要求加速实行商品包装标准化、通用化、系列化。

3. 包装标准化的内容

（1）包装材料标准化。商品包装材料应尽量选择标准材料，少用或不用非标准材料，以保证材料质量和材料来源的稳定。企业要经常了解新材料的发展情况，结合企业生产的需要，有选择地采用。

包装材料主要有纸张、塑料、金属、木材、玻璃、纤维织物等。对这几大类包装材料的强度、伸长、每平方米重量、耐破程度、水分等技术指标应做标准规定，以保证包装材料制成包装容器后能够承受流通过程中各损害商品的外力和其他条件。

（2）包装容器标准化。包装容器的外形尺寸与运输车辆的内部尺寸和包装商品所占的有效仓库容积有关，因此，应对包装外形尺寸做严格规定。运输包装的内尺寸和商品中包装的外尺寸也有类似的关系，因此，对运输包装的内尺寸和商品中包装的外尺寸，也应做严格规定。为节约包装材料和便于搬运、堆码，一般情况下，包装容器的长与宽之比为

3：2，高与长相等。

（3）包装工艺标准化。凡是包装箱、桶等，必须规定内装商品数量、排列顺序、合适的衬垫材料，并防止包装箱、桶内空隙太大、商品游动。比如，木箱包装箱必须规定箱板的木质、箱板的厚度、装箱钉子的规格、相邻钉子距离、包角的技术要求及钉子不得钉在夹缝里等；纸箱必须规定如何封口，腰箍的材料，腰箍的松紧及牢固度等；布包则要规定针距及捆绳的松紧度等。回收复用的木箱、纸箱及其他包装箱也都必须制定标准。

（4）装卸作业标准化。在车站、港口、码头、仓库等处装卸货物时，要制定装卸作业标准。机械化装卸要根据商品包装特点选用合适的机具，如集装袋、托盘等。工业、商业、交通运输部门交接货物时，要实行验收责任制，做到责任分明。

（5）集合包装标准化。集合包装既适合机械化装卸，又能保护商品安全。我国集合包装近几年有较快的发展，并制定了部分国家标准，其中，20 吨以上的集装箱采用国际标准，托盘的标准应和集装箱的标准规定的尺寸相配。

4. 物流模数

标准化的基础就是物流模数（Logistics Modulus）。中华人民共和国国家标准《物流术语》（GB/T 18354—2021）给物流模数下的定义是：

物流模数是指物流设施与设备的尺寸基准。

物流模数的作用和建筑模数尺寸的作用大体相同，考虑的基点是简单化。物流模数尺寸是指为使物流系统标准化而制定的标准规格尺寸。基础模数尺寸一旦确定，设备的制造、设施的建设、物流系统中各个环节的配合协调、物流系统与其他系统的配合就有了依据。

目前，ISO 中央秘书处及欧洲各国已基本认定 600mm × 400mm 为基础模数尺寸。物流模式尺寸以 1 200mm × 1 000mm 为主，也允许 1 200mm × 800mm 及 1 100mm × 1 100mm 等规格。从图 6-2 中可以看出，集装单元基础模式尺寸可以用 5 个物流基础模式尺寸组成。基础模数尺寸一经确定，物流系统的设施建设、设备制造，物流系统中各环节的配合协调，物流系统与其他系统的配合，都要以基础模数尺寸为依据，选择其倍数为规定的标准尺寸。

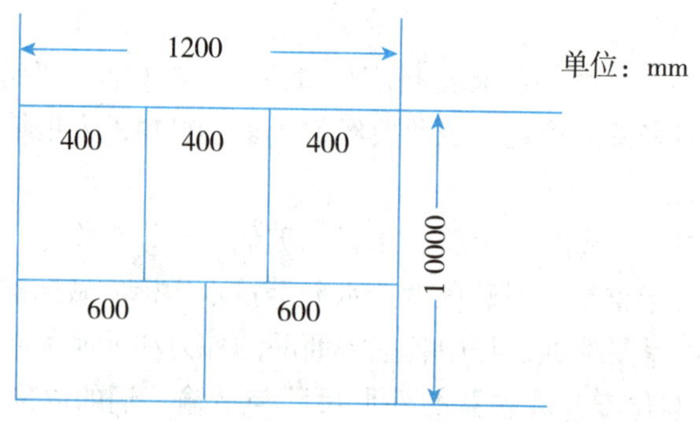

图 6-2 物流模数与集装单元基础模数尺寸的关系

思政园地

介绍新型可循环使用的物流包装箱，并观看相关视频，介绍相关包装领域的物流企业，让学生了解包装的新材料、新设计、新方法、新用途，深谙绿色包装、科技包装对企业和社会长远发展的重要作用，精益求精，勇于创新。还要引导学生不能仅仅关注经济效益，还要关注社会效益，树立正确的价值导向。

课后习题

一、单项单选题

1.在社会再生产中，要实现商品的价值和使用价值，对商品进行（ ）是重要的手段之一，它处于生产过程的末尾和物流过程的开头。

A.运输 B.仓储 C.包装 D.配送

2.包装的首要功能是（ ）。

A.保护产品 B.方便流通 C.利于营销 D.便于使用

3.按包装技术方法可分为（ ）。

A.防湿包装 B.硬包装 C.运输包装 D.出口包装

4.下列不属于纸类材料的优点的是（ ）。

A.成本低廉 B.卫生安全

C.资源消耗大 D.质量轻

5.（ ）是指对生态环境和人体健康无害，能循环复用和再生利用，可促进国民经济持续发展的包装。

A.可溶性包装 B.可食性包装

C.保鲜包装 D.绿色包装

6.下列金属包装容器中主要用于日化产品包装的是（ ），如牙膏等的包装。

A.铝箔容器 B.金属软管

C.金属罐 D.金属桶

7.玻璃包装容器的优点不包括（ ）。

A.化学稳定性好 B.质量大

C.阻隔性能好 D.透明性好

8.（ ）包装是指将产品装入气密性容器，抽去容器内部的空气，使密封后的容器内达到预定真空度的一种包装方法。

A.充气 B.真空 C.脱氧 D.脱乙烯

9.为实现包装货物流通合理化而制定的包装尺寸系列称为（ ）。

A.包装模数尺寸 B.包装标准

C.包装尺寸 D.包装基础标准

10.工业包装也成为（ ），其目的是保证商品在运输、保管、装卸搬运过程中保持商品的完好。

A.运输包装 B.商业包装

C.促销包装 D.防护包装

二、判断题

1.包装材料的选择直接关系到包装质量和包装费用，有时也会营销运输、装卸搬运和仓储环节作业的进行。（ ）

2.包装按功能可分为工业包装和商业包装。工业包装也称为运输包装，其目的是在运输、保管、装卸搬运过程中保持商品的完好。（ ）

3.销售包装又称为运输包装，销售包装是指将包装连同商品一起销售给消费者的包装，其主要目的在于美化商品、宣传商品，扩大销售。（ ）

4.包装可以看成生产的终点，同时是流通的起点。（ ）

5.方便流通是包装最基本和最重要的功能。（ ）

6.木材具有良好的延伸性，容易加工成型。（ ）

三、简答题

1.包装材料应具备哪些性能？

2.什么是纸包装材料？常用包装用纸、纸板有哪些？

3.在充气包装中，我们常用哪几种气体？分别说明该气体的好处。

4.食盐包装对容器及材料的要求有哪些？

5.真空包装和充气包装对材料的要求如何？

四、案例分析题

物流包装管理创新

某食品企业是一家生产酱醋调味食品的民营企业，在收购一家乡镇企业后，对企业经营性亏损的原因进行排查，发现包装管理列在市场营销管理之后，成为亏损的第二大原因，具体为：一是包装成本高；二是包装价值低；三是缺乏包装管理。在深入分析后，管理层认为包装管理已成为制约企业发展的“瓶颈”。因此，该公司下定决心狠抓企业包装管理，采取了以下主要措施：

（1）建立专门组织体系，统一企业包装管理；

（2）制定明确规范的包装管理制度；

（3）进行包装装潢的招标设计，提升产品包装价值；

（4）采取包装采购联审方法，不断降低包装采购成本；

（5）针对不同包装需要，进行包装分类管理。

企业在强化包装管理的过程中，创造了包装的新价值，有力地推动了企业的发展。该企业总结经验，不断完善企业包装管理，提高包装的技术含量；引进现代先进技术和设备，调整企业产品包装以玻璃瓶为唯一包装的结构，把玻璃瓶、塑料瓶、复合纸盒、陶瓷等多种材质用产品包装；提出发展和应用绿色包装，并设计新的运输、销售模式，逐步减少和不用包装（包装集成化）进行销售；积极运用现代信息技术，完善企业包装管理运作体系，提高运作效率。该企业能以包装为“突破口”来解决产品的市场销售和企业内部管理的问题，体现了其独具特色的管理思维。实践证明该企业也确实取得了较好的效果。

>>思考分析

1.如何处理好包装环节与物流其他环节运作和管理的关系？

2.你认为应如何通过包装实现企业产品的价值增值？工业包装与商业包装在实现产品中价值增值中的作用有何不同？

实践与实训 案例讨论——各类企业绿色物流的特点

【实践与实训目标】

1.增进学生对各类企业的认识。

2.培养学生对各类企业绿色物流现状的认识分析能力。

【内容与要求】

模拟某行业公司，组织收集资料，并进行分析。

1.调查具体企业绿色物流的相关资料。

2.运用所学知识对企业绿色物流，特别是绿色包装开展分析。

3.分析企业包装及绿色物流是否存在问题？能否提出解决措施？

【成果与检测】

1.学生分组，每个小组撰写一份具体企业绿色物流特点的分析报告。

2.教师根据分析的合理性对各小组表现进行评价。

第7章 流通加工

学习目标

1. 熟悉流通加工的概念
2. 了解流通加工和生产加工的区别
3. 理解流通加工的地位和作用
4. 掌握流通加工的合理化措施

素质目标

1. 能根据产品特点及客户需求正确选择流通加工方式
2. 能对流通加工进行优化

案例导入

阿迪达斯的成功之道

阿迪达斯在美国有一家超级市场，设立了组合式鞋店，摆放着的不是做好了的鞋，而是做鞋用的半成品，款式花色多样，有6种鞋跟、8种鞋底，均由塑料制造的，鞋面的颜色以黑、白为主，搭带的颜色有80种，款式有百余种，顾客进店可任意挑选自己喜欢的各个部位，交给职员当场进行组装。只要10分钟，一双崭新的鞋便唾手可得。这家鞋店昼夜营业，职员技术熟练，鞋子的售价与成批制造的价格差不多，有的还稍便宜一些。所以顾客络绎不绝，销售金额比邻近的鞋店多10倍。

◎**思考题：**

1. 从本案例中，你能列举流通加工作业的哪些作用？
2. 流通加工和生产加工有什么区别？

7.1　流通加工概述

7.1.1　流通加工的概念

中华人民共和国国家标准《物流术语》（GB/T 18354—2021）给流通加工下的定义是：

流通加工（Distribution Processing）是物品在生产地到使用地的过程中，根据需要施加包装、分割、计量、分拣、刷标志、拴标签、组装等简单作业的总称。

流通加工通过改变或完善流通对象的形态来实现桥梁和纽带的作用，因此流通加工是流通中的一种特殊形式。随着经济增长、国民收入增多、消费者的需求出现多样化，促使在流通领域开展流通加工。目前，在世界许多国家和地区的物流中心或仓库经营中都大量存在流通加工业务，在日本、美国等物流发达国家更为普遍。

知识拓展

食品的流通加工

食品流通加工的类型很多，只要我们留意超市里的货柜就可以看出，那里摆放的蔬菜、水果、肉类、鸡翅、香肠、咸菜等都是流通加工的结果。分类、清洗、装袋、贴商标及条码等都是在这些商品摆进货柜之前进行的加工作业。这些加工作业都不是在产地进行的，而是在脱离了生产领域，进入流通领域后进行的。

流通加工是一项低投入、高产出的物流活动，它对离开生产领域的商品进行再加工，以提升商品质量，提高商品的附加价值，降低物流成本，满足消费者的个性化需求。

7.1.2　流通加工和生产加工的区别

流通加工和一般的生产加工在加工方法、加工组织、生产管理方面并无显著区别，但在加工对象、加工程度等方面差别较大，如表 7-1 所示。

表 7-1　流通加工和生产加工的差别

项　目	流 通 加 工	生 产 加 工
加工对象	进入流通过程的商品，具有商品的属性	原材料、零配件、半成品
加工程度	简单加工，是对生产加工的一种辅助及补充	复杂加工
附加价值	完善使用价值	创造使用价值
加工责任人	由商业或物资流通企业完成	由生产企业完成
加工目的	为消费（或再生产），也为自身流通	为交换、消费而进行

7.1.3　流通加工的地位与作用

1. 流通加工的地位

（1）流通加工有效地完善了物流。流通加工在实现时间价值的重要效用方面，确实不能与运输和储存相比，且流通加工不是所有物流中必然出现的。但这绝不是说流通加工不重要，实际上它也是不可轻视的，它有着补充、完善、提高、增强的功能，它的作用是运输、储存等其他功能要素所无法替代的。所以，流通加工的地位可以描述为提高物流水平、促进物流向现代化发展的不可缺少的形态。

（2）流通加工是物流中的重要利润源。流通加工是一种低投入高产出的加工方式，往往以简单加工解决大问题。实践证明，有的流通加工通过改变装潢使商品档次跃升而充分实现其价值，有的流通加工将产品利用率一下子提高 20% ~ 50%，这是采取一般方法难以达到的。根据我国近些年的实践，流通加工仅就向物流企业提供利润一点，其成效并不亚于从运输和储存中挖掘的利润，是物流中的重要利润源。

（3）流通加工在国民经济中也是重要的加工形式。在整个国民经济的组织和运行方面，流通加工是其中一种重要的加工形式，对推动国民经济的发展、完善国民经济的产业结构和生产分工有一定的意义。

2. 流通加工的作用

（1）提高原材料利用率。企业可以利用流通加工环节将生产厂直接运来的简单规格产品，按使用部门的要求进行集中下料，如将钢板进行剪板、切裁，将钢筋或圆钢裁制成毛坯，将木材加工成各种长度及大小的板、方等。集中下料可以优材优用、小材大用、合理套裁，有很好的技术经济效果。

（2）进行初级加工，方便用户。用量小或临时需要的使用单位，缺乏进行高效率初级加工的能力，依靠流通加工可为使用单位省去进行初级加工的投资、设备及人力，从而搞活供应，方便用户。

目前发展较快的初级加工有净菜加工、将水泥加工成生混凝土、将原木或板方材加工成门窗、冷拉钢筋及冲制异型零件、钢板预处理、整形、打孔等。

（3）提高加工效率及设备利用率。由于建立集中加工点，可以采用效率高、技术先进、加工量大的专门机具和设备。这样做的好处：一是提高了加工质量，二是提高了设备利用率，三是提高了加工效率，其结果是降低了加工费用及原材料成本。例如，一般的使用部门在对钢板下料时，采用气割的方法，需要留出较大的加工余量，不但出材率低，而且由于热加工容易改变钢的组织，加工质量也不好。集中加工后可设置高效率的剪切设备，在一定程度上避免了上述情况。

（4）充分发挥各种输送手段的最高效率。流通加工环节将实物的流通分成两个阶段。一般来说，由于流通加工环节设在消费地，因此从生产厂到流通加工点第一阶段输送距离长，而从流通加工点到消费环节的第二阶段距离短。第一阶段是在数量有限的生产厂与流通加工点之间进行定点、直达、大批量的远距离输送，因此可以采用船舶、火车等大量输送的手段；第二阶段是利用汽车和其他小型车辆来输送经过流通加工后的多规格、小批量、多用户的产品。这样可以充分发挥各种输送手段的最高效率，加快输送速度，节省运力、运费。

（5）改变功能，提高收益。在流通过程中进行一些改变产品某些功能的简单加工，其目的除上述几点外，还在于提高产品销售的经济效益。例如，内地的许多制成品（如洋娃娃、时装、轻工纺织产品、工艺美术品等）在深圳进行简单的包装装潢加工，改变了产品外观，仅此一项就可使产品售价提高 20% 以上。所以，在物流领域中，流通加工可以成为高附加价值的活动。这种高附加价值的形成，主要是满足用户的需要、提高服务功能而取得的，是贯彻物流战略思想的表现，是一种低投入、高产出的加工形式。

案例拓展

钢板的流通加工

汽车、冰箱、冰柜、洗衣机等的生产制造企业每天需要大量的钢板。除大型汽车制造企业外，一般规模的生产企业如若自己单独剪切，难以解决因用料高峰和低谷的差异引起的设备忙闲不均和人员浪费问题，如果委托专业钢板剪切加工企业，就可以解决这个矛盾。

专业钢板剪切加工企业能够利用专业剪切设备，按照用户设计的规格尺寸和形状进行套裁加工，加工精度高、速度快、废料少、成本低。专业钢板剪切加工企业在国外数量很多，大部分由流通企业经营。这种流通加工企业不仅提供剪切加工服务和配送服务，还出售加工原材料和加工后的成品。中国储运股份有限公司与日本合作建立了钢材流通加工中心，利用现代剪裁设备从事钢板剪板和其他钢材的下料加工，即钢板剪切流通加工。

启示：本案例中，采用集中剪板、集中下料方式，可以避免单独剪板、下料的一些弊病，提高材料利用率，这就是流通加工的作用。

7.2　流通加工的类型

1. 为弥补生产领域加工不足的深加工

有许多产品在生产领域的加工只能到一定程度，许多因素限制了生产领域不能完全实现终极加工。例如，钢铁厂的大规模生产只能按规定的规格生产，以使产品有较强的通用性，进一步下料、切裁等加工则由流通加工完成。

2. 为满足需求多样化进行的服务性加工

从需求角度看，需求存在着多样和多变两个特点。为满足这种要求，可以把带有服务性的初级加工交由流通加工来完成。生产型用户便可以缩短自己的生产流程，使生产技术密集程度提高。对一般消费者而言，则可省去烦琐的预处置工作，集中精力从事能直接满足需求的较高级劳动。

3. 为保护产品的流通加工

在物流过程中，直到用户投入使用前都存在对产品的保护问题，防止产品在运输、储存、装卸、搬运、包装等过程中遭受损失，保障使用价值顺利地实现。和前两种加工不同，这种加工并不改变进入流通领域“物”的外形及性质，它主要采取稳固、改装、冷冻、保鲜、涂油等方式。

4. 为提高物流效率的流通加工

有些产品本身的形态使之难以进行物流操作，如鲜鱼的装卸储存、过大设备的装卸搬运、气状物体的运输与装卸等。进行流通加工可以使物流各环节易于操作，如鲜鱼冷冻、过大设备解体、气体液化等。这种加工往往改变“物”的物理状态，但并不改变其化学特性，并最终仍能恢复原物理状态。

5. 为促进销售的流通加工

流通加工可以从若干方面起到促进销售的作用。比如，将过大包装或散装物分装成适合一次销售的小包装的分装加工；将原以保护产品为主的运输包装改换成以促进销售为主的装潢性包装，以起到吸引消费者、指导消费的作用；将零配件组装成用具、车辆以便于直接销售；将蔬菜、肉类洗净切块以满足消费者要求。这种流通加工是不改变“物”的本体，只进行简单改装的加工，也有许多是组装、分块等深加工。

6. 为提高加工效率的流通加工

许多生产企业的初级加工由于数量有限，加工效率不高，也难以投入先进的技术。流通加工以集中加工形式，解决了单个企业加工效率不高的弊病。

7. 为提高原材料利用率的流通加工

流通加工利用其综合性强、用户多的特点，可以实行合理规划、合理套裁、集中下料的办法，这就能有效地提高原材料利用率，减少损失浪费。

8. 衔接不同运输方式，使物流合理化的流通加工

在干线运输及支线运输的节点设置流通加工环节，可以有效地解决大批量、低成本、长距离干线运输与多品种、少批量、多批次末端运输和集货运输之间的衔接问题。在流通加工点与大生产企业间形成大批量、定点运输的渠道，又以流通加工中心为核心，组织对多用户的配送，也可在流通加工点将运输包装转换为销售包装，从而有效衔接不同目的的运输方式。

9. 以提高经济效益、追求企业利润为目的的流通加工

流通加工的一系列优点，可以形成一种“利润中心”的经营形态，这种类型的流通加工是经营的一环，在满足生产和消费要求的基础上取得利润，同时在市场和利润引导下使流通加工在各个领域中能有效地发展。

10. 生产流通一体化的流通加工形式

依靠生产企业与流通企业的联合，或者生产企业涉足流通，或者流通企业涉足生产，形成的对生产与流通加工进行合理分工、合理规划，这就是生产流通一体化的流通加工形式。这种形式可以促成产品结构及产业结构的调整，充分发挥企业集团的经济技术优势，是目前流通加工领域的新形式。

你在现实生活中还见过哪些产品的流通加工？这些流通加工有什么作用？

7.3 流通加工合理化

流通加工合理化是指实现流通加工的最优配置，也就是对是否设置流通加工环节、在什么地方设置、选择什么类型的加工、采用什么样的技术装备等问题做出正确选择。

7.3.1　流通加工不合理的若干形式

流通加工是在流通领域中对生产的辅助性加工，从某种意义上讲，它不仅是生产过程的延续，而且是生产本身或生产工艺在流通领域的延续。这个延续可能有正、反两方面的作用，即一方面可能有效地起到补充、完善的作用；另一方面可能产生抵消效益的副作用。几种不合理的流通加工形式如下分述。

1. 流通加工地点设置不合理

流通加工地点设置即布局状况是决定整个流通加工是否有效的重要因素。一般而言，为衔接单品种、大批量生产与多样化需求的流通加工，加工地设置在需求地区，才能实现大批量的干线运输与多品种末端配送的物流优势。

为方便物料的流通，加工环节应设在产出地，进入社会物流之前。如果将其设在物流之后，即设在消费地，则不但不能解决物流问题，反而在流通中增加了一个中转环节，因而是不合理的。

即使在产出地或消费地设置流通加工的选择是正确的，还有流通加工在小地域范围的正确选址问题，如果处理不善，仍然会出现不合理。这种不合理主要表现为交通不便、流通加工与生产企业或用户之间距离较远、流通加工点的投资过高（如受选址的地价影响）、流通加工点周围社会环境条件不良等。

2. 流通加工方式选择不合理

流通加工方式包括流通加工对象、流通加工工艺、流通加工技术、流通加工程度等。流通加工方式的确定实际上与生产加工的合理分工分不开。分工不合理，表现为本来应由生产加工完成的却错误地由流通加工完成，本来应由流通加工完成的却错误地由生产过程去完成，这些都会造成不合理的流通加工方式。

流通加工不是对生产加工的代替，而是一种补充和完善。所以，一般而言，如果工艺复杂，技术装备要求较高，加工可以由生产过程延续或可以轻易解决都不宜再设置流通加工，尤其不宜与生产过程争夺技术要求较高、效益较高的最终生产环节，更不宜利用一个时期市场的压迫使生产者变成初级加工或前期加工企业，而流通企业完成装配或最终形成产品的加工制造。如果流通加工方式选择不当，就会出现与生产夺利的恶果。

3. 流通加工作用不大，形成多余环节

有的流通加工过于简单，对生产者及消费者作用都不大，甚至有时由于流通加工的盲目性，不但未能解决品种、规格、质量、包装等问题，还增加了流通环节，这也是流通加工不合理的重要形式。

4. 流通加工成本过高，效益不好

流通加工之所以有生命力，重要优势之一是有较大的投入产出比，因而有效地起着补充、完善的作用。如果流通加工成本过高，则不能实现以较低投入实现更高产出的目的。

7.3.2　流通加工合理化的途径

1. 加工和配送相结合

这是将流通加工设置在配送点中，一方面按配送的需要进行加工，另一方面加工又是配送业务流程中的一环，加工后的产品直接投入配货作业，这就无须单独设置一个加工

的中间环节，使流通加工有别于独立的生产，流通加工与中转流通巧妙地结合在一起。同时，由于配送之前有加工，可使配送服务水平大大提高，这是当前对流通加工做合理选择的重要形式，并在煤炭、水泥等产品的流通中已表现出较大的优势。

2. 加工和配套相结合

配套是指对使用上有联系的用品集合成套地供应给用户使用。当然，配套的主体来自各个生产企业，如方便食品中的方便面，就是由其生产企业配套生产的。但是有的配套不能由某个生产企业全部完成，如方便食品中的盘菜、汤料等。这样，在物流企业进行适当的流通加工，可以有效地促成配套，大大提高流通作为供需桥梁与纽带的能力。

3. 加工和合理运输相结合

流通加工能有效衔接干线运输与支线运输，促进两种运输形式的合理化。利用流通加工，在支线运输转干线运输或干线运输转支线运输这本来必须停顿的环节，不进行一般的支转干或干转支，而是按干线或支线运输合理的要求进行适当加工，从而大大提高运输及运输转载水平。

4. 加工和合理商流相结合

通过加工有效促进销售，使商流合理化，也是流通加工合理化的考虑方向之一。通过加工，提高了配送水平，强化了销售，是加工与合理商流结合的一个成功的例证。此外，通过简单地改变包装加工，形成方便的购买，通过组装加工解除用户使用前进行组装、调试的难处，都是有效促进商流的例子。

5. 加工和节约相结合

节约能源、节约设备、节约人力、减少耗费是流通加工合理化的重要考虑因素，也是目前我国设置流通加工时，考虑其合理化的较普遍的形式。

案例拓展

国内首个“虾航母”正式投用，鲜虾变成虾干只要 28 分钟

2018 年 3 月 24 日一早，船老大胡银宝就急匆匆赶到了玉环坎门国家渔港。胡银宝踮起脚伸长了脖子，看着披彩戴红的母船——“东海渔仓”浙玉渔加 99999 船缓缓起锚离岸，带着 6 艘子船向东海作业区疾驶而去。这意味着玉环市“海上加工中心”、我国首个海捕虾全产业链海上加工中心正式投用，为渔民增收开辟了新渠道。“有了这个加工中心，我们在海上可以直接把虾货卖给他们，减少了损耗，还不用回港卸货加油，成本节约不少啊！”海上加工中心的成立，让拖虾近二十年的胡银宝欣喜不已。

近年来，面对渔业去产能的新常态，玉环市委、市政府积极探索渔业转型发展的新路子，围绕品质渔业，依托全省渔业“三位一体”服务试点平台，致力一、二、三产深度融合发展，组建集加工母船、过驳子船、生产船为一体的海捕虾全产业链海上加工中心，开创全国先河。“东海渔仓”浙玉渔加 99999 船是全产业链里的加工母船，船体长 98 米、宽 16.8 米，总吨位 4484 吨，持航能力达 5 个月。过驳子船共有 6 艘，它们主要承担“桥梁”作用，也就是将拖虾渔船上捕获的虾过驳到浙玉渔加 99999 船上，这一母六子，犹如一个

移动加工厂，与在海上作业的玉环150多艘拖虾渔船形成生产加工无缝对接，解决了加工链断档、食品安全、渔船增产货贱卖等问题。

走进浙玉渔加99999船的船舱，仿佛置身于一个偌大的加工车间，这里设有4条全自动水产精加工生产线、配备可容纳4000多吨鲜货的冷冻冰库，从鲜虾入舱到蒸煮、烘干、筛选、去壳脱肉再到出盒装成品，整个过程仅需28分钟。

“以往拖虾渔船作业返港都要五六天，必须靠虾粉添加剂来保持虾货的品相。现在我们把加工厂移到海上，及时收购渔民刚捕捞的虾，在第一时间加工成成品，同时保证了虾干的卖相和品质，自然能卖好价钱。”玉环东海鱼仓现代渔业有限公司董事长林招永说道。据介绍，海捕虾全产业链海上加工中心加工的虾干成品统一出口至美国、日本等国，预计年可加工深海虾2万吨以上，间接为当地拖虾渔民增收1亿多元。

在首航仪式现场，中国渔业协会有关负责人对玉环市“海上加工中心”给予高度肯定。“玉环市的‘海上加工中心’，非常好，没有污染，而且都是保鲜的，在安全生产、绿色食品方面特别是海洋环境保护及陆上环境保护方面都有积极的意义和作用，值得在全国推广。”

（资料来源：新浪新闻.http://news.sina.com.cn/c/nd/2018-03-24/doc-ifysqfic4843878.shtml.）

思政园地

介绍并观看流通加工中心的视频和图片，让学生关注生活，思考问题，了解生活中的流通加工形式和作用，激发学生学习兴趣，从生活例子中看到创新，间接促进学生养成创新务实的意识，提升职业素养。

课后习题

一、单项选择题

1.流通加工属于（　）范围。

A.加工　B.流通　C.增值服务　D.改变装潢

2.根据流通加工定义，下列属于流通加工的是（　）。

A.某工厂采购布匹、纽扣等材料，加工成时装并在市场上销售

B.某运输公司在冷藏车皮中保存水果，使之在运到目的地时更新鲜

C.杂货店将购进时的西红柿按质量分成每斤1元和每斤2元两个档次销售

D.将马铃薯通过洗涤、破碎、筛理等工艺加工成淀粉

3.下列流通加工的作用中，（　）是正确的。

A.提高加工效率及设备利用率

B.降低原材料利用率

C.进行深加工与精加工方便用户

D.延长产品的物流时间

4.不属于生产资料流通加工的是（　　）。

A.木材流通加工　　　　B.玻璃流通加工

C.水泥流通加工　　　　D.大包装分装成适合一次销售的小包装的分装加工

5.以下四个选项中，不属于实现流通加工的合理化的是（　　）。

A.加工和配套结合　　　　B.加工和配送分离

C.加工和合理运输结合　　　　D.加工和合理商流结合

6.流通加工的地点和消费地距离过大，形成多品种的末端配送服务困难，这样的不合理流通加工形式是（　　）造成的。

A.流通加工方式选择不当　　　　B.流通加工地点设置不合理

C.流通加工成本过高，效益不好　D.流通加工作用不大，形成多余环节

7.属于不合理流通加工的形式是（　　）。

A.流通加工作用不大，形成多余环节　　　　B.剪板加工

C.集中开木下料　　　　D.配额加工

8.一般认为流通加工属于（　　）环节。

A.生产　　B.交换　　C.流通　　D.消费

9.将钢板进行剪板、切裁，钢筋或圆钢裁制成毛坯，木材加工成各种长度及大小的板、方等加工方式是（　　）加工。

A.生产　　B.来样　　C.来料　　D.流通

10.关于流通加工的理解，不正确的是（　　）。

A.流通加工可以是对生产加工的取消或代替

B.流通加工的目的在于完善物品使用价值

C.流通加工在对物品不做大改变的情况下提高其价值

D.流通加工具有生产制造活动的一般性质

11.流通加工是（　　）。

A.生产加工的补充与完善　　　　B.残次品的返工

C.流通过程中的加工活动　　　　D.满足客户个性化需求的商品再加工

二、判断题

1.流通加工的对象是进入流通领域的商品，不具有商品的属性。（　　）

2.流通加工可以使配送各环节易于操作，加工往往改变产品的物理状态，并不改变物理特性，并最终仍能恢复原物流状态。（　　）

3.为促进销售的流通加工改变了产品的本体。（　　）

4.流通加工就是越简单越好。（　　）

5.流通加工最多的产品是食品。（　　）

6.流通加工的内容有袋装、拴牌子、计量、分割、分拣、刷标志、组装等。（　　）

7.流通加工是物品从生产领域向消费领域流动的过程中，为了促进销售、维护产品品质和提高物流效率，对产品进行的加工。（　　）

8.流通加工能够增加物流的附加值，是一项比较有前景的工作。（　　）

三、简述题

1.简述流通加工与生产加工的区别。

2.简述流通加工的作用。

3.举例说明流通加工不合理的表现。

4.列举流通加工合理化的途径。

5.理解加工和配送结合是流通加工合理化的一个途径。

四、案例分析题

天然气的液化加工

流通加工的类型有很多，如为弥补生产领域加工不足的深加工，为满足需求多样化进行的服务性加工，为保护产品所进行的加工，为提高物流效率、方便物流的加工，为促进销售的流通加工，为提高加工效率的流通加工，以及为提高原材料利用率的流通加工等。

天然气是气体，虽然可以通过管道进行输送，但往往由于输送距离遥远，投资金额巨大，投资期限长而显得困难重重，只好就地燃烧和使用，造成了浪费和污染。

液化天然气（Liquefied Natural Gas，LNG），是天然气的液态形式。LNG更有利于远距离运输、储存天然气，使天然气的应用范围更广。目前，国内LNG的利用刚刚开始，已建成投产了中原油田的天然气液化工厂、上海浦东的天然气液化工厂及新疆广汇集团在吐哈油田的天然气液化工厂。

LNG是天然气的液态形式。在液化天然气工厂将油气田产出的含有甲烷的天然气经过脱水、脱烃、脱酸性气体等净化处理后，采用膨胀制冷工艺或外部冷源，使甲烷变为−162℃的低温液体。对天然气进行液化加工，可以使天然气用容器装运，实现远距离运输和储存，扩大天然气的使用范围，大大提高天然气的使用价值。

>>思考分析

以天然气的液化加工为例，分析流通加工会带来哪些经济效益。

实践与实训 了解流通加工的方式和作用

【实践与实训目标】

1.加深对流通加工方式和作用的了解。

2.了解不合理的流通加工的表现形式和流通加工合理化的途径。

3.培养学生对流通加工的整体认识。

【内容与要求】

1.通过查阅资料了解企业流通加工的方式和作用。

2.分析企业流通加工不合理的表现形式，找出流通加工合理化的途径。

【成果与检测】

1.学生分组调研，完成调研报告和PPT。

2.小组汇报，全班参与，教师对汇报进行点评总结。

第8章 配 送

学习目标

1. 掌握配送及配送中心的概念
2. 熟悉配送、配送中心的分类
3. 理解配送的作业环节及流程
4. 了解配送模式

素质目标

1. 具有从事配送作业操作和管理的能力
2. 能根据客户要求或货物属性，选择合适的配送模式

案例导入

共同配送

配送与城市管理的矛盾日益突出，大量的货运车辆进城遇到交通管制，甚至出现打车送货的现象，“最后一公里通行难”已是很多城市的普遍现象。而共同配送可以降低现代物流成本、节约社会资源、提高城市物流效率、及时准确、科学有效、有组织有计划地完成配送任务，同时削减在途运行车辆的空驶率，缓解城市交通压力，减轻环境污染，促进城市现代物流先进配送模式发展。例如，有12家供应商给12个超市送货，则送货线路有144条，而如果12家供应商的货由1家配送中心统一配送，则送货线路最多只有24条。

◎**思考题：**

为什么要发展共同配送？

8.1 配送概述

物流配送在现代物流活动中具有极其重要的地位和作用，是现代物流的基本功能之一。它体现了现代物流的最终目的，直接为客户服务，满足客户的各种需要。现代物流成果主要是通过物流配送来实现的，如果没有物流配送，就会大大降低物流的经济效益和社会效益。物流配送差不多包括了全部的物流功能要素，是现代物流的一个缩影，是全部物流活动的综合体现。一般物流配送集装卸、分拣、包装、保管、送货于一身，通过一系列活动将货物送达客户手中，特殊的物流配送则还需要根据客户的特殊要求进行加工，然后将加工后的货物送达客户手中。

配送是从送货业务活动发展而来的。起初一些经营性仓库和生产企业根据客户的要求，将货物运送到客户手中，随着商品生产的发展和客户对商品多样化的要求，在客户需要什么就送什么的情况下，物流配送就应运而生了。

8.1.1 配送的概念

“配送”概念最早产生于日本，是英语“Delivery”的意译，本意是运送、输送、交货。物流配送的概念有很多，中华人民共和国国家标准《物流术语》(GB/T18354—2021)给配送(Distribution)下的定义是：

配送是指在经济合理区域内，根据客户的要求，对物品进行拣选、加工、包装、分割、组配等作业，并按时送达指定地点的物流活动。

从配送的定义可以看出，配送的实质性活动包括送货、拣选、分货、包装、分割、组配、配货等工作。配送是一种先进的物流技术，具有货物组配和送货的双重功能。物流配送不同于传统的送货，两者有本质的不同，传统送货一般是企业促销的一种手段，而配送则是一种专业化的现代物流形式。

> 小贴士：
>
> 配送与运输的差别在于，配送不是单纯的运输，而是与其他活动构成的有机体。配送中所包含的那一部分运输活动在整个运输过程中处于“二次运输”“支线运输”“末端运输”的位置，其起止点是物流节点至客户。这也是不同于一般运输的特点。

8.1.2 配送的分类

现对常见、主要的配送方式介绍如下。

1.按配送商品的特征(数量、品种)

(1)少品种或单品种、大批量配送：工业企业需求量较大的物品，单独一个品种或几个品种就可达到较大输送量，可实现整车运输，这种物品往往不需要再与其他物品搭配，专业性很强的配送中心实行这种配送。

(2)少批量、多品种配送：少批量、多品种配送是按用户需求，将各种物品配备齐全，凑整车后由配送节点送达用户。在配送方式上，这是一种高水平、高技术的方式，配送频率往往较高。

（3）配套成套配送：这是针对装配型或流水线型生产企业实行的配送方式，可以使生产企业更专注于生产，由于是按生产节奏定时将零部件送达生产企业，所以生产企业可实现零库存。

2. 配送的时间及数量

（1）定量配送：定量配送是指按规定的批量在一定时间内进行配送。其特点是配送数量相对固定或稳定，时间要求不十分严格，备货工作相对简单，运输效率较高。在运输手段上可采用集合包装、托盘、集装箱等设备，进一步提高配送效率。

（2）定时配送：定时配送是指按规定的时间间隔进行配送。其特点是间隔时间固定，配送数量和品种可按计划或按一定联络方式（电话、电子计算机网络）进行确定。有时，这种配送临时性较强，在一定程度上增加了配送难度。有小时配、日配、准时配、快递方式等。

（3）定时定量配送：定时定量配送是指按规定时间、规定的货物品种数量进行配送。其特点兼有定时和定量配送两种优点。但计划性很强、稳定性要求很高，故选用此类配送不是很普遍。

（4）定时定路线配送：在规定的运行路线上制定到达时间表，按运行时间表进行配送，用户可按规定路线及规定时间接货及提出配送要求。这种方式有利于配送企业按计划安排车辆及驾驶人员，配送企业可以依次对多个用户实行共同配送。这种方式特别适合对小商业集中区的商业企业配送。

（5）即时配送：即时配送是指完全按用户的配送时间、品种数量要求进行随时配送，其特点以当天任务为目标，对临时性或急需货物进行配送。这种方式要求配送企业的配送资源相对富余。

案例拓展

菜鸟裹裹的“定时派送”服务

快递送到家门口，却因家中无人而无法收件，这是网购上班族经常面临的烦恼。为解决此问题，菜鸟网络联合快递公司推出“定时派送”服务，该服务将全天分为6个时间段，为客户提供精准到小时的配送服务。如客户需要使用定时派送服务，在订单提交后，可以在淘宝、天猫或菜鸟裹裹的相关页面选定派送时间，包裹将按照指定时间送至目的地。

此项服务的推出，可以满足部分顾客在各类场景下的多元化需求，提高物流配送效率和客户满意度。该项服务特别适用于家居、啤酒、饮料、食品、宠物用品等商品的配送。这些商品不方便来回搬运，对温度要求高。选择定时派送服务后，白天上班的白领们可以选择晚间上门配送。数据显示，用户预约配送的高峰时段集中在“17点到19点”“19点到22点”“9点到11点”三个时段。

启示：定时派送既方便了用户，也方便配送企业安排工作计划，提前进行车辆和路线的规划，减少成本，提高效率。

3. 配送组织形式

（1）分散配送。分散配送是指销售网点或仓库根据自身或用户的需要，对小批量、多品种货物进行配送。其特点适于分布广、服务面宽、距离近、品种繁多的小额货物的配送。

（2）集中配送。集中配送又称配送中心配送，是指专门从事配送业务的配送中心针对社会性用户的货物需要而进行的配送。其特点是规模大、专业性强、计划性强、与客户关系稳定和密切；配送品种多、数量大，是配送的主要形式。

（3）共同配送。共同配送是指若干企业集中配送资源，制订统一计划，满足用户对货物需求的配送形式。一般分成两种类型：第一种是中小生产企业间通过合理分工和协商，实行共同配送；第二种是中小企业配送中心之间实现联合、共同配送。前者可以弥补配送资源不足的弱点；后者可以实现配送中心联合作业的优势，两者均可实现配送目的，创造共同配送。

此外，按实施配送的节点不同进行分类，可分为配送中心配送、仓库配送和商店配送，按经营形式的不同进行分类，可分为销售配送、供应配送、销售—供应一体化配送和代存代供配送。为满足不同产品、不同企业、不同流通环境的要求，可以采用各种形式的配送。配送种类较多，如表 8-1 所示。

表 8-1 配送种类

分类标准	种 类
配送主体所处行业	制造业配送、农业配送、商业配送、物流企业配送
实施配送的节点	配送中心配送、仓库配送、生产企业配送、商店配送
配送商品的特征	少品种或单品种大批量、少批量多品种、配套成套配送
配送的时间及数量	定时配送、定量配送、定时定量配送、定时定路线配送、即时配送
经营形式	销售配送、供应配送、销售—供应一体化配送、代存代供配送
加工程度	加工配送、集疏配送
专业化程度	综合配送、专业配送
配送组织形式	分散配送、集中配送、共同配送

案例拓展

中国重汽的入厂物流配送

中国重汽是全球最大的重型汽车生产基地，出口量居全国首位，由中国邮政为其提供入厂物流配送服务。入厂物流配送就是第三方物流企业根据生产厂家的生产计划，对生产线所需要的各种零部件进行仓储管理、拣货、组配、配送上线的一系列物流活动。为使中国重汽实现JIT生产模式和零库存管理，减少生产线边的混乱，提高零部件的上线效率，中国邮政对距离较近的零部件供应商采取循环取货的方式，对距离较远的供应商采取VMI库存管理模式，在中国重汽厂边设立缓冲库存，通过看板方式，按照中国重汽的送货指令对生产线所需要的发动机、标准件、变速箱、轮胎等进行拣货、组配后，定点定量地配送到生产线上。

◎思考题：

中国邮政为中国重汽提供的入厂物流配送属于哪种形式的配送？

8.1.3 配送的功能要素

1. 备货入库

商品备货入库是配送作业的第一阶段，是关系配送成败的一项重要支持性工作。它是指商品进入配送中心时所进行的商品接收、卸货、搬运、清点数量、质量检查和办理入库手续等一系列活动的总称。商品入库管理包括商品接收、商品验收和建立档案三个方面。基本要求是保证商品数量准确、质量符合要求、包装完整无损、手续完善清楚、入库迅速。

（1）商品接收。在商品接收时，一定要做好准备工作，包括根据到货时间、数量和保管要求，确定存放场所，安排好装卸机具、车辆人员等。接货时，进行凭证核对和外观质量检查，如发现问题，要促请承运人员或送货人员复查，并做出相应的记录。卸车时要分清品种、规格和批次，有问题的要单独存放，临时保管好，以备处理。卸车后要做出卸车记录，连同有关凭证，与保管人员办清内部手续，如表 8-2 所示。

表 8-2　入库申请单

商品品名	货位号	件 数	重 量	金 额	备 注

检验员签字：　　　　　　　　　　主管：　　　　　　　　　　申请人：

（2）商品验收。所谓商品验收，是指接货后，商品正式入库前，配送中心按一定程序和手续，对商品的数量和质量进行检查，验证它是否符合订货合同的规定。商品验收是一项既复杂又细致的工作。它具有作业时间短、技术性强和工作量大的特点。商品验收时要做到严肃认真、及时准确和全面完整。

（3）建立档案。商品验收入库后，保管人员应按商品的品名、规格、批次等建立档案，并注明货位和档案号，以便查找，还要填制反映商品有关情况及收发动态的保管卡片，即料卡，拴挂在货垛上。商品档案应一物一档，同批次、同规格、同一生产厂家可归为一档。建立档案的目的是准确地了解商品在保管期内及出入库业务活动中的数量、质量变化情况，管理措施及其效果，有利于积累和研究商品的仓储经验，摸索管理规律，改进和提高仓储业务水平。

2. 保管

商品保管是在一定的条件（包括仓库、设备、保管技术和人员等）下，为保存商品的使用价值而进行的业务活动。商品保管业务可分为两个部分：一是合理储存；二是科学养护。保管业务管理的基本要求是，确保商品在保管期间质量完好，数量准确，降低损耗，节约费用，提高仓容利用率。

3. 拣选

拣选作业是指发货过程中，针对客户的订单，将每个订单上所需的不同种类的商品，由仓库或配送中心取出集中在一起，包括拆包或再包装。拣选作业的快慢及正确与否，将直接影响对客户的服务品质。

4. 配装

在单个用户配送数量不能达到车辆的有效载运负荷时，就需要集中不同用户的配送货物，进行搭配装载以充分利用运能、运力，这就需要配装。和一般送货的不同之处在于，通过配装送货可以大大提高送货水平及降低送货成本。所以，配装是配送系统中有现代特点的功能要素，也是现代配送不同于以往送货的重要区别之处。

5. 运输

配送运输是较短距离、较小规模、较高频度的运输形式，一般使用汽车作为运输工具。与干线运输的区别是，干线运输的干线是唯一的运输线，而配送运输由于配送用户多，交通路线又较复杂，所以如何组合成最佳路线、如何使配装和路线有效搭配等，成为配送运输的特点。

6. 交货

配好的货物运输到用户手中还不算配送工作的完结，这是因为货物送达和用户接货往往还会出现不协调，甚至使配送前功尽弃。因此，配送要圆满地实现运到货物的移交，并有效地处理相关手续并完成结算。

8.2 配送模式

配送模式是企业对配送所采取的基本战略和方法。依据现代物流发展的需要，结合我国配送发展的现状，目前主要形成了自营配送、共同配送、互用配送、第三方配送等配送模式。企业选择何种配送模式主要取决于配送对企业的重要性、企业的配送能力、市场规模与地理范围、配送服务及配送成本等。

1. 自营配送模式

自营配送模式是指企业物流配送的各个环节由企业自身筹建并组织管理，实现对企业内部及外部货物配送的模式。这种模式有利于企业供应、生产和销售的一体化作业，系统化程度较高。一般大型生产企业和连锁经营企业采取自营配送模式。它们创建自营配送中心的目的完全是为本企业的生产经营提供配送服务。选择自营配送模式有两个基础：一是规模基础，即企业自身物流具有一定的规模，完全可以满足配送中心建设发展需要；二是价值基础，即企业自营配送是将配送创造的价值提升到了企业的战略高度予以确定和发展的。但是自营配送模式在电子商务下会出现缺乏创新机制、发展迟缓、市场化能力降低的可能性。随着市场经济和电子商务的深入发展，自营配送模式会向其他配送模式转化。

2. 共同配送模式

共同配送是物流企业之间为提高配送效率及实现配送合理化所建立的一种功能互补的配送联合体。共同配送的优势在于实现配送资源的有效配置，促使企业配送能力提高和配送规模扩大，更好地满足客户需求，提高配送效率，降低配送成本。

3. 互用配送模式

互用配送模式是几个企业为了各自利益，以契约的方式达成某种协议，互用对方配送系统而进行的配送模式。其优点在于企业不需要投入较大的资金和人力，就可以扩大自身的配送规模和范围，但需要有较高的管理水平和相关企业的组织协调能力。互用配送模式的稳定性较差，其目的在于提高自身的配送功能。

4. 第三方配送模式

所谓第三方配送模式，就是交易双方把自己需要完成的配送业务委托给第三方来完成的一种配送运作模式，即专业化的物流配送中心和社会化配送中心通过为一定市场范围的企业提供物流配送服务而获取盈利和自我发展。在具体操作中有 3 种情况：其一，公用配送，即面向所有企业，只要企业支付服务费，就可以获得配送服务；其二，合同配送，即通过签订合同，为一家或数家企业提供长期服务；其三，集约配送，即在一般配送服务基础上，为企业提供更多高附加值的其他服务。第三方配送模式正成为企业和电子商务网站进行货物配送的首选模式和方向。

8.3 配送组织要点

配送是一项服务，而且是越来越被广泛接受的服务。配送服务是按用户的要求，编制最佳的配送作业计划，运用合理的拣货策略，选择最优化的配送路线，以合理的方式送交客户，实现商品最终配置的经济活动。要搞好配送服务，就必须根据配送的特点，加强对这项业务的计划、组织、指挥、协调及控制。

1. 全面掌握用户企业的需求情况

要深入本经济区的用户企业，进行细致周密的调查研究，了解和掌握用户企业加工、设备维修、基本建设等情况，以及所需原材料、燃料、辅助材料和各种配件的品种、规格、型号、数量、接受价格、供应周期等情况，并进行科学的预测，在此基础上建立配送档案。只有全面、准确地掌握了用户企业的需求情况，配送才有明确的目标和方向。

2. 建立稳定的资源基地和供需关系

有没有稳定的资源基地，是配送能否持续稳定发展的关键。物流企业要改变那种现买现卖、只管买卖的做法，通过与资源单位密切联系，建立一批稳定的资源基地，为配送打下物质基础。还要与用户企业建立稳定的供需关系，无论是物流企业的经营活动，还是用户企业的消费需求，都要求保持相对稳定，应通过签订配送协议，明确双方的责任和义务，把供需关系相对稳定下来。

3. 加强配送的计划管理

生产的连续性和计划性，决定了配送也要有很强的计划性。从配送业务本身看，它是一项需要多方密切协调、配合的工作，组织资源、配货、储运、送货上门等一系列活动都要有严密的计划。要在掌握用户企业需求的基础上，制定发展配送的总目标和分阶段目标，以及实施步骤和措施，做到有计划分期地订货和采购，确定合理的库存储备。用户企业提前向物流企业提出分期使用计划，列出所需商品的品种、规格、数量、供货时间等，经衔接平衡后，物流企业按计划组织配送。对临时性需要，可通过不定期的函电联系，临时组织送货上门。

4. 调整建立与配送相适应的组织结构

一定的组织结构是发展配送的保证，应逐步在一些中心城市改造和建立一批购销、储运、加工、配送一体化的配送中心，根据实际情况确定配送中心的规模、网点分布、配送半径。在充分利用现有条件的前提下，加快配送的基础设施建设，如仓储设施和机具、装卸运输设备等，并逐步实现配送的现代化、自动化。

5. 科学地组织好配送

要按经济区域来规划配送的半径和范围，在保证按用户企业的要求及时、齐备地组织配送的前提下，按商品流通合理化的要求，科学地确定配送路线和批量，在用户比较集中的地区做到定线送货，降低配送成本。在组织配送作业时，要科学地安排人力、物力、财力的比例关系，衔接好各环节的作业活动，合理调度和指挥各要素的运动，使整个配送业务过程迅速、协调地进行。

6. 争取各方面的协作和支持

配送是一项系统工程，涉及资源单位、用户、运输部门等有关部门和单位，需要得到各方的支持，才能做好这项工作。物流企业要协调好与各方的关系，争取它们的协作和支持，共同搞好配送活动。为了配送的正常运行和发展，有关管理部门还需要研究和制定保证配送的政策、法规、管理措施和办法，使配送的具体做法、价格、结算办法、利益分配等逐步规范化。

8.4　配送中心

8.4.1　配送中心的含义

中华人民共和国国家标准《物流术语》（GB/T 18354—2021）给配送中心（Distribution Center）下的定义是：

配送中心是指从事配送业务且具有完善信息网络的场所或组织，应基本符合下列要求，主要为特定的客户或末端客户服务；配送功能健全；信息网络完善；辐射范围小；提供高频率、小批量、多批次的配送服务。

图 8-1 是某配送中心的布局，1 楼为出入库及分拣作业区，2 ~ 3 楼为保管、包装及加工区，4 楼为信息管理中心。

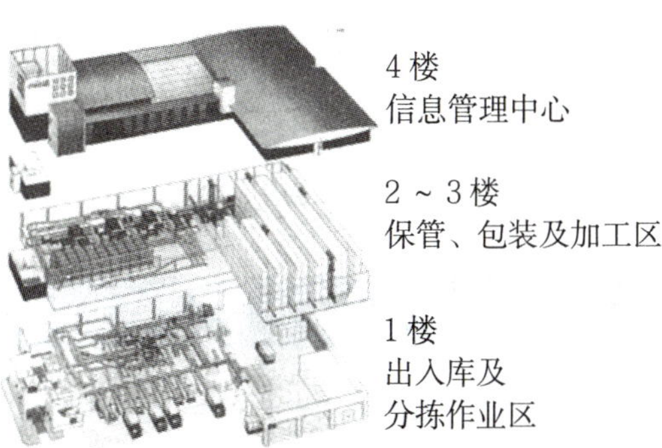

图 8-1　某配送中心的布局

从配送中心的定义可知，配送中心是集货中心、分货中心、加工中心功能的综合，是现代物流的标志。

配送中心与物流中心不同，两者区别如表 8-3 所示。

表 8-3 配送中心与物流中心的区别

比较项目	配送中心	物流中心
节点性质	执行实物配送为主要职能的流通型节点	从事物流活动的场所或组织
服务对象	主要为特定的客户服务	面向社会提供物流服务
辐射范围	辐射范围较小	辐射范围广
功能特征	配送功能强	具有很强的集散功能，物流功能健全
作业对象	作业货物的品种多、批量小，以配送为主，储存 为辅	储存、吞吐能力强，作业货物的批量大、品种少，是综合性、地域性、大批量货物的集散地

8.4.2 配送中心的分类

配送中心可以按不同的标准进行分类，如图 8-2 所示。

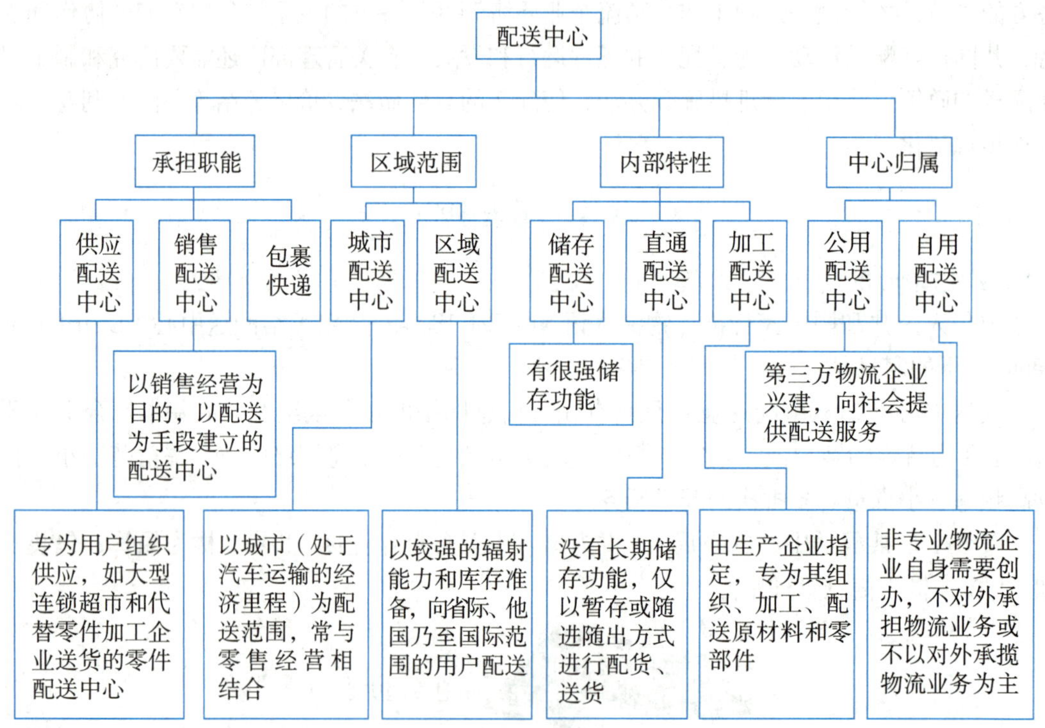

图 8-2 配送中心分类

案例拓展

储存配送中心

瑞士 GIBA-GEIGY 公司的配送中心拥有世界上规模居于前列的储存库，可储存 4 万个托盘；美国赫马克配送中心拥有一个有163 000个货位的储存区，可见存储能力之大。美国福来明公司的食品配送中心也是典型的储存型配送中心，它的主要任务是接受美国独立杂货商联盟加州总部的委托业务，为该联盟在该地区的350家加盟店负责商品配送。储存型配送中心一般拥有较强大的储存能力，其覆盖范围广泛，物流企业能够依托储存型配送中心延伸更多的增值性物流服务。

直通配送中心

中国邮政为中国重汽提供售后物流服务，负责为中国重汽下游的4S店配送售后维修零部件。中国重汽把售后物流配送中心仓库称为"亲人配件库"。"亲人配件库"面积5 000平方米，存放除轮胎之外的重汽所有零配件，是一个典型的流通型中转仓库。业务运作流程是：4S服务店向"亲人配件库"下订单，"亲人配件库"汇总订单后向上游供应商订货，上游供应商根据订货指令把货物运送至"亲人配件库"，中国邮政根据出货单完成货物的入库、验收、包装、配货和发运。该仓库实行地面堆码作业，边入库验收、边分拣、包装、配货和出库，所有货物基本24小时内周转完毕。

加工配送中心

百纳物流是专门经营日用品百货的一家配送企业，该企业从不同的生产厂商，如服装厂、鞋厂、毛巾厂等批量采购不同的日用商品，再将这些不同种类的商品进行重新组合和分类，变成符合零售企业销售要求的系列化商品组合。例如，分成服装、鞋帽、床上用品、洗涤用品等，再配送给下游零售企业。

供应配送中心

美国沃尔玛商品公司的配送中心是典型的零售商供应型配送中心。该配送中心是沃尔玛公司独资建立的，专为本公司的连锁店按时提供商品，确保各店的稳定经营。该中心的建筑面积为12万平方米，总投资7 000万美元，有职工1 200多人，配送设备包括200辆车头，400节车厢，13条配送传送带，配送场内设有170个接货口。沃尔玛配送中心规模大、品种多、设备先进，它主要向自身的连锁店配送。

（资料来源：鲁衎，黄惠春，陈乐群. 现代物流基础［M］. 成都：电子科技大学出版社，2022.）

8.4.3 配送中心的功能

1. 集散功能

集散功能是配送中心的一项基本功能。配送中心凭借它的特殊地位及拥有的各种先进设施和设备，能够将分散在各个生产企业的产品（货物）集中在一起，然后经过分拣、配装向多家用户发运。同时，配送中心也可将各个用户所需的多种货物有效地组合或配装在一起，形成经济、合理的货载批量。

2. 储存保管功能

配送中心的服务对象是为数众多的生产企业和商业网点（如连锁店和超市）。为了顺利、有序地完成向用户配送商品的任务，配送中心通常要兴建现代化的大型仓库并配备相应数量的仓储设备，储存一定数量的商品。配送中心通过集货和储存货物，起到了平衡供求的作用，能有效地解决季节性货物的产需衔接问题。

3. 分拣与配货功能

由于每个用户对商品的品种、规格、型号、数量、质量、送达时间和地点的要求不同，配送中心必须按用户的要求对商品进行分拣和配组。配送中心的这一功能是其与传统仓储业的明显区别之一，也是配送中心最重要的特征之一。

4. 流通加工功能

配送中心按照用户提出的要求和根据合理配送商品的原则，将组织进来的货物加工成一定的规格、尺寸和形状。这些加工功能是现代配送中心服务职能的具体体现，是配送中心的重要活动。

5. 送货功能

为了满足客户的需求，配送中心必须通过物流运输系统为客户送货上门。

案例拓展

沃尔玛的配送中心

沃尔玛前任总裁大卫格拉斯这样总结："配送设施是沃尔玛成功的关键之一，如果说我们有什么比别人干得好的话，那就是我们的配送中心。"灵活高效的物流配送系统是沃尔玛达到最大销售量和低成本存货周转的核心。沃尔玛配送中心设立在100多家零售卖场周围，同时可以满足100多个销售网点的需求，以此缩短配送时间，降低送货成本。同时，沃尔玛首创交叉配送的独特作业方式，进货与出货几乎同步，没有入库、储存、分拣环节，以加速货物流通。在竞争对手每5天配送一次商品的情况下，沃尔玛每天送货一次，大大减少中间过程，降低管理成本。数据表明，沃尔玛的配送成本仅占销售额的2%，而一般企业这个比例高达10%。这种灵活高效的物流配送方式使沃尔玛在竞争激烈的零售业中技高一筹、独领风骚。

启示：在现代市场竞争环境下，配送能力已经成为影响企业竞争力的重要因素，越来越多的企业对配送能力建设给予高度重视。

8.5 配送合理化

8.5.1 配送合理化的标志

对配送合理与否的判断，是配送决策系统的重要内容，目前国内外尚无一定的技术经济指标体系和判断方法，按一般认识，以下若干标志是应当纳入的。

1. 库存标志

库存是判断配送合理与否的重要标志，具体指标有以下两个方面。

（1）库存总量。在一个配送系统中，库存要从分散的各个用户处转移给配送中心施行一定程度的集中库存。在实行配送后，配送中心的库存数量与各用户在实行配送后的库存数量之和应低于实行配送前各用户的库存数量之和。

（2）库存周转速度。由于配送企业的调剂作用，以低库存保持强供应能力，实行配送后的库存周转一般总是快于原来各企业的库存周转。此外，从各个用户角度进行判断，各用户在实行配送前后的库存周转速度也是判断配送合理与否的标志。

2. 资金标志

总的来讲，实行配送应有利于资金占用减少及资金运用的科学化，具体判断标志如下。

（1）占用的流动资金总量。资源筹措所占用的流动资金总量随储备总量的下降及供应方式的改变，必然有较明显的降低。

（2）资金周转速度。从资金运用来讲，由于整体节奏加快、资金充分发挥作用，同样数量的资金，过去需要较长周转期才能满足一定供应要求，配送之后，在较短时期内就能达此目的。所以资金周转是否加快，是衡量配送合理与否的标志。

（3）资金投向的改变。资金分散投入还是集中投入，是资金调控能力的重要反映。实行配送后，资金必然从分散投入变为集中投入，以增强调控作用。

3. 成本和效益标志

总效益、宏观效益、微观效益、资源筹措成本都是判断配送合理与否的重要标志。不同的配送方式，可以有不同的判断侧重点。例如，配送企业、用户都是各自独立的，以利润为中心的企业，不但要看配送的总效益，而且要看社会的宏观效益及两个企业的微观效益，不顾及任何方，都必然出现不合理的现象。又如，如果配送是由用户自己组织的，配送主要强调保证能力和服务性，那么，效益主要从总效益、宏观效益和用户的微观效益角度来判断，不必过多顾及配送企业的微观效益。

4. 供应保证能力标志

实行配送，各用户最担心的是供应保证能力减弱。配送很重要的一点是必须提升对用户的供应保证能力。供应保证能力可以从以下几个方面判断。

（1）缺货次数。实行配送后，缺货次数必须减少才算合理。

（2）配送企业集中库存量。对每一个用户来讲，其集中库存量所形成的供应保证能力必须强于配送前单个企业的供应保证能力才算合理。

（3）即时配送的能力及速度。即时配送是应对用户的特殊情况的特殊供应保证方式，这一能力及速度必须优于实行配送前用户紧急进货能力及速度才算合理。

强调一点，配送企业的供应保证能力是一个科学的合理的概念，而不是无限的概念。具体来讲，如果供应保证能力过强，超过了实际的需要，也属于不合理，所以追求供应保证能力也是有限度的。

5. 社会运力节约标志

运力使用的合理化是依靠送货运力的规划以及整个配送系统与社会运输系统合理衔接实现的。送货运力的规划是任何配送中心都需要花力气解决的问题，可以简化判断如下：社会车辆总数减少，而承运量增加为合理；社会车辆空驶减少为合理；一家一户自营运输减少，社会化运输增加为合理。

6.用户企业仓库、供应、进货人力物力节约标志

配送的重要作用是为用户代劳。因此，实行配送后，各用户库存量、仓库面积、仓库管理人员减少为合理；用于订货、接货、供应的人减少为合理。真正解除了用户的后顾之忧，配送的合理化程度则可以说达到高水平了。

7.物流合理化标志

配送必须有利于物流合理化。可以从以下几个方面判断：是否降低了物流费用；是否减少了物流损失；是否加快了物流速度；是否发挥了各种物流方式的最大效用；是否有效衔接了干线运输和末端运输；是否不增加实际的物流中转次数；是否采用了先进的管理方法及技术手段。

8.5.2 配送合理化的途径

通过对配送环节、配送目标、配送模式以及配送合理化的分析，要达到配送的合理化，可通过以下途径实现。

1.推行专业化配送

采用专业设备、设施及操作程序，以取得较好的配送效果并降低配送综合化的复杂程度及难度，追求配送合理化。

2.推行加工配送

加工和配送结合，可充分利用应有的中转，不增加新的中转求得配送合理化。同时，加工和配送结合，加工的目的更明确，和用户联系更紧密，从而有效地避免了盲目性。这两者的有机结合，不用增加太多投入却可实现两个优势、两个效益，是实现配送合理化的重要途径。

3.推行共同配送

共同配送可以以最近的路程、最低的配送成本完成配送，从而追求配送合理化。

4.实行送取结合

配送企业与用户建立稳定、密切的协作关系。配送企业不仅是用户的供应代理人，而且为用户提供了储存场所，甚至成为产品代销人。在配送时，配送企业将用户所需的物资送到，再将该用户生产的产品用同一车运回，这种产品也成了配送企业的配送产品之一，或者由配送企业代为存储，缓解用户的库存压力。这种送取结合，使运力得到充分利用，也使配送企业的功能发挥得更充分，从而实现了配送合理化。

5.使用准时配送系统

准时配送是配送合理化的重要内容。配送企业做到配送准时，用户才可以精准把握资源，放心地实施低库存或零库存，有效地安排接货的人力、物力，以追求最高的工作效率。从国外的经验看，使用准时配送系统是现在许多配送企业追求配送合理化的重要手段。

6.推行即时配送

即时配送是最终消除用户的断供之忧，大幅提升配送企业供应保证能力的重要手段。即时配送是配送企业快速反应能力的具体化，是配送企业能力的体现。

思政园地

课程中引入京东、菜鸟等真实案例和配送中心场景，特别是每年的双十一，巨量成交额背后是令人震惊的物流量，为将商品以最快速度送达顾客手上，需要物流人发挥吃苦耐劳、爱岗敬业的精神，让学生对配送及配送中心有更清晰的认识，帮助学生树立正确的职业观。还可通过配送规划设计，让学生树立成本意识。

课后习题

一、单项选择题

1.配送属于（　　）范畴。

A.商流　　B.分拣　　C.物流　　D.搬运

2.以下哪个不属于按配送主体所处行业划分的配送种类？（　　）

A.制造业配送　　B.专业配送　　C.农业配送　　D.商业配送

3.商品备货入库管理不包括（　　）。

A.商品接收　　B.商品配送　　C.商品验收　　D.建立档案

4.以下哪个不属于商品验收的特点？（　　）

A.作业时间短　　B.作业时间长　　C.技术性强　　D.工作量大

5.配送是根据（　　），在物流据点内进行分拣、配货等工作，并将配好的货物送交收货人的过程。

A.客户的要求　　B.生产企业的要求　　C.供应商的要求　　D.采购商的要求

6.下列哪个不是自营配送模式的缺点？（　　）

A.缺乏创新机制　　B.发展迟缓

C.市场化能力降低　　D.企业供应、生产和销售的一体化作业

7.（　　）是物流配送企业之间为提高配送效率及实现配送合理化所建立的一种功能互补的配送联合体。

A.分别配送　　B.零星配送　　C.集中配送　　D.共同配送

8.采取自营配送模式的一般是（　　）。

A.政府机关　　B.小公司　　C.电商　　D.大型生产企业和连锁经营企业

9.配送中心的核心功能是（　　）。

A.运输功能　　B.储存功能　　C.物流功能　　D.分拣功能

10.下列哪个不是按内部特性来划分配送中心的？（　　）

A.储存配送中心　　B.直通配送中心　　C.加工配送中心　　D.城市配送中心

11.配送中心的配送功能属于（　　）。

A.一般功能　　B.辅助功能　　C.基本功能　　D.核心功能

12.配送中心的集散功能属于（　　）。

A.一般功能　　B.辅助功能　　C.基本功能　　D.核心功能

二、判断题

1. 配送就是简单地“配货”加“送货”。 （ ）
2. 拣选作业按运动方式分为人工拣选、机械分拣和全自动化分拣。 （ ）
3. 日配是指接到订货要求之后，在 2 小时之内将货物送达的配送方式。 （ ）
4. 准时制配送也是定时配送的一种方式。 （ ）
5. 准时配送是客户一有需求就立即将商品送达指定地点的配送方式。 （ ）
6. 对保鲜要求较高的蔬菜、水果、肉类、鲜花等一般采用日配式的配送模式。 （ ）
7. 按订单拣取也称播种法，批量拣取也称摘果法。 （ ）

三、简述题

1. 简述配送与送货的异同。
2. 简述共同配送中心。
3. 简述降低配送运营成本的策略。
4. 简述商业企业的配送中心。
5. 试比较配送中心和物流中心的异同。

四、案例分析题

某销售企业主要对自己的销售点和大客户进行配送，配送方法为销售点和大客户一有需求就立即组织装车送货，结果经常造成送货车辆空载率过高，同时往往出现所有车辆都派出去但还有一些用户需求满足不了的情况。所以销售经理一直要求增加送货车辆，但由于资金原因一直没有购车。

>>思考分析

如果你是该销售企业的决策者，你会通过增加车辆来解决配送效率低的问题吗？为什么？

实践与实训 分拣及配送作业实训

【实践与实训目标】

1. 掌握配送的流程。
2. 掌握摘果法和播种法。
3. 掌握车辆配载原则及线路选择方法。

【内容与要求】

1. 模拟第三方物流企业，在接到用户配送订单后进行订单的处理、库存货物的查询、分拣作业单的制定、摘果法和播种法分拣、货物的打包、车辆的配载及配送线路的选择。

2. 学生分别扮演用户、制造商、物流仓储中心、分拣作业人员、打包人员、车辆配载和调度人员，完成配送任务。

3. 分组讨论影响配送效率的因素，影响车辆配载的因素，总结配送流程。

【成果与检测】

1. 撰写实训报告。
2. 教师点评和总结。

第 9 章　物流信息管理

1. 掌握物流信息的概念
2. 理解条码技术识别原理及应用
3. 理解地理信息系统技术
4. 掌握 RFID 工作原理及应用
5. 掌握电子数据交换的概念、特点、三要素
6. 了解物流信息技术发展趋势

素质目标

1. 能运用条码技术采集所需物流信息
2. 能运用RFID手持终端采集物流信息

案例导入

早在 2017 年，圆通速递推出隐形面单服务成为解决用户安全问题的“加密锁”。隐形面单上的收件方姓名被隐去一个字，手机号有 4 位数字也被“*”代替。圆通速递研发中心高级总监谭书华介绍，目前隐形面单主要有三大“隐藏功能”，可实现对用户手机号、姓名和地址信息的加密处理。

隐去了部分信息是否影响派送？谭书华说，圆通快递员可以通过公司自主研发的“行者”App，直接拨号至收件人，充分实现了“对收件者智能送达，对不法分子智能屏蔽”的功能。

可以说，隐形面单服务的推出，正是中国快递行业不断提高信息化、科技化水平的结果。2017 年是物流企业信息化的新起点。物流信息化快速发展，主要体现在以下四个方面：

无车承运人试点促进物流平台建设；大数据技术在物流行业的应用更加深入；物流云的发展是构建物流新生态的基础；区块链技术在物流与供应链领域的应用会越来越广泛。如何利用信息化技术提升服务能力，转变商业模式，是关系物流企业能否转型成功的关键。

（资料来源：人民网.资料有删改.http://it.people.com.cn/n1/2017/0116/c1009-29024810.html.）

◎**思考题：**

1.分析圆通速递是如何应用信息技术实现物流信息“保密”和传递的？

2.通过案例了解智慧物流包括哪些信息技术？

9.1 物流信息概述

9.1.1 物流信息的概念

随着互联网时代的到来，信息的传播、交流发生了巨大变化。信息成为现代物流的灵魂，而物流信息化的发展离不开它的支撑工具——物流信息技术。

中华人民共和国国家标准《物流术语》（GB/T 18354—2021）中给物流信息（Logistics Information）下的定义是：

物流信息是反映物流各种活动内容的知识、资料、图像、数据、文件的总称。

物流信息包括的内容可以从狭义和广义两个方面来理解。从狭义范围来看，物流信息指直接产生于物流活动（如运输、保管、包装、装卸、流通加工等）的信息。在物流活动的处理与决策中，运输工具的选择、运输路线的确定、每次运送批量的确定、在途货物的跟踪、仓库的有效利用、最低库存数量的确定、订单管理、如何提高顾客服务水平等，都需要详尽和准确的信息。从广义范围来看，物流信息还包括与其他流通活动有关的信息，如商品交易信息和市场信息等。商品交易信息是指买卖双方交易过程中的相关信息，如商品销售和购买信息、订货和接受订货信息、发出货款和收到货款信息等。市场信息是指与市场活动有关的信息，如消费者的需求信息、竞争者或竞争产品信息、销售促进活动的有关信息、交通通信等基础设施信息。

9.1.2 物流信息的特点

物流信息具有以下四个特点。

1.量大、面广

现代物流的多品种、小批量、多层次、个性化服务，使货物在运输、仓储、包装、装卸、搬运、加工、配送等环节产生大量的物流信息，且分布在不同的厂商、仓库、货场、配送中心、运输线路、运输商、中间商、客户等处。

2.动态、适时

由于各种物流作业活动的频繁发生，市场竞争状况和客户需求变化，会使物流信息瞬息万变，呈现一种动态性。物流信息的价值也会随时间的变化而不断贬值，表现出一种适时性。

3. 繁多、复杂

繁多、复杂的物流信息不仅包括企业内部产生的各种物流信息，而且包括企业间的物流信息及与物流活动有关的法律、法规、市场、消费者等诸多方面的信息。

4. 共享、标准

物流信息涉及国民经济各个部门，在物流活动中需要在各部门之间进行大量的信息交流，为了实现不同系统间物流信息的共享，必须采用国际和国家信息标准，如不同系统的不同物品必须采用统一的物品编码规则和条码规则等。

9.1.3　物流信息的分类

运用信息技术处理物流信息时，对物流信息的分类是一项基础工作。物流信息可以按不同的分类标准进行分类，如表 9-1 所示。

表 9-1　物流信息的分类

分类标准	内　容
物流信息的作用	计划信息、控制及作业信息、统计信息、支持信息
物流环节	运输信息、仓储信息、装卸搬运信息、包装信息、加工信息
管理层次	作业信息、战术信息、战略信息

1. 按照物流信息的作用分类

（1）计划信息指的是尚未实现但已当作目标确认的一类信息，如物流量计划、仓库进出量计划、车皮计划等。只要尚未进入具体业务操作，都可以归入计划信息之中，这种信息往往带有相对稳定性，信息更新速度比较慢。因此，计划信息往往是战略决策或大的业务决策不可缺少的依据。

（2）控制及作业信息指的是物流活动过程中产生的信息，如库存种类、库存量、在运量、运输工具状况、运费、投资在建情况、港口船舶到发情况等。这类信息具有非常强的动态性，更新速度很快，时效性很强。其主要作用是用以控制和调整正在发生的物流活动和指导下一次即将发生的物流活动，以实现全过程的控制和对业务活动的微调。

（3）统计信息是物流活动结束后，对整个物流活动的一种归纳性的信息。这种信息是一种恒定不变的信息，具有很强的资料性。诸如上一年度、月度发生的物流量、物流种类、运输方式、运输工具使用量、仓储量、装卸量及与物流有关的工农业产品产量、内外贸数量等都属于这类信息。统计信息有很强的战略价值，它的作用是用以正确掌握过去的物流活动及规律，指导物流发展战略的制定。

（4）支持信息是指能对物流计划、业务、操作产生影响或与之有关的文化、科技、产品、法律、教育、风俗等方面的信息，如物流技术的革新、物流人才需求等。这些信息不仅对物流战略发展具有价值，而且对控制、操作起到指导和启发的作用，属于从整体上提高物流水平的一类信息。

2. 按物流环节分类

（1）运输信息是产生于货物运输环节的物流信息，包括货物各种运输方式信息及各种货物代理运输信息。

（2）仓储信息又叫库存信息，是产生于仓储环节的物流信息，包括各种仓库、货场的货物储存信息和代储信息。

（3）装卸搬运信息是产生于货场和装卸搬运环节的物流信息，包括各种港口、码头、机场、车站、仓库、货场的货物装上、卸下、移送、挑选、分类、堆垛、入库、出库等信息。

（4）包装信息是产生于物品包装环节的物流信息，包括各种货物的包装、改包装及包装物生产的信息。

（5）加工信息是产生于流通加工环节的物流信息，包括为商业配送进行的计量、组装、分类、保鲜、贴商标及商务快送、宅急送等信息。

3. 按管理层次分类

（1）作业信息是产生于物流作业层的信息，是物流管理最基础的信息，一般具有量大、面广、发生频率高等特点。

（2）战术信息是产生于物流管理的局部或中层决策的信息，如物流企业各部门的管理信息。

（3）战略信息是产生于物流管理的全局或高层决策的信息，如物流企业的高层管理信息。

9.1.4 物流信息整合功能——物流平台的出现

近年来，随着大数据、互联网等产业的快速发展，利用互联网思维运营的物流平台逐渐兴起，构建物流平台也已逐渐成为世界各国发展现代化物流的一个核心工程。一般认为，凡是能够支持或者进行物流服务供需信息的交互或交换的网站，均可视为物流信息平台。比如，一个物流公司为方便公司与其用户的联系而设计了一个信息交换系统，使得用户和公司可以保持便捷的联系，那么这个系统就具备了物流信息平台的性质。一个专业的物流信息服务网站就是一个典型的物流信息平台。

物流信息平台是指运用先进的信息技术和现代通信技术所构建的具有虚拟开放性的物流网络平台。

物流平台随着“互联网+”和“物流”的有机结合而得到快速发展，物流平台是基于行业生态的新兴商业模式，是物流供需双方的信息交互平台，但物流平台不仅仅是基于网站或者移动互联App进行信息传递，它需要通过足够大且足够多的信息数据库和对物流信息进行有效资源整合来获得更广阔的价值空间。

物流平台的功能必须满足物流系统中各级参与者对物流平台的信息和功能的需求，如货运物流平台的功能，如表9-2所示。

表9-2 货运物流平台的功能

功能	功能细化	功能	功能细化
地理信息服务	导航服务	配送管理	调度管理（车载配送）
	GIS地图/位置服务		车辆配送（体积/重量/件数/距离）统计
	路径规划		整车配送管理
	位置跟踪		中转分流管理（转给专线公司运输）

续表

功 能	功能细化	功 能	功能细化
运输服务	司机信息管理	系统管理	消息通知
	货车信息管理及监控		账号管理
	物流公司信息管理		移动终端App管理
	运输信息查询/统计		（运力）订单管理
	物流政策推介		安全认证/信用管理记录
	在线交易/担保		增值服务（金融服务等）

物流平台的功能如下。

1. 信息服务功能

信息服务是物流信息平台的基本功能，也是物流信息平台的核心功能。信息服务主要表现为对各类物流信息提供录入、组织、维护、发布、查询、交流等服务。诸如综合公共信息、企业业务交易信息、货物跟踪信息、车辆调度跟踪等信息的查询和检索等都属于信息服务功能。

2. 资源整合功能

一般供应链节点企业的信息系统建设程度不同，相互之间的信息共享程度也不同，而企业之间一定程度的信息的交互对于提高整个供应链的运作效率、降低供应链总成本有着重要的作用。资源整合功能通过系统接口的标准化将系统进行整合，通过物流信息化标准将分散的、不同标准的信息资源进行整合，根据一定的标准提供开放式的物流应用系统，整合中小物流企业的信息资源。

3. 在线交易功能

在线交易功能为供需双方提供一个虚拟的交易平台，有利于规范市场运作，整合物流资源，并可确保BtoB和BtoC在Web上的安全协作。在线交易的主要功能有网上报价、网上下单、网上交易、网上配载、信息外包和项目招标等，实现网上购物、电视购物与城市配送的有机结合。

4. 物流作业管理功能

物流综合信息平台不仅为各类物流信息提供共享接口，而且是配套管理系统，可对企业内部、外部资源进行计划与管理，并能面向企业供应链的全过程。物流管理功能包括库存控制、国际贸易物流管理、运输工具管理、财务管理等。物流综合信息平台必须面对客户的需求快速构建和集成端对端的物流管理功能，如总成本计算模式和承运商的自动选择。

5. 辅助决策功能

利用物流综合信息平台积累的全面、长期的数据，通过建立物流业务的数学模型，对历史数据进行分析、挖掘，为用户在预测、规划、方案评估等方面提供决策支持。辅助决策支持功能包括全局或局部物流优化、各级客户地理分析、运输能力模型分析、交通物流资源优化、配送中心能力分析、配送网络方案分析、门到门服务分析优化、联运优化方案分析、代理网点设置优化、物流仿真分析模型、仓储能力分析、仓库选址模型、中转仓库优化方案等。

课堂互动

大数据时代，谈谈物流信息对企业发展的重要性。

9.2 物流信息技术

物流信息技术被视为提高物流管理效率和竞争能力的主要来源。与其他资源不同，信息技术在不断提高速度和能力，同时在降低成本。其目的在于向管理者及时、准确、全面地提供各种信息服务。物流信息技术具备数据的收集功能，指将采集好的数据经初步处理，按信息系统数据组织结构和形式输入系统中；具备信息的存储功能，数据进入系统之后，经过整理和加工，成为支持物流信息管理系统运行的物流信息，通过各种存储介质进行存储，并可随时输出到其他各个子系统中；具备信息的传输功能，这是最基本的功能之一，要求信息传输的安全、及时、完整，特别是物流过程动态的实时信息；还具备信息的加工功能，可以是简单的计算、汇总、查询和排序，也可以是复杂的模型求解和预测。

9.2.1 自动识别技术

1. 条码技术

（1）基本概念。条码技术（Bar Code）最早出现于20世纪40年代，是一种集编码、印刷、识别、数据采集和处理为一体的自动识别技术。其研究的主要内容是如何将需要向计算机输入的信息用条码这种特殊的符号加以表示，即条码的编码技术、符号表示技术和印制技术；以及如何将条码所表示的信息转变为计算机可识别的数据，即条码识读技术。

条码是条码技术的核心，是由一组按特定规则排列的条、空及其对应的字符组成的图形符号，可表示一定的信息。通常，条码用于对物品进行标志，这个物品可以是用来进行交易的一个贸易项目（如一瓶可乐或一箱纯净水），也可以是一个物流单元（如一个托盘）。图9-1表示了某商品的条码信息。

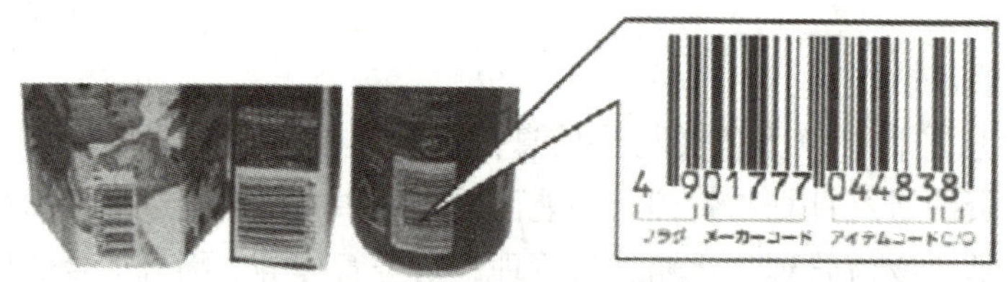

图9-1 某商品的条码信息

在物流信息处理的应用中，EAN条码和UCC-128条码尤其重要，所以务必参考有关资料理解它们的码制构造、码制含义及在物流信息处理中的具体应用。

（2）特点。条码技术是迄今为止最经济、实用的一种自动识别技术，与其他识别技术相比主要有以下优点。

①可靠准确。键盘输入数据出错率是三百分之一，利用光学字符识别技术出错率为万分之一，而加上条码的校验位，出错率则是千万分之一。

②输入数据速度快。与键盘输入相比，条码输入的速度是键盘输入速度的 5 倍，并且能实现“实时数据输入”。

③采集信息量大而广。利用一维条码一次可采集几十位字符的信息，二维条码可以携带数千个字符的信息，并有一定的自动纠错能力。

④实用性强。条码标签易于制作，对印刷技术设备和材料无特殊要求；同时条码符号识别设备的结构简单，操作容易，无须专门训练。另外，条码符号作为一种识别手段可以单独使用，也可以和有关设备组成识别系统实现自动化识别，还可和其他控制设备联系起来实现整个系统的自动化管理。

缺点主要是数据不能更改、受到污染后不容易识读、记录数据的密度低。

（3）条码识读系统。条码识读系统主要由条码扫描系统、信号整形和译码三个部分构成，如图 9-2 所示。

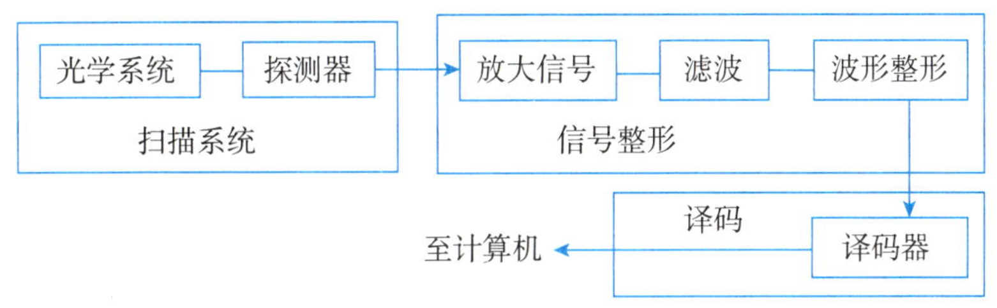

图 9-2　条码识读系统

扫描系统由光学系统及探测器即光电转换器件组成，它完成对条码符号的光学扫描，并通过光电探测器，把条码中的条、空图案的光信号转变成电信号。信号整形部分由放大信号、滤波、波形整形组成，它的功能在于将条码的光电扫描信号处理成标准电位的矩形波信号，其高低电平的宽度和条码符号的条、空尺寸相对应。译码部分由计算机软硬件组成，它的功能是对得到的条码矩形信号进行译码，并将结果输出到条码应用系统中的数据采集终端。

（4）条码技术在物流信息处理中的应用。条码技术能够快速、可靠、迅速地采集数据，解决了数据录入和采集的“瓶颈”问题。条码在物流的各个环节如同一个信息载体，利用它可以对物品进行实时的跟踪与控制，从而为物流信息处理提供了有力的技术支持。

例如，商品零售环节成功地应用了条码技术。零售环节是企业销售物流系统的最后一个环节，涉及大量丰富的产品及产品流动信息，对于这些物流信息的有效采集处理，可提高零售过程的效率及准确性。这个环节中的典型应用系统为销售点信息（Point of Sale，POS）系统。具体过程为：在商品上粘贴条码，通过光电扫描设备直接读取商品零售信息（如商品名、单价、销售数量、销售时间、销售店铺、购买顾客等），并通过通信网络和计算机系统传送至后台 POS 系统进行分析加工，一方面快速汇总统计实际的销售商品和数量，从而精确地跟踪每一个库存单位出售数；另一方面将实际的单位销售数量迅速地传输到供应商，及时提供补充订货的信息，从而在商品层次上提供精确的存货控制。

知识拓展

电子面单

网购商品包裹的外包装箱上都会有一张带有条码以及收（发）件人信息的电子面单。目前，电子面单被广泛应用于仓配一体化的电商物流企业。电子面单的诞生是为了满足物流企业批量交寄快件的需要。电子面单上打印的信息由电商平台与仓库信息系统对接自动导入，避免了过去人工录入寄递信息效率低下、错误率高的缺点。电子面单上的一维条码是包裹的唯一编号，它是后续环节采集包裹信息的基础。后续的称重复核环节、机器自动分拣环节、投递环节等都要通过扫描一维条码识别包裹信息。随着技术的发展，收（发）件人的详细信息还可以以二维码的形式打印在电子面单上，以保护消费者的信息安全，避免消费者的个人信息泄露。电子面单的诞生是信息技术在物流领域应用的典型产物。

启示：条码在现代物流企业和流通企业已经得到广泛的应用。条码是物品信息的载体，利用设备扫描条码，可以将物品信息输入计算机，然后由计算机对物品信息进行处理。条码技术是一种非常重要的物流信息技术。

---

2. RFID

（1）基本概念。无线射频识别技术是20世纪90年代兴起的一种非接触式自动识别技术，它以无线通信技术和存储技术为核心，伴随着半导体、大规模集成电路技术的发展而逐步形成。

与其他识别技术一样，无线射频识别系统也是由信息载体和信息获取装置组成的。其中装载识别信息的载体是标签（或称为应答器、射频卡等），获取信息的装置称为读写器（或称为问询器、收发器等）。标签与读写器之间利用感应、无线电波或微波能量进行非接触双向通信，实现数据交换，从而达到识别的目的。

（2）特点。与其他自动识别技术相比，其主要优点表现在以下七个方面。

①读取方便快捷。数据读取无须光源，甚至可以透过外包装进行，有效识别距离更大。

②识别速度快。标签一进入磁场，解读器即时读取其中信息，且能同时处理多个标签，实现批量识别。

③数据容量大。数据容量最大的二维条码（PDF417）最多可存储2 725个数字，若包含字母，存储量更少，而射频标签可根据用户需要扩充到10KB。

④使用寿命长，应用范围广。无线电通信方式，可应用于粉尘、油污等高污染环境和放射性环境，且其封闭式包装使寿命大大超过印刷条码，可反复使用，数据存储可保存10年，重复读写大于10万次。

⑤标签数据可动态更改。利用编程器可写入数据，从而赋予射频标签交互式便携数据文件的功能，且写入时间相比打印条码更短。

⑥安全性更高。RFID标签不仅可嵌入或附着在不同形状、类型的产品上，且可以为

标签数据读写设置密码保护，具有更高的安全性。

⑦动态实时通信。标签可以以每秒50 ~ 100次的频率与读写器进行通信，所以只要射频标签附着的物体出现在读写器的有效识别范围内，就可以对其位置进行动态的追踪和监控。

（3）射频系统工作原理。RFID的基本原理是电磁理论，利用射频信号对记录媒体进行读写，其中射频信号指的是具有一定波长可用于无线电通信的电磁波。一个典型的无线射频识别系统一般由标签、读写器、天线和应用系统几个部分组成，如图9-3所示。

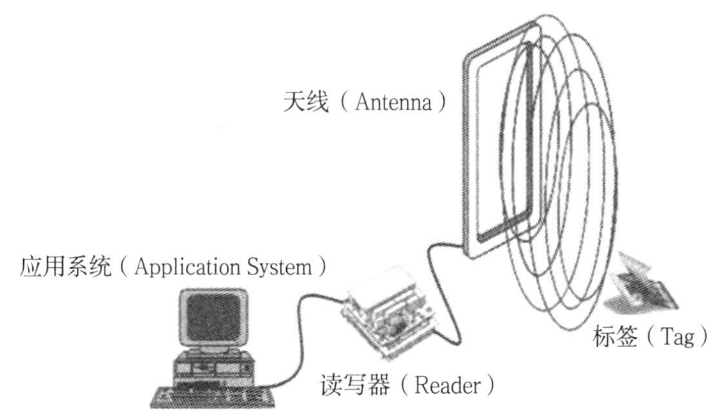

图9-3　无线射频识别系统

其具体工作过程描述如下。

①读写器将设定数据的无线电载波信号经过发射天线向外发射。

②当标签进入发射天线的工作区时，接收到此脉冲信号，卡内芯片中的有关电路对此信号进行调制、解码、解密，然后对命令请求、密码、权限等进行判断。

若为读命令，系统的接收天线接收到标签发出的载波信号，经天线的调制器传给读写器。读写器对接收到的信号进行解调解码，传送给后台应用系统。应用系统根据逻辑运算判断该射频标签的合法性，针对不同的设定做出相应的处理和控制。

若为修改信息的写命令，标签内有关控制逻辑引起的内部电荷提升工作电压，提供可擦写模块中的内容进行改写。

若经判断其对应的密码和权限不符，标签则向读写器返回出错信息。

（4）RFID在物流信息处理中的应用。与传统条码技术相比，RFID在物流信息处理中的应用有着明显的优越性。与条码技术相比，其获取信息的速度更快，准确性更高。另外，RFID具有移动数据库的特性，为捆绑不同的系统提供了技术支持，使得系统之间捆绑链接相对比较容易，从而对动态的物流应用提供了很好的信息交互与共享的支持。

例如，将RFID应用在货物远距离跟踪系统中，通过贴在集装箱上的电子标签，并将读写器安装在运输线（公路、铁路等）的关键点上（如门柱上、桥墩旁等）及仓库、车站、码头、机场等关键地点，读写器收到电子标签里的信息后，联通接收地的位置信息，上传至通信卫星再由通信卫星传送到调度中心，送入中心信息数据库中，实现货物在订购、运输、存储过程中的实时追踪及信息共享。

案例拓展

RFID技术在仓储管理中的应用

某汽车配件库利用RFID手持终端对仓储全流程进行管理，在入库阶段，采用RFID手持终端扫描收货，效率比使用传统收货方法提高33.3%；在入库上架阶段，采用RFID手持终端二次扫描确认上架，使上架错误率降低17.13%；在库存管理阶段，采用RFID手持终端扫描盘点，使库存盘点时间缩短62%，库存盘点准确率提高27.1%，并且由于仓储管理系统支持使用RFID手持终端进行实时库存检查，管理人员对库存的实时检查成为可能；在出库阶段，采用RFID手持终端对出库货物进行装载扫描，使运单数据与实际数据符合率提高89%。

启示：RFID技术配合仓储管理系统可以实现对仓储全流程的信息化管理，即实现入库货物验收、入库货物上架的货位复核和绑定、在库货物的库存盘点和货物出库装运的复核。这要求产品从生产线上下来后，供应商或制造商为每箱货物制作一个RFID标签，在RFID标签中写入货物的品名、规格、型号、制造商等信息，然后将RFID标签附着在货物上。当货物进行入库验收时，管理人员只需使用RFID手持终端扫描货物上附着的RFID标签，就可以自动统计货物的数量，检验货物的品名、规格、型号、制造商等信息是否正确；在库存管理期间，管理人员可通过RFID手持终端扫描RFID标签进行库存盘点；在出库时，管理人员可通过RFID手持终端扫描RFID标签，复核出库货物的数量、品名、规格、型号、制造商等信息是否与出库单信息一致，防止出货发生错误。利用RFID手持终端能大大提高数据输入的速度和准确性，提高仓储管理质量和效率。

9.2.2 存储和传输技术

1. 数据库技术

（1）数据库的概念及特点。数据库（Data Base，DB）是通过特定的方式把数据组织和存储起来、可以检索和利用、互相关联的数据集合，是存储数据的“仓库”。同文件系统相比，数据库具有以下特点：

①实现数据共享。数据共享包含所有用户可同时存取数据库中的数据，也包含用户可以用各种方式通过接口使用数据库，并提供数据共享。

②减少数据的冗余度。同文件系统相比，由于数据库实现了数据共享，从而避免了用户各自建立应用文件，减少了大量重复数据，减少了数据冗余，维护了数据的一致性。

③数据的独立性。数据的独立性包括数据的逻辑结构和应用程序相互独立，也包括数据物理结构的变化不影响数据的逻辑结构。

④实现数据集中控制。在文件管理方式中，数据处于一种分散的状态，存储数据的文件之间没有关系。利用数据库可对数据进行集中控制和管理，并通过数据模型表示各种数据的组织及数据间的联系。

⑤数据的一致性和可维护性，以确保数据的安全性和可靠性。

（2）数据库系统。数据库系统（Database Systems，DBS）是实现有组织地、动态地存储大量关联数据，方便用户访问的计算机软硬件资源组成的具有管理数据库功能的计算机系统。

（3）数据库设计。数据库设计（Database Design，DBD）是指对于一个给定的应用环境，构造最优的数据库模式，建立数据库及其应用系统，使之能够有效地存储数据，满足各种用户的应用需求（信息要求和处理要求）。

（4）数据库技术在物流信息处理中的应用。数据库已经成为信息社会的重要基础设施，是所有信息管理系统的基础。信息技术推动了物流技术快速发展，而物流信息系统的建立，必须以数据库技术作为基础支撑。

在物流信息处理中，物资的定义必须使用数据字典进行统一定义、统一编码。物资库存信息、物资状态信息及物流设备信息都需要通过数据库技术来进行存储及管理，还可实现数据查询、统计分析及数据共享。

2.计算机网络技术

（1）计算机网络的概念。计算机网络是用通信介质把分布在不同地理位置的计算机和其他网络设备连接起来，实现信息互通和资源共享的系统。

（2）计算机网络的组成。计算机网络的组成包括资源子网和通信子网两个部分。资源子网负责网络数据处理，由主机、终端及有关软件组成；通信子网负责网络通信，由节点交换机、集中器、网络连接器和通信线路等组成。计算机网络的组成如图 9-4 所示。

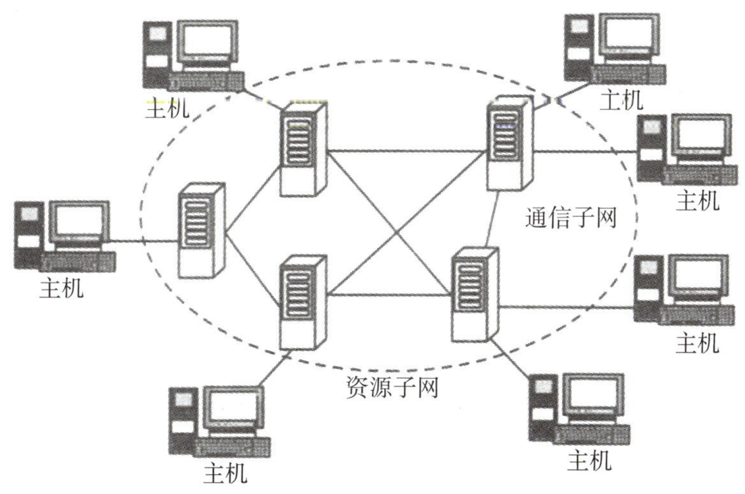

图 9-4　计算机网络的组成

（3）计算机网络技术在物流信息处理中的应用。计算机网络技术对物流信息处理主要有分布式处理和集中式处理两种，如表 9-3 所示。

表 9-3 分布式处理和集中式处理

	分布式处理	集中式处理
内容	主要的信息处理过程在物流分公司进行	数据处理过程完全集中在物流总公司进行
优点	物流分公司可以集中精力建设业务处理信息系统，对合作单位的信息系统不会提出过高要求；数据的存储和处理主要集中在物流分公司，在网络建设尚不完善的初期避免了大量的数据传输及由此引发的问题；网络的建设可以分步骤、分阶段实施	物流分公司的信息处理任务大大简化，只需要进行数据的录入及查询接收工作，对使用者的培训变得很简单，分公司信息系统的升级换代也较容易；由于信息全部集中到物流总公司进行，因而能够做到总体资源及任务间的合理配置
缺点	分公司的信息系统升级时工作量比较大；总公司对信息的掌握缺乏及时性和全面性；总公司不能实时掌握业务信息，从而无法对资源、任务分配做出最合理的控制	对网络的要求很高，一旦网络传输发生问题，将直接影响工作的正常进行；对以前的工作方式和流程改变很大，可能引发一些抵触情绪

3. EDI技术

（1）基本概念。电子数据交换（Electronic Data Interchange，EDI）是一种计算机应用系统，由一台计算机运用标准协议及统一标准资料格式，经过电子化资料传递方式，将资料传送到另一台计算机的资料库。

国际标准化组织（ISO）将EDI描述为“将商业或行政事务处理按照一个公认的标准，形成结构化的事务处理或信息数据格式，从计算机到计算机的数据传输”。由于使用EDI可以减少甚至消除贸易过程中的纸面文件，因此EDI又被人们通俗地称为“无纸贸易”。

（2）特点

①EDI的使用对象是具有固定格式的业务信息和具有经常性业务联系的单位。

②EDI传送的资料是一般业务资料，如发票、订单等，而不是一般性的通知。

③EDI传送的资料采用共同标准化的格式，如联合国EDI（FACT）标准。

④EDI最大的特点就是利用计算机与通信网络来完成标准格式的数据传输，不需要人为地重复输入数据。

（3）EDI系统的构成

构成EDI系统的三要素是EDI软件和硬件、通信网络及数据标准化。

①EDI软件和硬件。从EDI的角度看，一个用户的计算机系统可以划分为两大部分：一部分是与EDI密切相关的EDI的子系统，包括报文处理、通信接口等功能；另一部分则是企业内部的计算机信息处理系统（Electronic Data Process，EDP）。

②通信网络。为了实现信息传输，必须有一个覆盖面广、高效安全的数据通信网作为基本技术支撑环境。由于EDI传输的是具有标准格式的商业和有价文件信息，因此除要求通信网具有一般的数据传输和交换功能之外，还必须具有格式校验、确认、跟踪、电子签名、文件归档等一系列安全保密功能，并且在用户间出现法律纠纷时能够提供证据。

③数据标准化。交易双方传递的文件是特定的格式，采用的是报文标准，因此文件结构、格式、语法规则等方面的标准化是实现EDI的关键。现在较通用的是联合国的UN/EDIFACT。

（4）EDI在物流信息处理中的应用

EDI是目前较为流行的商务、管理业务信息交换方式，它使业务数据自动传输、自动处理，从而大大提高了工作效率和效益。

物流应用系统的EDI可称为物流EDI。物流EDI是用于货主、承运业主及其他相关的单位之间进行物流数据交换，并以此作为基础实现物流的作业活动。下面以一个由发送货物业主、物流运输业主和接收货物业主组成的物流模型说明其应用。

①发送货物业主（如生产厂家）在接到订货后制订货物运送计划，并把运送货物的清单及运送时间安排等信息通过EDI发送给物流运输业主和接收货物业主（如零售商）。

②发送货物业主依据顾客订货的要求和货物运送计划下达发货指令、分拣配货、打印出物流条码的货物标签（Shipping Carton Marking，SCM）并贴在货物包装箱上，同时把运送货物品种、数量、包装等信息通过EDI发送给物流运输业主和接收货物业主，并依据请示下达车辆调配指令。

③物流运输业主在向发送货物业主取运货物时，利用车载扫描读数仪读取货物标签的物流条码，并与先前收到的货物运输数据进行核对，确认运送货物。

④物流运输业主在物流中心对货物进行整理、集装，做成送货清单并通过EDI向收货业主发送发货信息。在货物运送的同时进行货物跟踪管理，并在货物交付收货业主之后，通过EDI向发送货物业主发送完成运送业务信息和运费请示信息。

⑤收货业主在货物到达时，利用扫描读数仪读取货物标签的物流条码，并与先前收到的货物运输数据进行核对确认，开出收货发票，货物入库，同时通过EDI向物流运输业主和发送货物业主发送收货确认信息。

知识拓展

EDI在物流中的应用优势

物流EDI的优点在于供应链各方基于标准化EDI的信息格式和处理方法共享信息，提高流通效率，降低物流成本。其主要应用优势表现为以下几个方面。

（1）节省时间和资金，提高工作效率和竞争力

在全球范围内发送一份电子单证最快只需几秒钟，发票能在更短的时间内投递，数据能立即进行处理。采用EDI之后，订购、制造和货运之间的周期大大缩短，减少了库存开销。EDI实现了数据标准化及计算机自动识别和处理，消除了人工干预和错误，减少了人工和纸张费用。

（2）改善对客户的服务

EDI也是一种改善对客户服务的手段，它巩固了EDI贸易伙伴之间的市场和分销关系，提高了办事效率，加快了对客户需求的反应。

（3）消除纸面作业和重复劳动

经济的增长带来了各种贸易单证、文件数量的激增。纸张协会曾统计得出以下用纸量超速增长的规律：年国民生产总值每增加100亿元，用纸量会增加8万吨。此外，在各

类单证中有相当大一部分数据是重复出现的，需要反复录入。重复录入浪费人力，浪费时间，降低效率，而使用EDI后，能够有效地解决以上问题。

（4）扩展客户群

许多大的制造商和销售商都要求他们的供应商采用EDI，当他们评估选择新的供应商时，能否应用EDI是一个重要评价标准。由于EDI的应用领域很广，一个具有EDI实施能力的公司无疑会扩大其客户群，引来更多的生意。

（资料来源：原创力文档.资料有删改.https://max.book118.com/html/2012/0710/2403363.shtm.）

9.2.3 跟踪控制技术

1. GIS技术

（1）基本概念。地理信息系统（Geographical Information System，GIS）是20世纪60年代发展起来的集计算机科学、地理学、测量学、地图学等多门学科于一体的新兴边缘学科，近年来在物流领域得到了广泛应用。

地理信息系统是以地理空间数据为基础，利用地理模型分析方法适时提供空间和动态的地理信息，为地理研究和地理决策服务的计算机系统。其基本功能是将表格型数据（无论它来自数据库、电子表格文件还是直接在程序中输入）转换为地理图形显示，然后对显示结果进行浏览、操作和分析。其显示范围可以从洲际地图到非常详细的街区地图，显示对象包括人口、销售情况、运输线路等。

GIS技术把地图这种独特的视觉化效果和地理分析功能与一般的数据库操作（如查询和统计分析等）集成在一起。这种能力使GIS与其他信息系统相区别，从而使其在广泛的公众和个人企事业单位中用于解释事件、预测结果、规划战略等业务。

（2）特点。

①可用于采集、管理、分析处理和输出多种地理空间信息，具有空间性和动态性。

②以地学研究和地理决策为目的，以地学空间模型分析为手段，具有区域宏观分析、多要素综合处理和动态预测能力，可用于产生高层次的地理决策信息。

③由计算机系统支持进行地学空间数据管理，并由计算机程序模拟地理专家思维方法，作用于地学空间数据，产生规划决策信息，用以完成人力难以完成的工作。计算机系统的支持是GIS的重要特征，使GIS得以快速、准确、综合地对复杂的地理信息进行空间定位和动态模拟过程。

（3）GIS工作原理。地理信息系统的核心功能主要依靠空间模型库、地理参考系及矢量和栅格数据结构完成，其工作原理如图9-5所示。

①空间模型库。GIS将现实世界抽象为相互联结不同特征的层面组合，这一简单实用的概念提供了解决各种复杂难题（如车辆追踪、大气循环模式）的捷径。

②地理参考系。空间数据包括绝对位置信息，如经纬度坐标及相对位置信息，包括地址、编码、统计调查等。GIS的地理参考系可有效地帮助用户在地球表面任意空间定位。

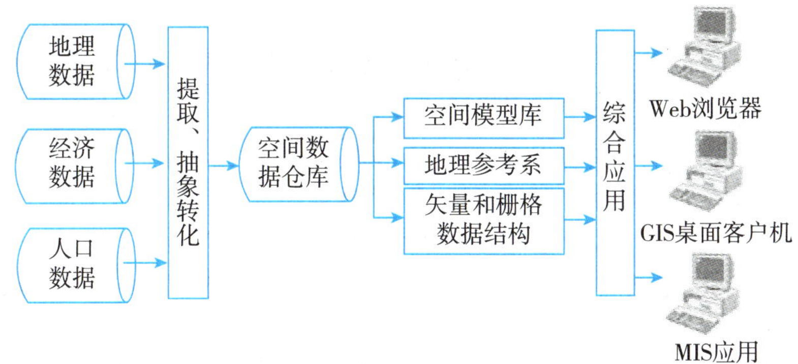

图 9-5　地理信息系统工作原理

③矢量和栅格数据结构。GIS数据包括矢量和栅格两种基本模式。矢量数据以点、线、面方式编码并以（x，y）坐标串行存储，是表现离散空间特征的最佳方式；栅格数据（扫描图像或照片）是通过一系列网格单元表达连续地理特征的。GIS中矢量、栅格数据结合使用，取长补短。

（4）GIS在物流信息处理中的应用。GIS应用于物流信息分析，主要是指利用GIS强大的地理数据功能来完善物流分析技术。国外公司已经开发出利用GIS为物流分析提供专门分析的工具软件。完整的GIS物流分析软件集成了多个功能模型，主要有以下几种。

①车辆路线模型。用于解决一个起始点、多个终点的货物运输中如何降低物流作业费用，并保证服务质量的问题，包括决定使用多少辆车、每辆车的路线等。

②网络物流模型。用于解决如何寻求最有效地分配货物路径问题，也就是物流网点布局问题。比如，将货物从N个仓库运往M个商店，每个商店都有固定的需求量，因此需要确定由哪个仓库提货送给哪个商店，所耗的运输代价最小。

③分配集合模型。可以根据各个要素的相似点把同一层上的所有或部分要素分为几个组，用以确定服务范围和销售市场范围等问题。例如，某一公司要设立X个分销点，要求这些分销点覆盖某一地区，而且要使每个分销点的顾客数目大致相同。

④设施定位模型。用于确定一个或多个设施的位置。在物流系统中，仓库和运输线共同组成了物流网络，仓库处于网络的节点上，节点决定着线路，如何根据供求的实际需要并结合经济效益等原则，在既定区域内设立多少个仓库，每个仓库的位置、每个仓库的规模及仓库之间的物流关系等问题，运用此模型均能很容易地解决。

2. GPS 技术

（1）基本概念。全球定位系统（Global Positioning System，GPS）是美国第二代卫星导航系统，从 20 世纪 70 年代开始研制，历时 20 年，耗资 200 亿美元，于 1994 年全面建成，是具有在海、陆、空进行全方位实时三维导航与定位能力的新一代卫星导航与定位系统。该系统是利用分布在约 2 万千米高空的多颗卫星对地面目标的状况进行精确测定以进行定位、导航的系统，它主要用于车辆、船舶和飞机的导航，对地面目标的精确定时和精密定位，地面及空中交通管制，空间与地面灾害监测等。

（2）特点。

①全球连续定位。该系统能为全球任何地点或近地用户提供连续的全球导航服务。

②定位精度高。GPS能为各种用户提供七维导航信息，即三维定位装置信息、三维速度信息和精确的时间信息。试验表明，定位误差低于10m，计时误差低于1μs。

③接近实时定位。该系统所需的定位时间极短，从开机冷启动到捕获到卫星，直至精密定位，最长时间为30s，而每次定位的刷新时间只需1s或0.5s。

④抗干扰能力强。GPS采用扩频调制技术和相关接收技术，从而使用户接收机系统具有抗干扰能力强、保密性好等特点。

⑤被动性全天候导航。用户只要装备接收装置就可以接收系统的信号进行导航定位，不要求用户发射任何信号。

（3）GPS的组成。GPS包括三个部分：GPS空间卫星星座、地面监控系统和GPS信号接收机，如图9-6所示。

GPS空间卫星星座负责向广大用户连续不断地发送导航定位信号，在飞越地面注入站上空时，接收注入站发送来的调度命令、导航电文和其他相关信息，其中调度命令用于实时改正运行偏差或启用备用时钟等。

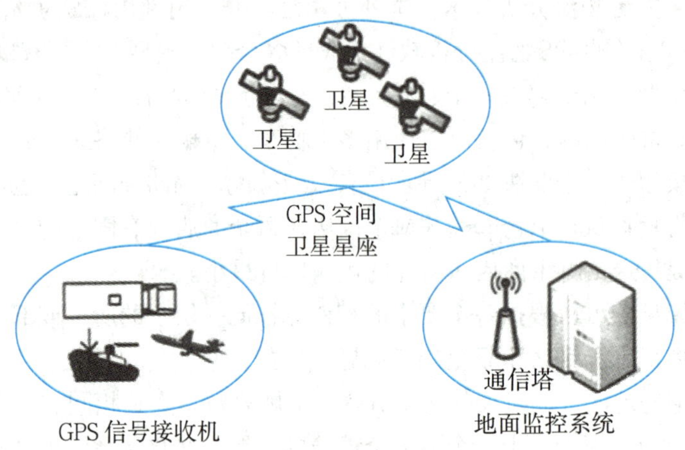

图 9-6 GPS系统的组成

地面监控系统由三个部分组成，包括1个主控站、3个注入站和5个监测站。主控站主要作用：采集数据，推算、编制导航电文；给定全球定位系统时间基准；负责协调和管理所有地面监测站和注入站系统，诊断所有地面支撑系统和天空卫星的健康状况，并加以编码向用户指示，使得整个系统正常工作；调整卫星运行状态，启动备用卫星。注入站的任务是将主控站传来的导航电文注入相应卫星的存储器中。监测站的主要任务是为主控站提供卫星的观测数据。

GPS信号接收机指的是能够接收、跟踪、变换和测量GPS信号的接收设备，可以在任何时候用GPS信号进行导航定位的测量。

（4）GPS在物流信息处理中的应用。GPS以其全球性、实时性、全天候、连续、快速和高精度的特点，在多个领域得到了广泛的应用。在物流信息处理中的应用过程是及时获取精确的物流信息，从而达到动态跟踪和及时监控的目的。下面以车辆跟踪系统为例，说明具体应用流程，如图9-7所示。

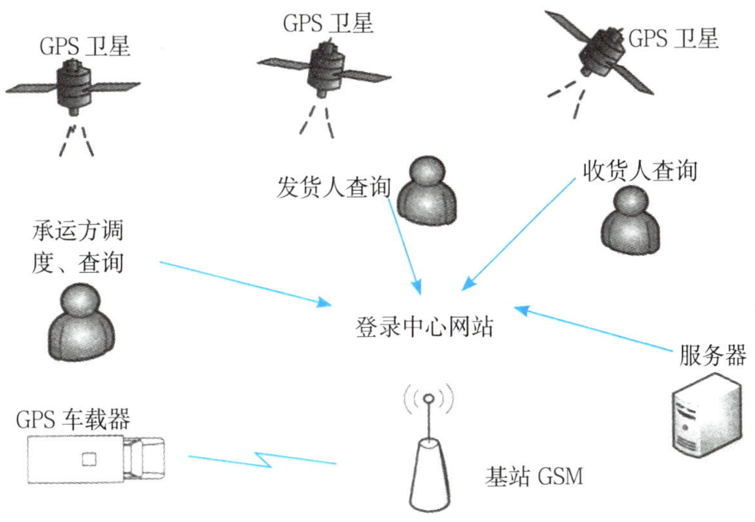

图9-7 GPS在车辆跟踪系统的应用流程

当GPS接收机接收到GPS卫星定位数据后，自动计算出自身所处的地理位置的坐标，由GPS传输设备将计算出来的位置坐标数据连同传感器信息由车载控制单元处理后经GSM通信机发送到GSM公用数字移动通信网，短信息服务中心通过与信息中心连接的专线将数据送到监控平台上，中心处理器将收到的坐标数据、其他数据还原后，与GIS的电子地图相匹配，并在电子地图上直观地显示车辆实时坐标的准确位置，用户可在网上进行自有车辆信息的收发、查询等工作，在电子地图上清楚而直观地掌握车辆的动态信息（位置、状态、行驶速度等），同时可以在车辆等遇险或出现意外事故时进行种种必要的遥控操作。

知识拓展

中国北斗卫星导航系统

中国北斗卫星导航系统（BeiDou Navigation Satellite System，BDS）是中国自行研制的全球卫星导航系统。是继美国全球定位系统（GPS）、俄罗斯格洛纳斯卫星导航系统（GLONASS）之后第三个成熟的卫星导航系统。北斗卫星导航系统（BDS）和美国GPS、俄罗斯GLONASS、欧盟GALILEO，是联合国卫星导航委员会已认定的供应商。

北斗卫星导航系统由空面段、地面段和用户段三个部分组成，可在全球范围内全天候、全天时为各类用户提供高精度、高可靠定位、导航、授时服务，并具有短报文通信能力，已经初步具备区域导航、定位和授时能力，定位精度10米，测速精度0.2米/秒，授时精度10纳秒。

2018年12月26日，北斗三号基本系统开始提供全球服务。2019年9月，北斗系统正式向全球提供服务。2019年9月23日5时10分，在西昌卫星发射中心用长征三号乙运载火箭，成功发射第47、第48颗北斗导航卫星。2019年11月5日凌晨1时43分，成功发射第49颗北斗导航卫星，北斗三号系统最后一颗倾斜地球同步轨道（IGSO）卫星全部发射完毕，12月16日15时22分，在西昌卫星发射中心以“一箭双星”方式成功发射第52、第53颗北斗导航卫星。至此，所有中圆地球轨道卫星全部发射完毕。

2020年3月9日19时55分，中国在西昌卫星发射中心用长征三号乙运载火箭，成功发射北斗系统第54颗导航卫星。

（资料来源：360百科. https://baike.so.com/doc/7104215-7327211.html.）

9.3 物流信息处理的技术展望

9.3.1 物联网技术

1. 基本概念

由于物联网的概念出现不久，其内涵还在不断发展，所以对其有很多讨论和不同版本。目前，物联网的精确定义并未统一。

物联网是新一代信息技术的重要组成部分。物联网的英文名称是“The Internet of Things”。顾名思义，物联网就是“物物相联的互联网”。这有两层意思：第一，物联网的核心和基础仍是互联网，是在互联网的基础上延伸和扩展的网络；第二，其用户端延伸和扩展到了任何物体与物体之间，进行信息交换和通信。因此，关于物联网（The Internet of Things，IoT）比较精确的定义是，通过各种信息传感设备及系统（传感器、射频识别系统、红外感应器、激光扫描器等）、条码与二维码、全球定位系统，按约定的协议，把物与物、人与物、人与人连接起来，通过各种接入网、互联网进行信息交换，以实现对物体的智能化识别、定位、跟踪、监控和管理的一种信息网络。定义核心是，物联网的主要特征是每一个物件都可以寻址，每一个物件都可以控制，每一个物件都可以通信。

2. 特点

物联网主要有以下四个方面的特点。

（1）连通性。物联网的连通性有3个维度：一是任意时间的连通性；二是任意地点的连通性；三是任意物体的连通性。

（2）技术性。物联网是技术变革的产物，代表着未来计算与通信技术的发展趋势，而其发展又依赖众多技术的支持，如射频识别技术、传感技术、纳米技术、智能嵌入技术。

（3）智能性。物联网使得人们所处的物质世界得以实现极大程度的数字化、网络化，使得世界中的物体不仅以传感方式，也以智能化方式关联起来，网络服务也得以智能化。物联网具有智能化感知性，它可以感知人们所处的环境，最大限度地支持人们更好地洞察、利用各种环境资源，以便做出正确的判断。

（4）嵌入性。表现在两个方面：一是各种各样的物体本身被嵌入在人们所生活的环境中；二是由物联网提供的网络服务将被无缝地嵌入人们日常的工作与生活中。

3. 物联网在物流行业的应用

物联网结合了EPC技术和互联网技术，可以对单个物品信息实现自动、快速、并行、实时、非接触式处理，通过网络实现信息共享，提高物流企业准确、全面、及时获取信息的能力，从而达到对供应链实现高效管理的效果。

（1）物联网在智能物流中的应用。智能物流系统（Intelligent Logistics System，ILS）是在智能交通系统（Intelligent Transportation System，ITS）和相关信息技术的基础上，以电子商务方式运作的现代物流服务体系。

我国智能物流信息化在经过一段时期的基础性研究和建设后，已经进入一个以整合为目标的新阶段。在传统物流快速发展的基础上，物流行业的趋势已经向现代电子交易中心转变，钢铁、煤炭、粮食等大宗商品交易内容也建立起网络商务平台，将金融、信息、物流及技术等内容融为一体，在进行电子商务贸易的同时，加强了智能物流相关业务的主导作用。

（2）物联网在电子产品标签（Electronic Product Code，EPC）物流全球供应链中的应用。物联网与EPC具有可扩展性，商品信息将被动态扩展的物联网络覆盖，而EPC技术革命性地解决了商品的识别与追踪，它为每个商品建立了全球性的、开放性的标准，因此以EPC技术为基础构成的物联网使商品在生产、仓储、采购、运输、销售及消费等各物流过程进行实时追踪查询，从而极大地提高了全球供应链的性能。

9.3.2 云计算

随着互联网时代信息与数据的快速增长，有大规模、海量的数据需要处理。为了节省成本和实现系统的可扩展性，云计算概念应运而生。

1. 基本概念

云计算（Cloud Computing）是通过网络将庞大的计算处理程序自动分拆成无数个较小的子程序，再交由多个服务器所组成的庞大系统，经搜索、计算分析之后将处理结果回传给用户。通过云计算技术，网络服务提供者可以在数秒之内，形成处理数以千万计甚至以亿计的数据，达到与超级计算机具有同样强大效能的网络服务。可以从狭义和广义两个角度理解云计算。狭义的云计算是指IT基础设施的交付和使用模式，指通过网络需要、易扩展的方式获得所需的资源；广义的云计算是指服务的交付和使用模式，指通过网络以按需、易扩展的方式获得所需的服务。这种服务可以是与IT软件互联网相关的，也可以是其他的服务。

2. 特点

（1）安全。云计算提供了最可靠、最安全的数据存储中心，用户不用再担心数据丢失、病毒入侵等麻烦。

（2）方便。它对用户端的设备要求最低，使用起来很方便。

（3）数据共享。它可以轻松实现不同设备间的数据与应用共享。

（4）无限可能。它为我们使用网络提供了几乎无限多的可能。

3. 云计算在物流领域的应用

基于云计算的物流云平台可以满足物流过程中相关政府、工商企业、物流企业和普通用户等对物流信息的要求，围绕从生产要素到消费者之间时间和空间上的需求，能够处理从制造、运输、装卸、包装、仓储、加工、拆并、配送等各个环节中产生的各种信息，使信息能够通过物流信息平台，快速、准确地传递到供应链上的所有节点。

（1）优化仓储管理。物流公司通常需要处理大量的库存数据。云计算技术可以帮助物流公司把所有数据存储在云端，实现自动化数据管理。这可以帮助物流公司更好地预测需求和管理库存，从而减少废品和过剩库存。

此外，在云端储存数据还可以更好地管理订单和发货。物流公司可以使用云技术来跟踪货物的位置，以及对应的库存数量、到货时间和订单状态等信息。这有助于减少人为错误，提高库存管理效率，同时节省成本。

（2）优化运输管理。物流公司必须处理大量复杂的运输数据。由于云技术具有高度安全、易扩展和高度可靠的特点，因此物流公司可以将这些数据存储在云上，不仅可以使数据更安全、更容易访问，而且可以提高数据质量，从而更准确地确定货物到达的时间。

此外，物流公司须在货物运输过程中提供准确数据，以便跟踪货物位置和状态。使用云计算技术可以实现数据的实时共享，并通过数字技术和分析程序来处理数据，这可以降低马虎等人为错误的影响，从而提高数据管理的精确度。

（3）提高物流效率。从传统的物流模式转向基于云计算的物流模式可以提高物流效率。物流公司可以根据客户需求进行快速调整，在不影响服务水平的情况下提供更快的交货时间。这可以提高客户满意度，并增加新客户的吸引力。

另外，云计算技术可以帮助物流公司更好地协调内部过程，提高工作效率。例如，云技术可以在自动化处理的过程中生成报告，为公司管理层提供实时数据和分析，从而可以更好地管理和优化物流过程。

9.3.3 物流互联网

1. 物流互联网概述

物流互联网就是实体物理世界的物流系统与线上互联网世界的物流信息系统实现一体化融合的互联网。在这一系统中，互联网成为物流实体运作的主导与控制核心，成为物流系统的“大脑”和神经系统，并通过物流信息互联网向网下物流系统延伸和无缝对接，实现物理世界物流系统全方位互联互通。目前，物流互联网的飞速发展已经引发了一场新的物流领域的革命，使现代物流真正进入“智慧物流时代”。

2. 物流互联网系统结构

（1）物联网技术是物流互联网的基础，基于RFID/EPC和条码自动识别等技术、各类传感器的感知技术、GPS/GIS的定位追踪技术，实现了物流系统的信息实时采集与链接进入互联网，从而使得物理世界的实体物流网络“地网”能够与虚拟世界的互联网的“天网”对接与融合。

（2）互联网与移动互联网是物流互联网的中枢系统，是物流实体世界的神经系统传输系统，进入互联网的物流信息通过在互联网中集合、运算、分析、优化、运筹，再通过互联网分布到整个物流系统，实现对现实物流系统的管理、计划与控制。

（3）大数据、云计算是物流互联网的智慧分析与优化系统，是物流互联网的大脑，是物流信息系统的计算与分析中心，其计算与分析模式是分布式和网格式的云计算模式，适应现代物流实体网络体系的运作。

（4）智能物流技术装备是物流互联网的运作关键，物流互联网的实体运作与应用是要通过各类智能设备来完成的。智能设备是指嵌入了物联网技术产品的物流机械化和自动化的设备，也可以是普通的物流技术产品，其核心是这些设备与技术产品一定要实时接入互联网。比如，嵌入了智能控制与通信模块的物流机器人、物流自动化设备，嵌入了RFID的托盘与周转箱，安装了视频及RFID系统的货架系统等。

互联网是现代社会最重要的技术革命，信息互联网改变了信息传播与获得的模式，信息互联网向销售互联网延伸，带来了以电子商务为核心的商品流通行业的革命。由于电子商务的最后实现必须通过实体世界的商品配送，销售互联网就必须延伸到物流世界，渗透到物流系统和产品生产系统，从而带来了物流互联网变革和产业互联网变革，进入“互联网+”的创新时代。

思政园地

对国内物流信息技术进行介绍，如北斗导航系统。北斗曾用于武汉火神山、雷神山医院建设中高精度定点定位与快速精确测量，为迅速施工争取了宝贵时间。此外，北斗终端进入物流行业，通过精准定位，位置信息一目了然。将物流技术与应用相结合，激发学生学习动力和爱国情怀，树立为国家复兴而努力学习的使命感。

课后习题

一、单项选择题

1.物联网的核心技术是（　）。

A.射频识别　B.集成电路　C.无线电　D.操作系统

2.以下哪个不是物联网的应用模式？（　）

A.政府客户的数据采集和动态监测类应用

B.行业或企业客户的数据采集和动态监测类应用

C.行业或企业客户的购买数据分析类应用

D.个人用户的智能控制类应用

3.智慧革命以（　）为核心。

A.互联网　B.局域网　C.通信网　D.广域网

4.云计算是对（　）技术的发展与运用。

A.并行计算　B.网格计算　C.分布式计算　D.三个选项都是

5.智能物流系统（ILS）与传统物流的显著不同是它能够提供传统物流所不能提供的增值服务。下面哪个属于智能物流的增值服务？（　）

A.数码仓储应用系统　B.供应链库存透明化

C.物流的全程跟踪和控制　D.远程配送

6.（　）是物流各环节中最重要的部分，是物流的关键。

A.储存　B.信息　C.运输　D.包装

7. 从供应链的上游到下游，跟随一个特定的单元或一批产品运行路径的能力，属于可追溯性的哪个方面？（　）

A. 跟踪　B. 追溯　C. 控制　D. 协调

8. 容易使用，设备成本相对较低，但工作量大，速度相对较慢描述的是（　）的特征。

A. 人工采集　B. 射频识别技术　C. 条码技术　D. 生物技术

9. “你购买了一件衬衫，对你来说是信息，而对商店的管理人员来说是一种数据。”这句话说明了（　）。

A. 数据和信息是相对的　B. 信息是观念上的

C. 信息是加工后的数据　D. 数据是整理后的信息

10. 云计算最大的特征是（　）。

A. 计算量大　B. 通过互联网进行传输

C. 虚拟化　D. 可扩展性

二、判断题

1. 物流信息化是物流管理的必然要求，没有物流的信息化，就没有先进的物流管理。（　）

2. 促进交易不是物流信息的功能。（　）

3. 自动识别技术的运用导致物流总成本增加。（　）

4. 电子商务的广泛采用将改变传统的物流观念。（　）

5. 物流EDI是采用非标准化格式进行物流数据交换。（　）

三、简述题

1. 简述物流信息的主要特点。

2. 简述GPS的工作原理。

3. 简述RFID的主要特点。

4. 简述云计算的基本概念和特点。

5. 简述物联网的体系架构及各层次的功能。

四、案例分析题

天津港物流信息平台建设

天津港作为打造北方国际航运中心和国际物流中心的核心载体，是世界十强之一的港口，是中国北方唯一的2亿吨大港。区域合作的增强、经济发展的互动、建设国际物流中心的目标要求天津港的现代物流信息化建设必须向最高层次的物流中心迈进，坚持用信息技术、网络技术促进港口现代化管理，提高港口的综合能力和国际、国内竞争能力，构建融商流、物流、信息流、资金流的流通功能为一体，并配备高效、便捷、完善服务的现代物流信息系统。

目前，天津港已建成内部的信息化办公系统，可进行快速统计、库场图形化、GPS/GIS定位；EDI中心，可与船代、船公司、码头和海关、商检等政府监管部门进行数据交换；外部的门户网站，可以进行信息发布、宣传及各种港口业务信息查询。

但是天津港港口物流服务尚处于发展初期阶段，还缺乏能适应航运交易、货品交易、金融结算、数据传输、文件传送等社会化信息服务要求的信息网络，缺乏具有较强组织协调能力和相当服务规模的经营主体及大规模、集中发展相关物流业的合理空间，现有相关系统功能单一、规模偏小、服务层次较低、系统化的物流服务能力欠缺。

根据天津港、保税区和电子口岸等物流基地建设及其外部信息交换服务的需要，运用先进的现代物流技术，优化和整合港口、船公司、箱站、外理、船代、检验检疫局、海关、海事局等用户的信息资源，为用户提供信息互动和信息共享的公共应用平台，即天津港数字物流信息系统，以实现电子报关、网上托管、国际中转审批等一系列功能。天津港现代物流信息平台的建设已成当务之急。

（资料来源：360 文库 . https://wenku.so.com/d/3ca59f7f44fa7b67e4fb2bfcc68ca16b）

>> 思考分析

1. 你认为天津港物流信息平台应由哪几个部分构成？各构成部分有何作用，应具备哪些基本功能？

2. 物流信息平台的建设将对天津港物流发展起到哪些重要作用？

实践与实训　调研条码在物流中的应用

【实践与实训目标】

1. 掌握商品条码的规律，理解其在流通领域的作用。

2. 掌握条码在快递业的运用情况，理解其作用。

3. 掌握条码在物流领域的应用，如何利用条码进行物流信息管理。

【内容与要求】

1. 到超市进行调研，观察不同类型商品条码有什么相同和不同之处。

2. 到附近菜鸟驿站调研，了解快递运单上的条码在投递环节有何作用。

3. 到仓储企业调研，了解条码在出入库、在库盘点等环节的应用，思考条码的作用。

【成果与检测】

1. 分组调研，撰写调研报告，制作汇报 PPT。

2. 分组汇报，分组提问，教师点评和总结。

第 10 章 企业物流

学习目标

1. 掌握企业物流的概念
2. 理解企业物流的内容与意义
3. 描述供应物流、生产物流、销售物流、逆向物流的主要内容

素质目标

1. 能选择合适的供应商
2. 能合理组织生产物流
3. 能对逆向物流进行组织与管理

案例导入

上海通用汽车公司的企业物流运作

上海通用汽车公司（以下简称上汽通用）创建于1997年6月，总投资15.2亿美元，由美国通用汽车公司与中国最大的轿车制造商——上海汽车工业（集团）总公司各投资50%共同设立。在上汽通用生产线上，每天都有成千上万种不同类别的汽车零部件，沿着生产线依次被加工、移动、组合、装配，最后形成蓝色的GL8、火红的GS……秩序井然。这样的场景不由得让人想探究上汽通用完美的企业物流运作。

上汽通用实行的是拉动式物料供应系统，也是保持生产过程中库存量最小的系统，即公司根据收到的客户订单安排生产，同时生成相应的物料计划发给各供应商，这样既保证了生产的充足供货，又不会产生库存而占用资金和仓库。生产线的物料供应采用的是看板拉动式体系。当生产工人发出物料需求指令时，指令由处于物料箱内带有条码的看板来传递。工人开始使用一箱零件时，就把看板放在工位旁固定点，物料员定时收取看板，使用

条码、扫描仪和光缆通信等工具，排出下次供料时间。司机根据看板卡从临时仓库取出新的物料，并在每箱中放入一张看板，然后将新的物料送至操作处。此外，生产线工人还可通过物料索取系统，使用按钮、灯板等设备作为电子拉动信号传递对消耗物料进行补充的信息。

◎**思考题：**

1. 生产企业物流包含哪些内容？
2. 上海通用汽车公司企业物流运作的成功之处是什么？

10.1　企业物流概述

10.1.1　企业物流的定义

在企业经营活动中，物流是渗透到各项经营活动之中的活动。中华人民共和国国家标准《物流术语》（GB/T18354—2021）中给企业物流（Enterprise Logistics）下的定义是：

企业物流是生产和经营活动所发生的物流活动。

从定义本身看，企业物流活动的范围应从原料采购开始，到产成品送达顾客，甚至连退货、废弃品回收也应涵盖在内，如图 10-1 所示。

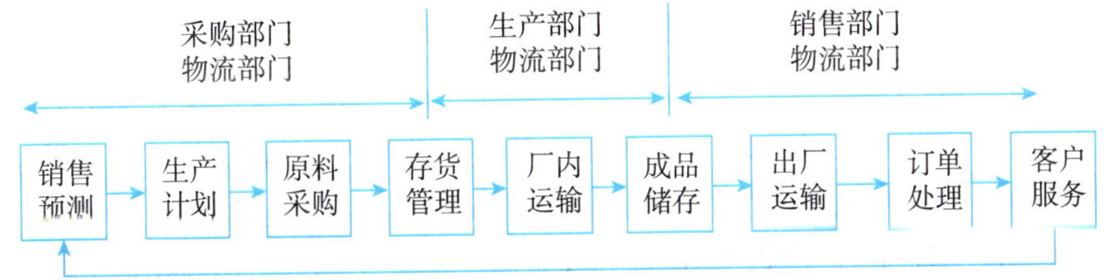

图 10-1　企业物流示意

在物流外包趋势下，并不是所有的企业都自己经营所有的企业物流活动，可以将部分甚至全过程的物流活动交由第三方物流企业去完成。这部分内容在本书第 11 章将做阐述。

对于不同类型的企业，物流重点也不相同。例如，对于一个制造型企业而言，物流活动出现在工厂和仓库之间；对于一个批发商而言，物流活动出现在分销中心；对于一个零售商而言，物流活动出现在分销中心和零售点。

企业物流与社会物流相比，企业物流关注的焦点是物料空间和时间的变动；社会物流关注的是流通成本和服务水平，但两者同时都要满足“6R”（见表 10-1）。

表 10-1　企业物流与社会物流比较

企业物流的定义要素		社会物流的定义要素	
物料空商和时间的变动	将正确的物品（Right Material）	流通成本和服务水平	将正确的产品（Right Product）
	以正确的数量（Right Quantity）		正确的数量（Right Quantity）
	正确的顺序（Right Sequence）		利用正确的条件（Right Condition）
	正确的取向（Right Orientation）		以恰当的成本（Right Cost）

续表

企业物流的定义要素		社会物流的定义要素	
物料空商和时间的变动	在准确的时刻送到（Right Time）	流通成本和服务水平	在恰当的时刻送到（Right Time）
	正确的位置（Right Place）		恰当的地点（Right Place）
			恰当的顾客（Right Customer）

课堂互动

“物流活动贯穿于企业生产经营活动的全过程”，这句话是否正确？谈谈你的认识。

10.1.2 企业物流的产生

企业系统活动的基本结构是投入—转换—产出。生产型企业是投入原材料、燃料、人力、资本等，经过制造或加工使之转换为产品或服务；服务型企业则是投入设备、人力、管理和运营，转换为对用户的服务，如图 10-2 所示。

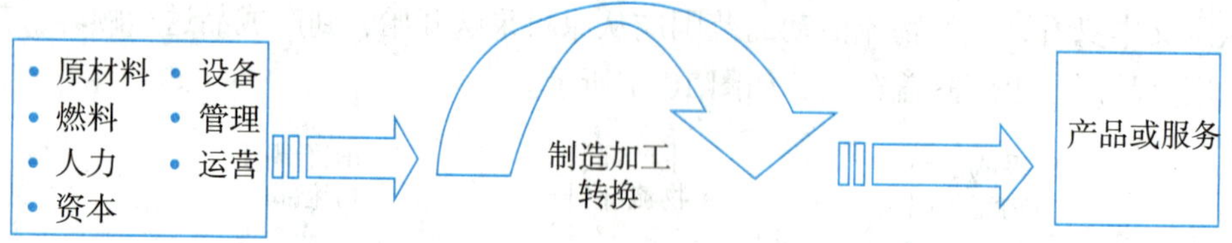

图 10-2 将原材料变成产品（服务）的场所——企业

物流活动便是伴随着企业的投入—转换—产出而发生的。企业物流是相对于社会物流而言的，以企业经营为核心的物流活动，是具体的、微观的物流活动的典型领域，是企业生产与经营的组成部分，也是社会化物流的基础。企业物流相对于投入来说，是企业外供应或企业外输入物流；相对于转换来说，是企业内生产物流或企业内转换物流；相对于产出来说，是企业外销售物流或企业外输出物流，如图 10-3 所示。

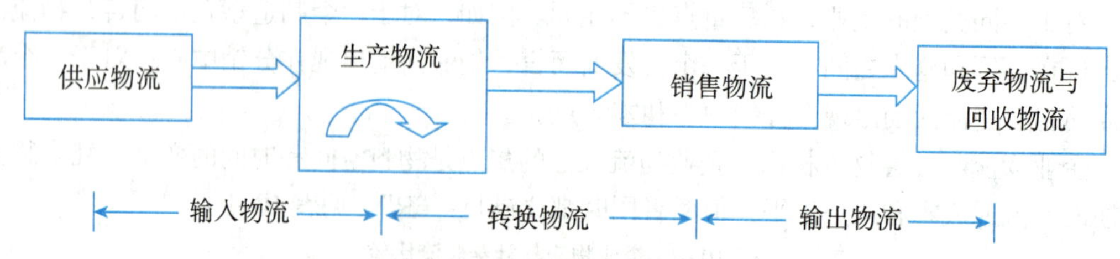

图 10-3 企业物流的内容

10.1.3 企业物流的意义

对于现代企业来说，经营管理理念的核心已从产品制造转向市场营销和客户服务，与此同时，企业的物流运作在产品生产组织的基础上也向企业生产过程的上下游延伸，特别是增加了产品的售中和售后服务等一系列活动。企业物流不仅要考虑自己的客户，而且要考虑自己的供应商；不仅要考虑客户的客户，而且要考虑供应商的供应商。现代物流将更多地以企业的客户服务为价值取向，强调物流运作的客户服务导向性。

随着世界经济全球化的发展、市场竞争的加剧和科学技术的进步，现代企业的物流跨度之大、功能范围之广是其他任何活动所无法比拟的。因此，如何优化、重组物流作业流程，使企业物流、信息流和资金流进一步协调统一，正在成为当今企业变革的重要研究课题。企业物流作为现代企业新的经营战略之一，也正与产品营销战略、产品研发战略和财务管理战略一起，受到当今世界的普遍关注，成为企业经营管理战略的重要组成部分。

10.1.4　企业物流的分类

按企业性质不同，企业物流可以分为工业生产企业物流、农业生产企业物流、服务业企业物流。

按内容与过程不同，企业物流可以分为企业供应物流、企业生产物流、企业销售物流、企业回收物流及企业废弃物流。这些内容将从本章第 2 节开始展开讨论。

由于工业生产企业物流最具有代表性，尤其是中国成为世界制造中心后，降低工业生产企业的物流成本成为热门话题。为了细分工业生产企业的主题物流活动，人们一般将其归纳为如表 10-2 所示的 4 种类型。

表 10-2　工业生产企业物流类型

种　类	举　例
供应物流突出	采取外协方式生产的机械、汽车制造等工业企业
生产物流突出	生产冶金产品的工业企业，供应的是大宗矿石，销售的是大宗冶金产品，而从原材料转化为产品的生产过程及伴随的物流过程都很复杂
销售物流突出	小商品、小五金等，大宗原材料进货，加工也不复杂，销售却遍及全国或很大的地域范围
废弃物流突出	制糖、选煤、造纸、印染等易造成环境污染的工业企业

10.2　企业物流系统的输入——供应物流

企业物流相对于投入来说是企业外供应或企业外输入物流（Inbound Logistics）。其实，对生产制造型企业而言，供应物流主要完成采购任务。长期以来，为销售而生产、为生产而采购是一个环环相扣的物料输入、输出的动态过程，依顺序构成采购流程、生产流程、销售流程。从物流的角度看，最初的企业外供应物流的成功与否将直接影响企业生产、销售、最终产品的定价情况和最终获利情况，对企业产品成本有着重要的影响。换言之，企业供应物流的“龙头”作用不可轻视。

企业供应物流是指企业生产所需的一切生产资料的采购、进货运输、仓储、库存管理、用料管理和供料运输。供应物流与生产系统、搬运系统、财务系统等企业内部及企业外部的资源市场、运输条件等密切相关。

中华人民共和国国家标准《物流术语》（GB/T 18354—2021）中给供应物流（Supply Logistics）下的定义是：

供应物流是提供原材料、零部件或其他物料时所发生的物流活动。

10.2.1 企业供应物流的变化

企业的生产是以充足、准确的原材料、燃料、辅料、零配件等作为前提条件的。而这些物料如果不能及时到位，生产就不能进行。可见，原材料、燃料、辅料、零配件的及时和充足供应对生产起到钳制的作用。

一般来说，企业采购的零部件和辅助材料要占到最终产品销售价值的40% ~ 60%。这意味着，在获得物料方面所做的点滴成本节约对利润产生的影响，要大于企业其他领域内相同数量的节约给利润带来的影响。同时，企业作为大批量商品生产的主体，也需要大批量商品的采购。例如，一辆典型的家用四门轿车一般包括6 000多个零部件，一辆货车的零部件总数达到7 000 ~ 8 000个，这么多的零部件，都是通过采购而获取的。为了维持汽车装配线的正常运行，企业需要有强有力的供应活动做保证。

人们对供应物流的认识经过了购买、采购、供应三个阶段。人们对供应物流的最初认识就是购买（Purchase）。当然，购买行为比较简单，是最原始的阶段。采购（Procurement）的外延比购买广泛，包括购买、储存、运输、接收、检验、废料处理。而近年来，随着供应链管理的兴起，“供应”（Supply）一词正在逐步取代“采购”这一职能称呼。供应是采购部门面向增值的业务活动，它是以流程为导向，强化与供应商关系的战略性活动过程，如图10-4所示。

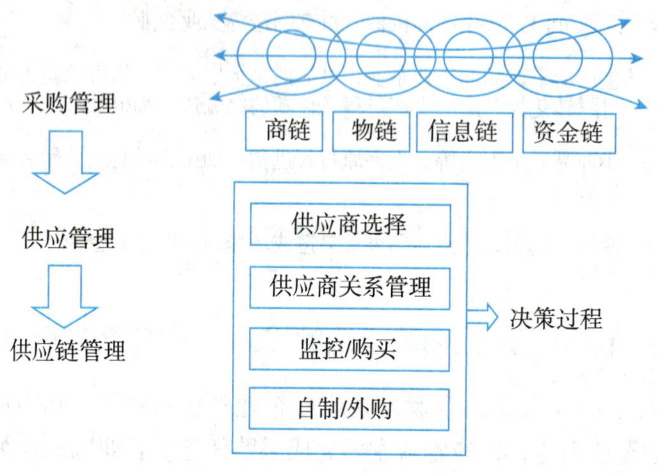

图10-4 企业供应物流的变化

10.2.2 企业供应物流的组织模式

1. 供应物流的基本程序

供应物流的基本程序是先取得资源，然后将所需资源合理地组织到企业，再根据企业内各部门需要计划组织内部物流。

2. 供应物流的完成者

企业的供应物流有以下三种组织模式。

（1）委托社会销售企业代理供应物流。

（2）委托第三方物流企业代理供应物流。

（3）企业自供物流方式。

10.2.3　供应物流决策的主要内容

1. 资源、市场信息的调查、采集和反馈

对所需原材料的资源分布、数量、质量和市场供需要求变化等情况进行调查，作为制订较长远的采购计划的依据；同时，要及时掌握市场变化的信息，进行采购计划的调整、补充。

这里介绍一个供应物品定位模型，它能较准确地把握所需物品的性质，进而采取不同供应策略。企业根据采购金额的大小和对供应商的依赖程度，可将所有供应的物品分为四类：瓶颈类、关键类、日常类、杠杆类，如图 10-5 所示。

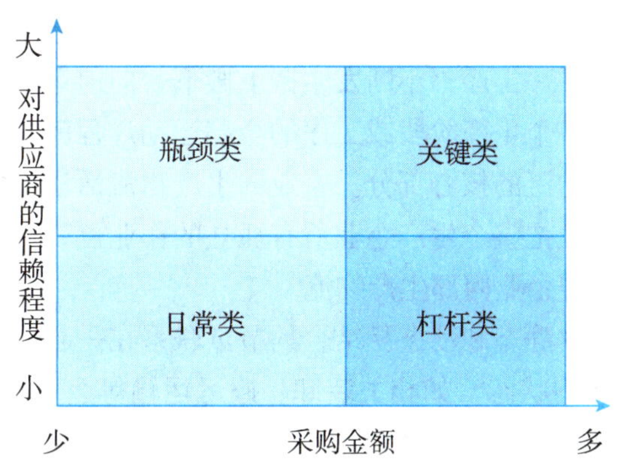

图 10-5　供应物品定位模型

针对不同类型的物品，采取不同供应策略。

（1）对于瓶颈类物品，加大安全库存。

（2）对于日常类物品，向经销商购买。

（3）对于关键类物品，与供应商签订战略伙伴协议，采用准时制（JIT）采购。

（4）对于杠杆类物品，采用招标采购。

2. 供应商的选择

首先对市场上供应商提供的原材料进行选择，综合考虑原材料供应的数量、质量、价格（包括运费）、供货时间保证、供货方式和运输方式等，根据本企业的生产需求进行比较，选择供应商。

同时建立供应商档案，记录其企业概况、产品种类、各类费用成本、交易的执行情况及服务质量等，为选择供应商提供依据。

选择合乎要求的供应商，需要采用一些科学和严格的方法。常用的方法主要有直观判断考核选择、招标选择等。直观判断是通过调查、征询意见、综合分析和判断来选择供应商，是一种直观性较强的判断方法，主要是倾听和采纳有经验的采购人员的意见或者直接由采购人员凭经验作出判断。考核选择是在对供应商充分调查了解的基础上，通过考核、分析比较而选择供应商的方法。当采购量大、供应市场竞争激烈时，可采用招标方法选择供应商。

3. 确定采购批量和进货时间间隔

一般情况下，每次采购的数量越大，在价格上得到的优惠越多，同时采购次数减少，

相应地，采购费用减少。但一次进货数量过大，容易造成积压，挤占资金，增加银行利息和仓储费用。如果每次采购的数量过小，在价格上得不到优惠，因采购次数的增多而增加了采购费用，并且要承担因供应不及时而造成停产待料的风险。

经济订购批量模型可以为企业库存决策提供依据，但面对价格高涨的市场，传统的经济订购批量的应用受到制约。

10.3 企业物流系统的转换——生产物流

10.3.1 生产物流的概念

生产物流也称厂区物流、车间物流等，是指企业在生产工艺中的物流活动——物料不断地离开上一工序，进入下一工序，不断发生搬上搬下、向前运动、暂时停滞等活动。简言之，物料经历生产系统各个生产阶段或工序的全部运动过程就是生产物流。生产物流贯穿生产全过程，它是企业物流的核心部分。企业的生产物流活动不但充实和完善了企业生产形成中的作业活动，而且把整个生产企业所有孤立的作业点、作业区域有机地联系在一起，构成了一个连续不断的企业内部生产物流。

企业内部生产物流是由静态和动态相结合的节点联系在一起的网络结构。静态的点表示物料处在空间位置不变的状态，如相关装卸、搬运运输等企业的厂区配置、运输条件、生产布局等，而生产物流动态的表现是企业生产处于有节奏与连续不断的运行中。企业内部生产物流活动的全过程中，物料随着时间进程不断改变自己的实物形态和场所位置，物料不是处于加工、装配状态，就是处于储存、搬运和等待状态。

生产物流合理化为生产的连续性提供了保障，在制品库存的压缩，设备负荷均衡化，也都和生产物流的管理和控制有关。

中华人民共和国国家标准《物流术语》（GB/T 18354—2021）中给生产物流下的定义是：

生产物流（Production Logistics）是指企业生产过程中发生的涉及原材料、在制品、半成品、产成品等进行的物流活动。

生产物流研究的核心是如何对生产过程中的物料流（Material Flow）和信息流（Information Flow）进行科学的规划、管理与控制。生产物流区别于其他物流系统的最显著的特点是它和企业生产紧密联系在一起。只有合理地组织生产物流过程，才有可能使生产过程始终处于最佳状态。如果物流过程的组织水平低，达不到基本要求，即使生产条件、设备再好，也不可能顺利地完成生产过程，更谈不上取得较高的经济效益。

另外，物流过程要有物流信息服务，即物流信息要支持物流的各项业务活动。通过信息传递，把运输、储存、加工、装配、装卸、搬运等业务活动联系起来，协调一致，以提高物流整体作业效率。

10.3.2 影响生产物流的主要因素

1. 生产类型

企业的生产类型是生产的产品产量、品种和专业化程度在企业技术、组织和经济上的综合反映和表现。它在很大程度上决定了企业和车间的生产结构、工艺流程和工艺装备的特点、生产过程的组织形式及生产管理方法，同时决定了与之匹配的生产物流类型。不同的生产类型，它的产品品种、结构的复杂程度、精度等级、工艺要求及原料准备也不尽相同。这些特点影响着生产物流的构成及相互间的比例关系。在通常情况下，企业生产的产品产量越大，产品的品种则越少，生产专业化程度也越高，而物流过程的稳定性和重复性也就越大。反之，企业生产的产品产量越小，产品的品种则越多，生产的专业化程度也越低，而物流过程的稳定性和重复性也就越小。可见，物流类型与决定生产类型的产品产量、产品品种和专业化程度有着内在的联系，并对生产组织产生着不同的影响和要求。

2. 生产规模

生产规模是指单位时间内的产品产量，通常以年产量来表示。生产规模越大，生产过程的构成越齐全，物流量越大，如大型企业铸造生产中有铸铁、铸钢、有色金属铸造之分。反之，生产规模小，生产过程的构成没有划分得很细，物流量也较小。

3. 企业的专业化与协作水平

社会专业化和协作水平提高，企业内部生产过程就趋于简化，物流流程缩短。某些基本的工艺阶段的半成品，如毛坯、零件、部件等，就可由厂外其他专业工厂提供。

10.3.3　合理组织生产物流的基本要求

1. 物流过程的连续性

企业生产是一道工序、一道工序地往下进行的，因此要求物料能顺畅、最快、最省地走完各个工序，直至成为产品。每个工序的不正常停工都会造成不同程度的物流阻塞，影响整个企业生产的进行。

2. 物流过程的平行性

一个企业通常生产多种产品，每一种产品又包含着多种零部件，组织生产时要将各个零件分配在各个车间的各个工序上生产，因此要求各个支流平行流动，如果一个支流发生问题，整个物流都会受到影响。

3. 物流过程的节奏性

物流过程的节奏性是指产品在生产过程的各个阶段，从投料到最后完成入库，都能保证按计划、有节奏或均衡地进行，要求在相同的时间间隔内生产数量大致相同，能够均衡地完成生产任务。

4. 物流过程的比例性

组成产品的各个物流量是不同的，是有一定比例的，因此形成了物流过程的比例性。

5. 物流过程的适应性

当企业产品改型换代或品种发生变化时，生产过程应具有较强的应变能力，也就是生产过程应具备在较短的时间内可以由一种产品迅速转移到另一种产品的生产能力。物流过程同时应具备相应的应变能力，与生产过程相适应。

10.3.4　生产物流计划与控制原理

1. 生产物流控制的内容

（1）进度控制，即物料在生产过程中的流入、流出控制及物流量的控制。

（2）在制品管理，即在生产过程中对在制品进行静态、动态控制及占有量的控制。

（3）偏差的测定和处理，即在生产过程中，按预定时间及顺序检查执行计划的结果，掌握计划量与实际量的差距，根据发生差距的原因、内容及严重程度，采取不同的处理方法。

2. 生产物流控制的原理

（1）物流推进式（Push System）控制原理。物流推进式控制是由生产推进式而来的。根据最终需求量，在考虑各阶段的生产提前期之后，向各阶段发布生产指令量，这种方式称为推进方式。以这种方式进行物流控制的原理称为物流推进式控制原理。推进式控制原理的特点是集中控制，每阶段物流活动服从集中控制的指令，各阶段没有独立影响本阶段局部库存的能力。这就意味着这种控制原理不能使各阶段的库存保持期望水平。

推进式生产物流控制原理的代表方法是物料需求计划（Material Requirement Planning，MRP）。MRP是20世纪60年代从美国开始发展起来的，它是企业利用先进的计算机技术，根据产品的结构、产品的需求和现有的库存情况，较精确地制定产品及其零配件的生产投入产出日程，使企业能明确地了解何时需要哪些零配件及其数量，并能及时、快速地调整计划使其符合新的市场需求。

知识拓展

看板生产

看板又称传票卡，表示某工序何时需要何种数量的某种物料的卡片，是传递信号的工具。看板生产的主要思想是：遵循内部客户原则，把客户的需要作为生产的依据，传统生产采用上道工序向下道工序送货，加工过程由第一道工序向最后一道工序推进，因而被称为“推动式”生产；看板生产则采用“拉动式”，由后道工序向前道工序取货，一道一道地由后向前传送指令。

生产看板用于指挥工作地的生产，它规定了所生产的零件及其数量。它只在工作地和它的出口存放处之间往返。当需方工作地转来的传送看板与供方工作地出口存放处容器上的生产看板对应时，生产看板就被取下，放入生产看板盒中。该容器（放满零件）连同传送看板一起被送到需方工作地的入口存放处。工人按顺序从生产看板盒内取走生产看板，并按生产看板的规定，从该工作地的入口存放处取出要加工的零件，加工完规定的数量之后，将生产看板挂到容器上。

（2）物流拉动式（Pull System）控制原理。与推进式生产相反，拉动式生产是在最后阶段按照外部需求，向前一阶段提出物流供应要求，前一阶段按本阶段的物流需求向上一阶段提出要求。依次类推，接受要求的阶段再重复地向前一阶段提出要求，这种方式称为拉动方式。这种方式在形式上是多道工序，但由于各阶段各自独立发布指令，所以实际上是前一阶段的重复。采用这种方式的物流控制原理称为物流拉动式控制原理。

物流拉动式控制原理的特点是分散控制，每一分散控制的目标是满足局部需求，在这种控制原理中，所有的局部控制使本阶段达到要求。然而由于没有实时地协调，满足需求和降低库存费用的总目标在各个局部控制中没有考虑。因此，采用这种控制原理，系统中总的库存水平一般高于基准的库存水平。

准时制生产（JIT 生产）是物流拉动式控制原理的方法。准时制生产由需方起主导作用，需方决定供应物料的品种、数量、到达时间和地点；供方只能按需方的指令（看板）供应物料。准时制生产的中心思想是消除一切无效劳动和浪费。后来，麻省理工学院在研究丰田准时制生产方式的基础上提出精益生产（Lean Production），强调集体协作精神、实行团队作业方式，永不满足现状，不间断地对生产过程进行改进或改善。精益生产奉行的目标原则是尽善尽美，力图以最小的投入获得最大的产值，无休止地降低成本。进入 21 世纪，敏捷制造（Agile Manufacturing）、计算机集成制造系统（Computer Integrated Manufacturing System，CIMS）等更多先进的生产系统不断涌现，如图 10-6 所示。

工匠 单件生产	大规模批量生产	同步化 批量生产	精益生产	敏捷制造
低产量 高技术工人	• 大批量同品种 • 刚性设备 • 生产按照工艺集中分类	生产按照产品集中分类，质量稳定，生产效率高，注重员工技能	• 建立在同步化批量生产基础上 • 强调降低生产反应周期和库存 • 强调资产和资源的利用率	整个价值链和供应链反应协调，精益概念在非生产领域及整个供应链中普及

图 10-6　生产组织方式的历史变迁

案例拓展

北京现代的企业物流

作为一家生产轿车的制造企业，北京现代没有设置独立的物流部，而是由各个部门分别承担相应的物流活动。其中，采购物流由采购部负责，生产物流由生产管理部具体安排，销售物流由销售部管理，三个部门各司其职，通过信息系统实现部门间的相互沟通，协调一致。下面着重介绍北京现代的供应物流和生产物流。

1. 高效的供应物流

北京现代在每月的第三周召开生产、销售计划会，决定下月与未来三个月的生产计划（确定车型与产量），据此计算出相应的物流量，再根据每天的生产数量由计算机系统对每种零部件的具体要货量进行细分。北京现代每天与供应商进行信息沟通，通过“伙伴系统”将生产计划与要货指令传递给供应商，后者按此制订本企业计划，安排生产与送货，与北京现代保持高度协调一致。

2. 独特的生产物流

生产管理部物流科主要负责以下工作。

（1）接货、卸货。即接收零部件供应商或其物流公司的送货，主要依靠叉车、升降台等设备完成卸货、入库，但有些操作仍需借助人力。

（2）储存、保管。北京现代按照来源将零部件分成两类，分别管理。其中，一类是从韩国进口的KD件，除通关之外的主要物流工作都交给中远物流公司负责；另一类是国内采购件，由供应商或者其物流服务公司负责送到工厂仓库保管。

（3）出库。送货人员每人一辆牵引车，按照生产计划将存放在带轮料架或料箱中的零部件直接拖挂、搬运至指定区域。

（4）上线。物流工人负责管理生产线旁的KD件和部分国内采购件，按生产指令送到生产线旁的指定工位。有些零部件（如座椅等）采用直序列（JIS）供货方式，即与生产需求实时对接、同步供应，从而构建JIT均衡供货系统，满足柔性化生产需求。具体做法是：供应商先对全部物料进行统一 编号，然后按照北京现代的生产节奏与车型进行排序，再直接送到相应工位，工人直接装配。

（5）不良品与空器具回收。设专人负责，不良品回收后，经过维修，达到要求后再重新上线使用。

（资料来源：张冠凤，王祯，钟伟．现代物流管理概论［M］．北京：航空工业出版社，2019.）

10.4 企业物流系统的输出——销售物流

前面提到企业物流系统产出的是企业外销售物流或企业外输出物流，所以销售物流是企业的输出物流（Outbound Logistics），承担企业产品的输出任务，并形成对生产经营活动的反馈因素。它是生产物流的终点，同时是社会物流的起点，是物流全过程的主要组成部分。销售物流关系到企业产品能否被认可。

企业销售物流服务完成得好，可以提高企业销售收入，提高客户满意程度，留住客户。

10.4.1 销售物流的定义

企业生产出产成品后，产成品离开生产车间，经由包装、厂内储存、运输前的配货处理，然后再经厂外运输和地区储存，最后到达客户并向客户提供有关服务，这些都是销售物流活动，可见销售物流活动主要是为满足客户需要和提高市场营销绩效服务的。中华人民共和国国家标准《物流术语》（GB/T 18354—2021）中给销售物流下的定义是：

销售物流（Distribution Logistics）是企业在出售商品过程中所发生的物流活动。

销售物流又叫分销物流，是销售过程中的物流活动，具体是指将产品从下生产线开始，经过包装、装卸搬运、储存、流通加工、运输、配送，一直到最后送到客户手中的整个过程。

10.4.2 销售物流的组织模式和主要环节

销售物流有三种组织模式。

（1）由生产企业自己组织销售物流。

（2）委托第三方组织销售物流。

（3）由购买方上门取货。

销售物流的主要环节包括产成品包装、产成品储存、订单处理、发送运输、装卸搬运。

小贴士：

销售物流归根结底是由客户订单驱动的，而物流的终点又是客户，因此，在销售物流之前，企业要进行售前的各种市场活动，包括确定客户（潜在客户、目标客户）、与客户的联系、产品展示、客户询价、报价、报价跟踪等。

10.4.3　销售物流服务的要素

1. 时间要素

时间要素主要是指订货周期时间，即从客户确定对某种产品有需求与被满足之间的间隔。它主要受以下几个变量的影响。

（1）订单传送。

（2）订单处理。

（3）备货。

（4）装运。

2. 可靠性因素

可靠性是指根据客户的要求，将所订的货物安全、准时、无误地送到客户指定的地点。供应商的可靠性对客户的库存水平和缺货损失有直接的影响。

3. 方便性因素

方便性指销售物流的方法必须灵活。客户对产品包装、运输方式、运输路线、交货时间等的要求各不相同，为更好地满足客户要求，就必须确认客户的不同要求，为不同客户设计适宜的服务方法。

10.4.4　分销需求计划

DRP（Distribution Requirement Planning）是分销需求计划的英文缩写，即企业的分销网络系统。它是流通领域中一种物流技术，主要解决分销物资的供应计划和调度问题，目的是使企业对订单和供货具有快速反应和持续补充库存的能力。系统依托因特网，将制造商（或供应商）与代理商（或经销商）有机地联系在一起，可以自动处理制造商（或供应商）及其遍布全国各地的代理商（经销商之间）的仓储管理、销售管理和订购管理，达到既保证有效地满足市场需要，又使得配置费用最省的目的。

1. DRP 的原理

DRP既可以应用于流通企业，也可以应用于生产企业。这两类企业的共同之处如下。

（1）以满足社会需求为宗旨。

（2）依靠一定的物流能力（储运、包装、装卸、搬运能力）来满足社会需求。

（3）从制造企业或物资资源市场组织物资资源。

DRP原理如图 10-7 所示，输入 3 个文件——社会需求文件、库存文件、生产厂资源文件；输出 2 个计划——送货计划、订货进货计划。

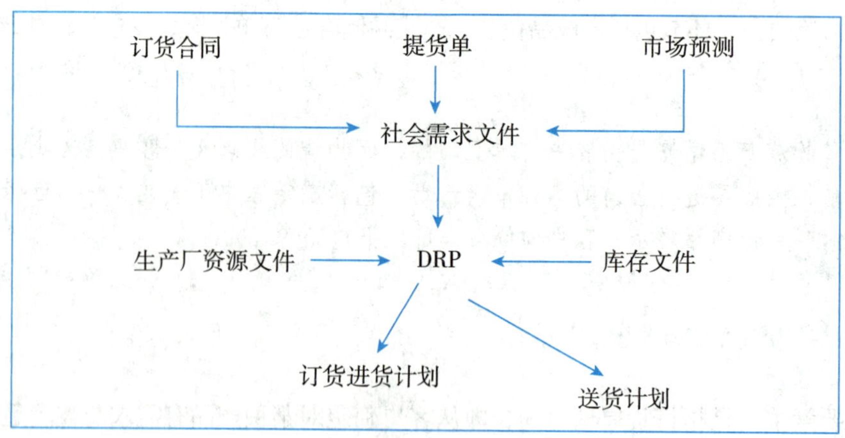

图 10-7　DRP 原理

2. DRP 的发展——DRP Ⅱ

由于DRP只提出了需求，没有考虑执行计划的能力，后来在DRP基础上，增加物流能力计划，就形成了一个集成、闭环的物资资源配置系统，称为DRP Ⅱ。DRP Ⅱ要素如图10-8所示。

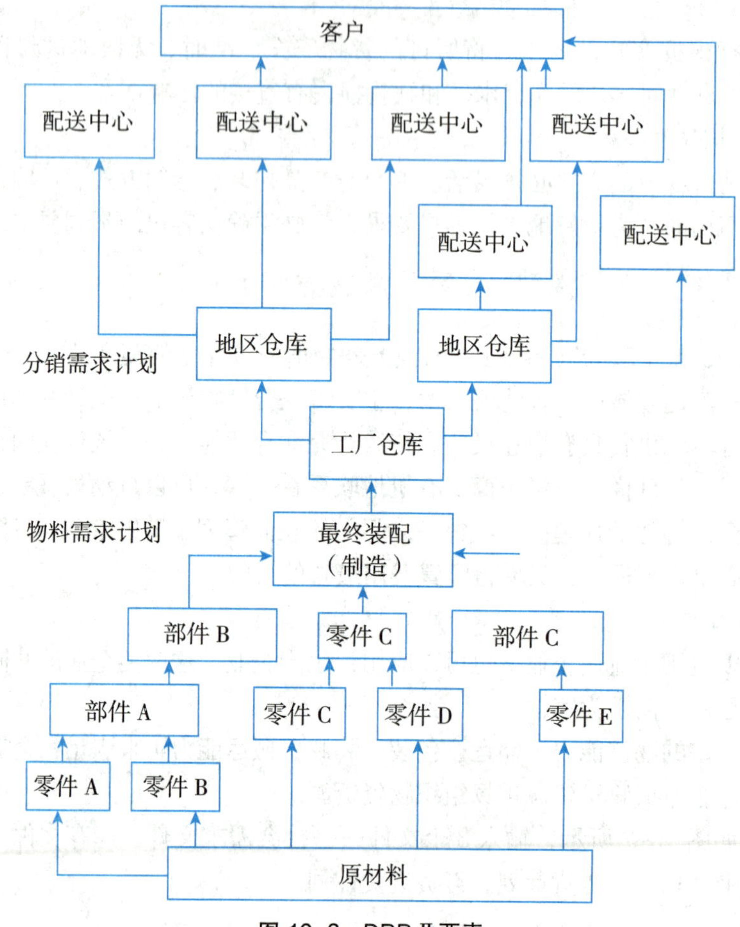

图 10-8　DRP Ⅱ要素

如今，戴尔公司的营销模式越来越受到全球企业界的关注。直销使这家名不见经传的计算机公司迅速成长为IT巨人。无论是直面最终客户进行个性化营销，还是网上定制购物、取消存货、与供应商结成联盟、JIT送货管理、实时配送跟踪等，这些经验无不在强调这样一个规律：营销与物流的完美融合，将产生巨大的震撼力。

在国内企业中，对销售物流系统的领会和运用最为全面的当推海尔，从零库存到按订单生产再到JIT配送，海尔以战略眼光把营销和物流捆绑在一起，使“一流三网同步模式”成为创新模式的典范。有效实施销售物流使海尔得以集中优势资源，强化其更擅长的产品研发、质量检控和个性化服务，从而提升核心竞争力。

10.5　企业物流系统的新领域——逆向物流

10.5.1　逆向物流的定义

生产经过流通直到消费的过程中，在企业物流的主渠道中将分离出来一些废弃物资，它们都是生产或流通中产生的排泄物，这些物资一部分可以回收并再生利用，称为再生资源，形成回收物流。另一部分在循环利用过程中，基本或完全失去使用价值，成为无法再利用的最终排放物，形成废弃物流。现在人们通常将废弃和回收物流统称为逆向物流。

中华人民共和国国家标准《物流术语》（GB/T 18354—2021）中给逆向物流（Reverse Logistics）、废弃物流（Waste Material Logistics）下的定义是：

逆向物流是指物品从供应链下游向上游运动所引发的物流活动。

废弃物流是将经济活动或人民生活中失去原有使用价值的物品，根据实际需要进行收集、分类、加工、包装、搬运、储存等，并分送到专门处理场所的物流活动。

逆向物流主要针对从消费点“返回”的产品、包装、废品或废料，主要处理由于损坏或不符合顾客要求的退货、积压商品、各种包装、废旧物品、污染材料及报废的设备等，对这些物质或者直接再利用，或者进行修理后利用，或者进行再生利用，或者进行再制造利用。为表述方便，人们借助河流中水的运行趋势的顺流和逆流，把从最初的供应源“供应”到最终消费者的一切物质称为顺流物，从最终消费者“返回”到最初的供应源的一切物质称为逆流物。那么，正向物流就是对顺流物的处理，而逆向物流就是对逆流物的处理。

课堂互动

物流过程中可能产生哪些废弃物？这些废弃物是否都是“垃圾”？如何将物流中的废弃物“变废为宝”？

10.5.2　逆向物流的特点

逆向物流和正向物流方向相反，而且总是相伴发生，如图 10-9 所示。

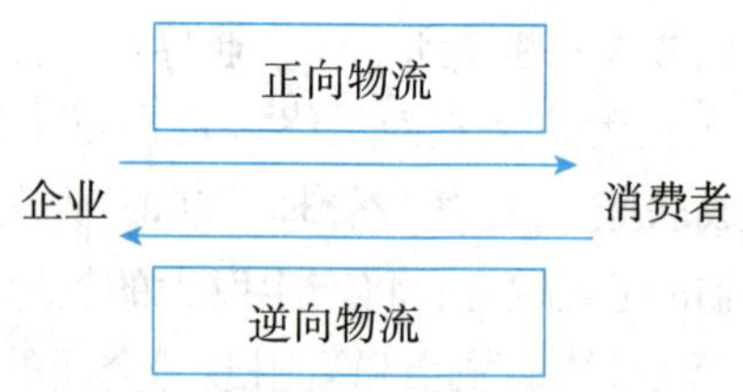

图 10-9 逆向物流和正向物流的关系

逆向物流的特点如下。

（1）废弃和回收物流产生的时间、地点、数量是难以预见的。

（2）发生地点为分散、无序的。

（3）发生的原因通常与质量、数量异常有关。

（4）处理的系统和方式复杂多样，不同的处理手段对资源价值贡献有显著差异。

对逆向物流的处理程序是将逆向物流的物资中有再利用价值的部分加以分拣、加工、分解，使其成为有用的物质，重新进入生产和消费领域。另一部分基本或完全丧失了使用价值的最终排泄物或焚烧，或送到指定地点堆放掩埋，对含有放射性物质或有毒物质等一类特殊的工业废物，还要采取特殊的处理方法，返回自然界。逆向物流过程如图 10-10 所示。

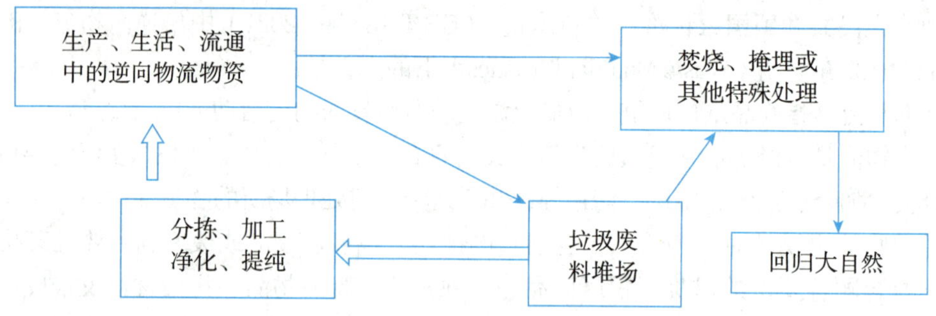

图 10-10 逆向物流过程

10.5.3 逆向物流的意义

回收物流与废弃物流都属于逆向物流。逆向物流虽不能直接给企业带来效益，但其对环境保护和资源可持续利用来说，意义十分重大，也非常有发展潜力，如表 10-3 所示。

表 10-3 传统经济与循环经济的比较

	传统经济	循环经济
模式	资源→产品→污染排放	资源→产品→再生资源
特点	高开采、低利用、多排放的单向物流经济	低开采、高利用、少排放、包含逆向物流的循环物流经济

西尔斯公司物流执行副总裁曾说：“逆向物流也许是企业成本可以降低的最后的未开垦地了。”一方面，逆向物流处理得好，可以增加资源的利用，降低能源的消耗，降低经济成本，有效减少环境污染，提高经济效益。例如，目前全世界生产的金属产品中，约 45% 的钢、40% 的铜、50% 的铅等，都是由回收的废金属经加工冶炼后获得的。废金属回收利用的价值和效果，可以通过表 10-4 的几组数据充分说明。

表 10-4 废金属回收利用的价值和效果

品 种	价值和效果			
	能源消耗	空气污染	水 污 染	采 矿
废钢	降低 47% ~ 74%	减少 85%	减少 96%	废物减少 90%
废铝	降低 90% ~ 97%	减少 9.5%	减少 97%	—
废纸	降低 23% ~ 74%	减少 74%	减少 3.5%，用水量减少 58%	—
废玻璃	降低 4% ~ 32%	减少 20%	用水量减少 50%	废物减少 80%

另一方面，逆向物流如果处理不当，则会造成许多公害。例如，把有毒物质弃入江河，对饮用水的人的健康有害；将废电池随意丢弃，对土壤损害极大。一枚纽扣电池可以污染 600 吨水，相当于一个正常人一生的饮水量。一些有毒有害的废弃物已经对土壤、地下水、大气等造成现实或潜在的严重污染。

据有关部门的调查，我国可回收利用却没有利用的再生资源价值高达 300 多亿元，每年大约有 500 万吨废钢铁、20 多万吨废有色金属、1 400 万吨废纸及大量的废塑料、废玻璃、废电池没有回收利用。

10.5.4 逆向物流的组织与管理

对逆向物流的重视是实现经济可持续发展的必然选择。逆向物流的组织和管理很复杂，不仅包括需要快速地再储存和再销售的产品，还包括需要修理、整修的产品。逆向物流正在成为企业竞争中的重要组成部分。

要提高逆向物流管理效率，有必要构建一条恢复链。恢复链流程是逆向物流控制的主线。终点有两种可能：再使用或处理报废。恢复链上的活动包括回收、拣选、再加工或处置报废、再使用，如图 10-11 所示。

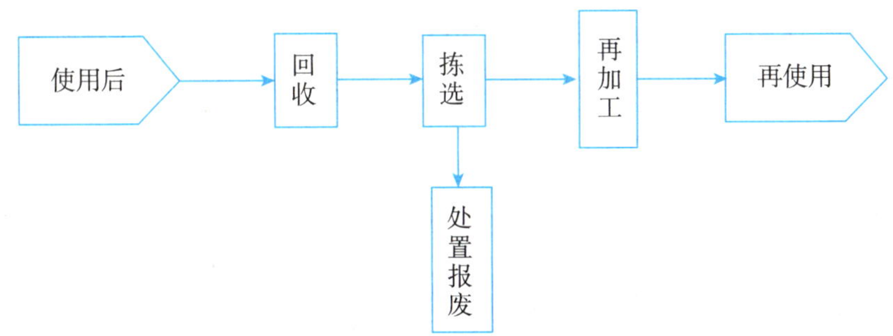

图 10-11 恢复链流程

在整条恢复链上，生产企业、销售企业、再生资源回收企业和消费者都是循环物流系统的参与者。为使这条恢复链运作顺畅，必须对现有物流体制进行管理，具体对策如下。

1. 严格实施已有的法律、法规，健全再生资源行业经营法规

《中华人民共和国环境保护法》《中华人民共和国固体废物污染环境防治法》等法律早已出台，但有些执法部门不能有力地贯彻实施。一些生产和流通企业对环境排放废弃物而无须承担再生资源的责任。因此，可尝试出台新的经济指标（如绿色 GDP）、出台环境税、

采取排放权的交易及“押金—退回”制度等政府举措和市场行为，强化循环经济意识，促进逆向物流的应用和发展。

同时，进一步制定和完善其他相关法律、法规，依法管理再生资源回收行业的经营活动，明确各个环节的法律责任。目前，我国还没有一套完整的再生资源法，再生资源回收与利用的责任不明确，回收与利用没有形成统一标准，造成行业管理混乱。另外，应进一步提倡废旧物资在其产地实施分类回收的做法，保证其最大的回收率。

2. 加快有关逆向物流技术研发，鼓励官、产、学、研合作联手攻关

逆向物流技术的研发对恢复链的有效营运有重要推动作用，尤其是废家电、废旧轮胎、废电池回收利用的处理技术。这些技术不妨借鉴国外的做法。以废旧冰箱为例，德国有专门的处理工厂。在那里，先由工人手工操作，将冰箱中残存的制冷剂放出，以免后续处理中泄漏出来污染环境；然后按自动化的程序，用机器将其压扁、打碎，再将不同的成分筛选出。比如，先根据导电性将金属和非金属分开，再根据磁性和密度筛选出钢、铁、铜、铝等不同金属。几条分选流水线过去，出来就是成分比较单一的各种材料，回收的金属冶炼后又是好材料，而合成橡胶粉碎后可以和沥青掺在一起，成为铺路材料。

3. 尽快出台再生资源回收利用的激励机制和政策措施

我国可以通过学习、借鉴发达国家的一些成功经验和做法，结合我国国情，研究建立适合我国现阶段经济发展水平、能够促进再生资源回收利用的激励机制，研究建立适应市场经济体制要求，促进再生资源行业自我积累、自我发展的有关措施。

例如，德国的市政公司每年年底会发给各户主一份《垃圾回收日程表》，把下一年每天收什么垃圾安排得清清楚楚，比如，每周一、周三回收生活垃圾，周二、周四回收绿色垃圾（枯枝落叶），周五回收废纸等，然后每年有几个特定的日子回收难处理的垃圾。这种循环经济的效益表现在3个方面：一是德国市政公司盈利的多，亏本的少。当然也有国家对废旧品循环处理的税收优惠和补贴因素。二是回收的铁、铜、铝等金属，最少的也占德国金属生产的5%以上。三是看起来最没用的废旧橡胶渣，已经成为目前铺设和维护高速公路的主要原料，用橡胶渣沥青铺的高速公路，摩擦力大又有适度弹性，车感和安全性都好于水泥路面。

4. 抓好示范点

引导和扶持有条件的中心城市建立再生资源回收网络和集散市场，推动再生资源回收利用企业逐步向集约化、规模化、产业化方向发展，提高技术和管理水平。

目前，我国已初步建立了比较完整的回收物流网络，但需要一些中心城市培育几个大回收企业，以便发挥集聚效应和发散效应。比如，按现代企业制度组建科、工、贸一体的总公司或专业化的集团公司；改变以行政为主线的做法，组建跨地区、跨行业，甚至跨省市的服务公司；充分利用已有的市场资源提高逆向物流的效率和效益，如充分利用邮政系统现有的入千家、进万户、点多面广的综合网络。

5. 提倡绿色包装

绿色包装可采取的措施包括，采用可降解的包装材料、设计简易包装、减少一次性包装、提高包装废弃物的回收再生利用率、加强绿色包装宣传等。早在20世纪90年代，素

有“文件处理专家”之称的施乐公司（Fuji Xerox）在产品设计时就把多次使用、翻新生产和废物回收作为实施环境保护计划的指导方针，致力实质性的“变废为宝”，许多施乐产品在结构上都设计得容易拆卸和分解，不仅便于平时的零件维修更换，更有利于机器到使用寿命后对其中的可回收件进行再生利用。

此外，对于企业来说，应加快逆向物流的信息系统软件开发。逆向物流的信息系统软件目前是IT软件的一块处女地。实际上，逆向物流信息系统软件所孕育的商机是惊人的，仅美国每年就有超过350亿美元的逆向物流成本，可推测逆向物流的信息系统软件业的份额有多大。

总之，企业应从整个供应链的视角组织物流，致力设计无污染的产品和工艺，支持和自觉参与再生资源回收利用事业，从而保护环境，创造经济价值和社会价值，促进人与自然的和谐、统一，促进社会、经济的全面发展。

思政园地

介绍企业逆向物流案例或观看相关视频，让学生了解企业废弃物流、回收物流的运作情况，增强成本意识、安全意识，追求经济的同时关注社会可持续发展。

课后习题

一、单项选择题

1.在制造业物流中，物流按其在制造业中发挥的职能，可分为（　　）。

A.供应物流、生产物流、销售物流、回收物流及废弃物流

B.区域物流、国内物流和国际物流

C.微观物流和宏观物流

D.企业物流和社会物流

2.企业计划期内生产物流供应活动的行动纲领是（　　）。

A.生产物流计划　　B.供应计划　　C.销售计划　　D.生产计划

3.核心思想在于“消除一切不必要的浪费”，在生产物流管理的实践中尽力消除不增值的活动和不必要环节的管理方法是（　　）。

A. JIT生产　　B. MRP　　C. TQC　　D. BRP

4.作为企业物流与社会物流的衔接点的物流活动是（　　）。

A.采购物流　　B.生产物流　　C.回收物流　　D.销售物流

5.生产企业出售商品时，物品在供方与需方之间的实体流动称为（　　）。

A.采购物流　　B.企业内物流　　C.销售物流　　D.退货物流

6. DRP的含义是（　　）。

A.物料需求计划　　B.企业资源计划

C.制造资源计划　　D.分销需求计划

7.部分废料可以通过收集、分类、加工、供应等环节转化成新的资源，重新投入生产或消费中，这一过程称为（　　）。

A.回收物流　　B.销售物流　　C.生产物流　　D.废弃物流

8.准时制生产的英文缩写是（　　）。

A. ERP　　B. JIT　　C. WTO　　D. DRP

二、判断题

1.企业物流管理既不能单纯追求单个物流功能的最优，也不能片面追求各“局部物流”最优。（　　）

2.在理解ERP的原理时，我们应该注意到，MRP是ERP的核心功能。（　　）

3.企业生产物流的运行具有极强的伴生性，这决定了企业物流很难与生产过程分开而形成独立的系统。（　　）

4.销售物流是企业物流系统的一个重要环节，是企业物流与社会物流的最后一个衔接点，也是企业物流与社会物流的转换点。（　　）

5.逆向物流通过减少使用资源达到废弃物减少的目标，同时使正向以及回收的物流更有效率。（　　）

三、简答题

1.什么是供应物流？

2.采购决策的内容有哪些？

3.准时制采购的策略有哪些？

4.什么是生产物流？

5.影响生产物流的因素主要有哪些？

6.生产物流系统设计原则是什么？

7.生产过程有哪几种方式？

8.什么是销售物流？销售物流的服务要素是什么？

9.什么是逆向物流？逆向物流意义何在？

四、案例分析题

通常，飞机达到一定年限后，维修保养成本很高，只能退役。退役后的飞机不会贬值，进行适当回收作业，能发掘出可观的价值。

美国亚利桑那州固特异市就有一家废旧品回收公司——AIRCRAFT公司，专门回收喷气式客机。德国汉莎航空公司一架波音747飞机，飞行年龄24年，完成了最后一次航班，等待淘汰。AIRCRAFT公司闻讯大喜，飞往德国，花了170万美元收购。

波音747飞机70多米长，机翼宽度60米，亚利桑那州拥有大片沙漠地，AIRCRAFT公司在沙漠中修建了停机坪。拆飞机，先卸引擎，再把管道、线路、大小设备拿走，然后把无法拆卸的金属压碎熔化。飞机的零部件多数重量50公斤以上。机械工必须在机体内部钻来钻去，稍不留神可能受伤。飞机某些部件还存在有毒的残余渣液，叫作磷酸酯液压油，若滴在皮肤上，会产生灼伤，甚至还有高放射性物质铀的存在。

波音747飞机零部件600万件，由6名工人花费12周时间完成拆解。损坏程度低的物品有些可以立即卖掉，大到引擎、黑匣子，小到咖啡机、烤箱，有人专门过来收购，当场出售当场记账。引擎4部共卖600万美元；燃料箱剩余的油料3万美元；驾驶舱的仪表7.5万美元；电子仪器10万美元；飞行气象雷达卖了5 000美元；飞机鼻锥（机头盖）卖了1.5万美元；制动器卖了20多万美元；起落架卖了25万美元；机壳及其他零碎金属（仅高强铝就有66吨）卖给材料回收公司获得3万美元；连飞机上的咖啡机拆下来都卖了2 000美元。拆解后的销售总业绩达到680万美元。大型客机20世纪70年代以来，基本设计几乎没有改变，大多数不同型号的飞机零部件可以互换。由于飞机的安全因素，质量稳定性几乎完美。

经翻修后，1/3的零部件完全能用于新飞机的组装。回收旧飞机正成为美国最赚钱的行业。全球两大飞机制造公司“空中客车”和“波音”早已暗暗在飞机回收项目上较劲。

（资料来源：360文库.资料有删改. https://wenku.so.com/d/83ed97a3a4d35bbd1ad66161ecd555a9.）

>>思考分析

1.你认为退役后的飞机还有利用价值吗?

2.假设你是“空中客车”公司老总，你将如何在回收旧飞机的业务上展开竞争?

实践与实训 讨论——各类企业物流的特点

【实践与实训目标】

1.培养学生对各类企业的认识。

2.培养学生对各类企业物流现状和未来的认识和分析的能力。

【实训内容与要求】

1.学生分小组调查具体某企业的物流情况，组织收集资料。

2.运用所学知识对企业物流特点进行分析。

3.尝试分析企业物流存在的问题，提出解决措施，并说明理由。

【成果与检测】

1.每个小组撰写一份具体企业物流特点的分析报告，并进行讨论。

2.教师根据分析的合理性对各小组表现进行评价。

第 11 章 第三方物流

学习目标

1. 理解第三方物流的概念
2. 掌握第三方物流运作的基本理念及要点
3. 了解第三方物流企业如何提供增值服务
4. 了解第四方物流的概念和运作模式

素质目标

1. 能对第三方物流开展管理
2. 熟悉第四方物流的运作模式

案例导入

一汽大柴：尝到物流外包甜头

面对日趋激烈的市场竞争，企业只有不断增强核心竞争能力才能谋求更大的发展。一汽大连柴油机厂（以下简称一汽大柴）将核心能力定位在柴油机的新产品开发、设计和组装生产及市场开拓上。为更专注于核心业务的发展，企业选择将物流业务外包。

通过招标采购，一汽大柴选用大连盛川物流有限公司（以下简称盛川物流）作为物流外包服务提供商。业务外包后，一汽大柴首先把储备风险库存挪到第三方物流来做，减少了企业在库房、机械设备、人力、运力方面的再投资，避免了国有大中型企业的小而全、大而全的作风，把除生产以外的企业附属工作委托第三方物流去做，加快了企业资金周转速度，减少了企业不必要的投资。盛川物流保证了企业风险库存储备。目前，盛川物流存放的零配件不属于一汽大柴所有，需要一汽大柴向供应商发出订单，才能送到物流中心；一汽大柴向物流中心发出要料计划，物流中心才能把一汽大柴所需配件送到厂内，这也是一汽大柴所谓虚拟仓库的概念。存放在虚拟仓库的配件，原来都占用一汽大柴的资金，现在所有的配件在物流仓库里，都是供应商自己的，占用的也是供应商的资金，以备一汽大柴生产储备风险库存，物流中心的仓储费用也由供应商负担。由此简化了产前准备，加快了生产速度，使一汽大柴整体竞争力大幅提高。

对供货商而言，盛川物流则为供货方制定科学的库存风险储备量，使库内货物总在风险储备的上、下线之间，既不会影响一汽大柴生产，也不会使库存过剩。另外，盛川物流也为供货方提供及时的库存查询，如供货方所有配件的当日、当月及一年的出入库明细、出入库合计和货物周转率等。此外，还为供货方提供物流中心到一汽大柴厂内的短途配送服务，把配件拆包、上工位器具直送一汽大柴生产线；为一百多家客户实施长途运输，及时把配套厂家的货物运达物流中心库房，为供货方降低了运输成本。

作为一汽大柴的第三方物流企业，盛川物流不仅为一汽大柴带来降低作业成本、改进服务水平、集中核心业务、减少呆滞资产等多种益处，而且为一汽大柴提供过去传统的储运公司根本不可能提供的订单处理、需求预测、存货管理等多方面的服务内容，同时为一汽大柴的一百多家供应商提供个性化的物流服务。

（资料来源：锦程物流网.资料有删改.http://info.jctrans.com/xueyuan/czal/20137161946013.shtml）

◎**思考题：**

1.一汽大柴为何将物流业务外包给盛川物流?

2.作为一汽大柴的第三方物流服务提供商，盛川物流提供了哪些增值服务?

11.1　第三方物流概述

11.1.1　第三方物流的概念

第三方物流（Third Party Logistics，3PL or TPL）的概念是 20 世纪 80 年代中后期才在欧美发达国家出现的。“第三方”一词源自管理学中的“外包”（Outsourcing）理念。外包是指企业动态地配置自身和其他企业的功能和服务，并利用企业外部的资源为企业内部的生产和经营服务。将外包引入物流管理领域，就产生了第三方物流的概念。

中华人民共和国国家标准《物流术语》（GB/T 18354—2021）是这样定义第三方物流的：

第三方物流是指独立于供需双方，为客户提供专项或全面的物流系统设计或系统运营的物流服务模式。

国内外对第三方物流的定义不尽相同，但总体来说可以将第三方物流分为广义的第三方物流和狭义的第三方物流。

1.广义的第三方物流

广义的第三方物流是相对于自营物流而言的，凡是由社会化的专业物流企业按照货主的要求所从事的物流活动，都可以包含在第三方物流范围之内。至于第三方物流从事的是哪个阶段的物流，物流服务的深度和服务的水平如何，这要看货主的要求。在市场经济条件下，需求决定供给，因此对第三方物流的服务不能脱离实际需求而规定确定不变的领域。

2.狭义的第三方物流

狭义的第三方物流主要是指能够提供现代化的、系统的物流服务的第三方的物流活动。其具体标志：一是有提供现代化的、系统物流服务的企业素质；二是可以向货主提供包括供应链物流在内的全程物流服务和特定的、定制化服务的物流活动；三是不是货主向物流服务商偶然的、一次性的物流服务购买活动，而是采取委托—承包形式的业务外包的长期物流活动；四是不是向货主提供的一般性物流服务，而是提供增值物流服务的现代物流活动。

广义的第三方物流与狭义的第三方物流的关系如图 11-1 所示。

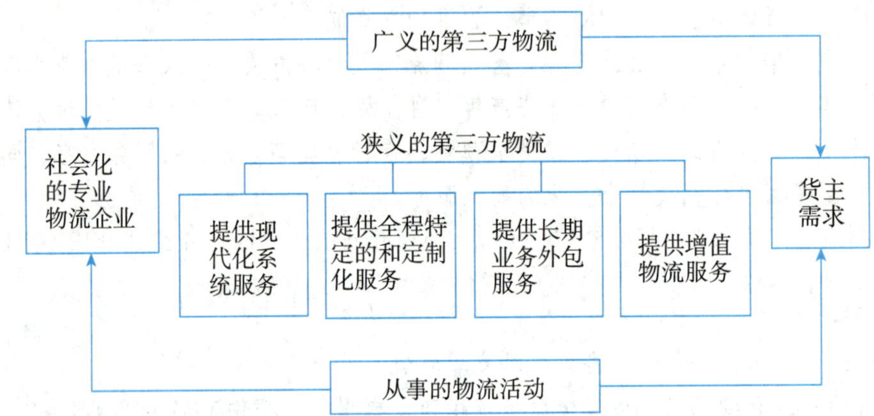

图 11-1 广义的第三方物流与狭义的第三方物流的关系

案例拓展

上海通用与中远集团的战略联合

1.上海通用的物流外包

上海通用汽车是上海汽车集团公司与美国通用汽车公司合资的企业，他们的生产线基本做到了零库存，这主要是通过物流外包实现的。

汽车制造行业比较特殊，零部件比较多，品种规格都比较复杂，如果自己去做采购物流，要花费很多时间。因此，上海通用选择将物流业务外包给中远集团，要求做到生产零部件JIT直送工位、准点供应，这种外包就是把原材料直接送到生产线上的一种外包制度。

2.中远的准点供应服务策略

中远是很专业的第三方物流公司，上海通用通过与其联合建立起战略合作伙伴关系。

（1）实施“门到门”配送

“门到门”配送具有以下优势：第一，可以大幅降低包装成本，因为从供应商的仓库到客户的仓库门，装一次卸一次就可以了，这比铁路运输要先进得多。第二，库存可以放在运输途中，大大降低了库存成本，只要提前算好时间，就可以保证所需零部件准时送到。

（2）在生产线旁边设立“再配送中心”

在生产线旁边设立“再配送中心”，货物到位后两个小时以内就用掉了，它在这两个小时里就起到了缓冲作用，就是一般所说的安全库存。

此外，再配送中心也可以起到“蓄水池”的作用，每隔两小时“自动”补货到位，“自动”补货到位在时间上控制得非常严格，因为这是与库存量密切相关的，实行动态管理能够达到降低成本、提高效益的目的。

（资料来源：360文库.资料有删改.https://wenku.so.com/d/f0efadeb6b830db46b2f6ef7b0b498c8）

11.1.2　第三方物流的产生和发展

可以通过以下两个方面考查第三方物流产生和发展的因素。

（1）物流服务的需求动因。

①维持核心竞争力。随着成本节约、组织扁平化、全球营销和外取战略日益受到重视，企业经营者开始考虑放弃一些内部物流职能，转而通过与第三方物流服务商建立物流联盟或合作伙伴关系，实现物流活动的外取。许多企业通过重组将资源和精力集中在核心业务上，维持核心竞争优势，从而降低了运营成本，促进了自身能力的迅速积累和成长。

②减少作业成本。开展第三方物流的一个重要因素是可以减少对物流设施的投资。减少作业成本，加速资金的周转，这是第三方物流的主要利益所在之一。企业的经营管理者越来越关注资产对利润的贡献因素，这种观念的转变最终导致企业把资本集中在能产生高效益并取得竞争力的主要业务上，从而将自营物流逐渐转向第三方物流。这不仅能减少对物流设施的新投资，也大大减少了在仓库与车队上占用的资金，提高了资金的使用效率。

③改进服务水平。维持核心竞争力、减少作业成本和改进服务水平是企业需求第三方物流服务最大的利益所在。第三方物流不仅能提供更加专业的物流服务，而且效率高。

（2）物流服务的供给动因。运输行业日益成为越来越具有竞争性的行业，资金回报下滑，利润降低，这驱使一些运输企业逐渐向综合物流企业转型，向承运人提供增值物流服务，进入门槛较高的细分市场，并与客户订立长期物流服务合同来获得新的利润增长点。20年来，欧美许多运输与仓储企业已演变成广泛物流服务的供应商，并为客户定制各类新型服务，作业效率也已大大提高。

11.1.3　第三方物流的特征

1.关系契约化

这是第三方物流最显著的特征。第三方物流通过合形式来规范物流经营者与物流消费者之间的关系。

2.功能专业化

对于专业从事物流服务的企业，它的物流设计、物流操作过程、物流管理都应该是专业化的，物流设备和设施都应是标准化的。

3.服务个性化

第三方物流面向的都是一个个具体企业承包物流业务，不同的企业要求提供不同的物流服务。第三方物流根据不同企业的要求，提供针对性强的个性化服务的增值服务。

4.信息网络化

第三方物流企业只有建立适应综合物流发展的信息技术平台，及时地与客户交流和协作，实现资金流、物流、信息流的有机结合，才能够赢得客户，赢得市场，才能生存和发展。

5.管理系统化

第三方具有系统的物流功能，这是第三方物流产生和发展的基本要求，第三方物流需要建立现代管理系统才能满足运行和发展的基本要求。

11.1.4 第三方物流企业

1.第三方物流企业的核心竞争力

第三方物流企业是从事社会化物流运作的具有独立法人地位的企业。第三方物流企业必须打造物流运作的优势，使之成为企业的核心竞争能力。

（1）第三方物流企业具有相当的规模。第三方物流企业的运作，和第一方、第二方企业的物流运作一样，也可以利用公用的物流平台。在利用社会物流平台方面，第三方物流企业并没有优势。第三方物流企业由于从事专业物流运作，再加上规模大、业务量比较大，因此和物流平台的业务联系更为紧密，能够更有效地利用社会物流平台。而第一方、第二方企业进行物流运作，受规模小的制约，往往仅在局部的物流平台上进行运作，而一旦涉及广泛利用物流平台的时候，业务方面便显得十分生疏。

规模还带来另一个重要的优势，那就是低成本。这种优势源于资源最合理的使用和调度，规模越大，这个问题就越容易解决。

（2）第三方物流企业具有相当的资产实力。第三方物流企业不管是本身投资建设的资产实力还是通过整合形成的资产实力，都成了有效进行物流运作的手段。巨大的资产实力支持了第三方物流企业较高的服务能力和服务水平，同时是降低物流运作成本的主要原因。这也是第一方和第二方企业进行物流运作不可能有的优势。

（3）第三方物流企业具有完善的信息系统。建立有效的物流运作信息系统，是第三方物流企业获得竞争能力的重要手段。这种信息系统是专业化的社会物流企业通过自己的广泛社会联系和专业化的沟通才得以建立的，这也是货主企业难以做到的事情。

（4）第三方物流企业实行社会化的经营和管理。通过社会化的经营和管理，打造一个公平地向所有企业提供服务的形象，取得货主企业的了解和认可，从而大量吸引客户，与客户建立联盟关系，形成规模实力。

2.第三方物流企业的类型

（1）从资产角度考察。第三方物流企业可分为资产型和非资产型两类。

①资产型第三方物流企业。资产型第三方物流企业需要具备提供专业物流服务所需的主要物流资产。这里的物流资产主要指物流的载体：物流基础设施或物流设备。

②非资产型第三方物流企业。非资产型第三方物流企业需要具备对物流资产进行规划、集成、运作、管理和控制的能力，它一定要起到供应链物流服务集成商的作用。

（2）从提供的服务内容考察。第三方物流企业可以分为以下五种。

①第三方物流管理企业（非资产型第三方物流企业）。

②第三方物流运作企业（资产型第三方物流企业）。

③第三方物流中介企业（如货运代理公司）。

④第三方物流信息企业（如货源配载信息网络）。

⑤第三方物流咨询企业。

11.2 第三方物流运作

11.2.1 第三方物流运作的基本理念

第三方物流的生命力取决于是否能够提供优于自营物流的服务水平和低于自营物流的价格，但是当第三方物流进入客户的战略发展层次时，成本问题就不是一个重要问题了。

所以，第三方物流应当把提供更有效率的物流运作和更高的价值，作为运作的基本理念。在这个基本理念指导下，第三方物流不仅要考虑到与同行的竞争，还要考虑到客户潜在的内部运作的可能。假设所有的公司都可以提供同等水平的物流服务，不同公司之间的差别将取决于它们的物流运作资源的经济性。

第三方物流企业应当是一种“利润中心”型的企业。第三方物流企业利润的获得，必须靠精细服务和增值服务，尤其是增值服务，从客户增值的利益之中，取得一定比例的收益，这才是第三方物流企业的利润源。

11.2.2 第三方物流运作的增值服务

面对日趋激烈的市场竞争，第三方物流运作中应提供增值服务，但第三方物流如何进行增值服务，不能一概而论，每一个第三方物流企业都应当打造自己独特的优势，形成独特的增值物流运作方式。增值服务的一般途径如下。

1. 基本服务延伸的增值

基本物流服务是大量发生的，由于只是向客户提供最低限度和通常的服务，服务的深度不够，因此各项基本服务都有增值的潜力。有时候，基本服务与增值服务只有一步之遥，是很容易跨越的。基本服务向增值方向延伸的办法很多，表 11–1 列举了一些，可供参考。

表 11–1 基本服务延伸的增值

基本服务	延伸基本服务所增加的因素	增值的效果
一般包装	在一般包装的基础上注入更多的信息因素，例如，商品和包装的简要说明、质量查询电话或网址	消费者放心购买、销量增加
	在一般包装的基础上注入更多的装潢因素，如商品促销的装潢	促进购买，销量增加
一般的汽车货运	根据情况，将发货点、到货点延伸到两端客户门口，变成“门到门”的运输	加快了速度，减少了装卸搬运次数，降低了费用；抢占了销售时机从而获利
一般仓库存货	增加向客户提供信息服务的因素，例如，客户查询系统将一般仓库存货变成精细的管理	准确的信息可以支持客户降低库存，节约成本
一般库存管理	增加与供需双方的沟通，尤其是增加供货的信息，变成低库存甚至零库存	减少了资金占用和货物损失，减轻了仓库管理工作
一般的装车服务	增加事前规划的因素，根据不同货物及不同包装重量、包装体积做出装车规划	增加了装车数量及装车的安全程度，降低了成本
一般的卸车服务	增加事前规划的因素，指定每一件货物卸货之后的放置地点，按指定地点放置货物	减少了客户企业内部的物流环节，尤其是再装卸、搬运环节，从而节省人力、时间和费用

2. 合理化改造的增值

物流系统存在合理化改造的可能性，这种改造没有止境，即使现在的系统已经很完善。随着技术进步和管理的发展，又会出现很多可以进行合理化改造的空间。第三方物流企业必须牢牢盯住一些可进行合理化改造的可能性，有专人分析、研究每个领域合理化改造的可行性，提出合理化改造方案。物流合理化的办法很多，表 11–2 列举了一些，可供参考。

表 11–2　物流合理化改造的办法

原来的物流运作	实施合理化的办法	增值的效果
商品的通用包装	根据商品不同，有选择地把通用包装改造成有针对性的包装	增强了所需要的包装功能，获得增值
过分专用包装	根据商品不同，有选择地把过分专用包装改变成通用包装	利用通用包装，增加了包装材料的可获得性和再生性，降低了成本
利用配送方式向连锁店进行配送	整合若干连锁商业系统，或者整合连锁商业系统与其他的物流需求，实行共同配送	减少了车辆的占用和交通拥堵，降低了配送成本
	对需求量比较大的连锁商店，或者原来配送商品中的一部分数量较大的商品，从物流中心或者仓库直接送货到连锁店，实行越库配送	减少了配送中心环节，提高了配送速度，节省了配送系统的配送费用和管理费用
干线汽车物流	利用信息系统进行合理化改造，使干线物流的两个终端站点有及时准确的车辆信息、货源信息，防止车辆回程无货空驶，降低车辆的空驶率	通过降低空驶率增加收入、降低成本
仓库存放货物的普通货架	用提高活性的办法进行合理化改造，对流动性能比较强的货物，利用重力式货架，提高被存放货物的活性	提高了操作效率，减少了操作时间和人力占用

3. 一体化物流服务的增值

将若干独立物流活动实行一体化，这样可以统筹物流资源，减少无效和浪费，从而获得增值。

4. 供应链集成整合的增值

进行更大范围的供应链整合，从而提高整个供应链的竞争能力，获得增值。

5. 管理的增值

引入先进的管理模式，介入用户的物流管理，从而可以取得在不增加物流资源甚至精简物流资源的前提下获得增值。

案例拓展

麦当劳的第三方物流

谈到麦当劳的物流，不能不说到夏晖公司，夏晖公司几乎是麦当劳“御用 3PL”（该公司客户还有必胜客、星巴克等）的物流公司，其与麦当劳的合作，至今在很多人眼中还是一个谜。麦当劳没有把物流业务分包给不同的供应商，夏晖也从未移情别恋，这种独特的合作关系，不仅建立在忠诚的基础上，还在于夏晖为麦当劳提供了优质的服务。

麦当劳对物流服务的要求是比较严格的。在食品供应中，除基本的食品运输之外，麦当劳要求物流服务商提供其他服务，比如信息处理、存货控制、贴标签、生产和质量控制等诸多方面，这些“额外”的服务虽然成本比较高，但它使麦当劳在竞争中获得了优势。另外，麦当劳要求夏晖提供一条龙式物流服务，包括生产和质量控制在内。这样，夏晖设在台湾的面包厂，就全部采用了统一的自动化生产线，制造区与熟食区加以区隔，厂区装设空调与天花板，以隔离落尘，易于清洁，应用严格的食品与作业安全标准。所有设备由美国SASIB专业设计，生产能力为每小时24 000个面包。在专门设立的加工中心，物流服务商为麦当劳提供所需的切丝、切片生菜及混合蔬菜，拥有生产区域全程温度自动控制、连续式杀菌及水温自动控制功能的生产线，生产能力为每小时1 500公斤。此外，夏晖还负责为麦当劳上游的蔬果供应商提供咨询服务。

麦当劳利用夏晖设立的物流中心，为其各个餐厅完成订货、储存、运输及分发等一系列工作，使得整个麦当劳系统得以正常运作；通过它的协调与连接，使每一个供应商与每一家餐厅达到畅通与和谐，为麦当劳餐厅的食品供应提供最佳的保证。目前，夏晖在北京、上海、广州都设立了食品分发中心，同时在沈阳、武汉、成都、厦门建立了卫星分发中心和配送站，与设在香港和台湾的分发中心一起，斥巨资建立起全国性的服务网络。

（资料来源：360文库.资料有删改.https://wenku.so.com/d/8465dcf17fb6941ec88732cc1cd67189）

11.3　第三方物流管理

11.3.1　第三方物流运输管理

1.第三方物流运输管理的概念

第三方物流运输管理就是对整个运输过程的各个部门、各个环节及运输计划、发运、接运、中转等活动中的人力、物力、财力和运输设备进行合理组织、统一使用、实时控制、监督执行，以求用同样的劳动消耗，创造更多的运输价值，在为客户提供优质服务的同时实现自己企业的利润最大化。

2.第三方物流运输管理的内容

第三方物流运输管理与其他企业的运输管理一样，主要内容包括以下三个方面。

（1）运输决策。运输决策是指第三方物流公司在运输作业前就运输方式、运输工具、运输路线、运输时间的选择及运输成本的预算、运输人员的配置和运输投保等进行选择，拿出最优方案的过程。

（2）运输过程管理。运输过程管理是整个运输管理的核心部分。它包括对发运、接运、中转和运输安全的管理，以及对伴随商品流动而进行的人员流动、资金流动的管理。

（3）运输结算管理。这是运输管理的最后环节。运输结算管理包括运输费用的结算和账务处理，还包括索赔、处理他人索赔、运输设备的维修与采购等。

这三个方面的内容体现在实务操作中就是：运输方式及服务方式的选择，运输路线的选择、车辆调度与组织，运费的确定与审议。

11.3.2 第三方物流仓储管理

1. 第三方物流仓储管理的基本决策

（1）仓库的产权决策。仓库仓储主要包括自营仓储、公共仓储和合同制仓储。第三方物流企业可以根据货主和货物种类的不同，选择不同的仓库仓储。图 11-2 列出了其他应考虑的服务质量因素及它们可能产生的影响，箭头方向表示由弱到强的趋势。

自营仓储
合同制仓储
公共仓储
产业协同效应
操作灵活性
地理位置的灵活性
规模经济

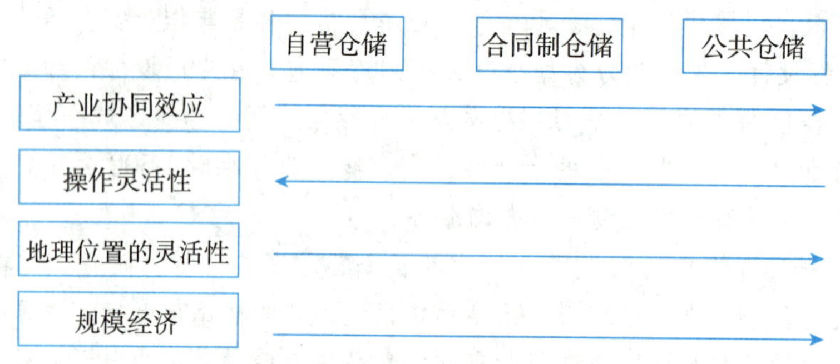

图 11-2　仓储决策的影响因素

产业协同效应是指第三方物流企业按产业类别整合并提供服务带来的利益。例如，第三方物流企业可以为同属食品行业的公司租用一个公共仓库，将来自不同食品公司的货物整合后运输，可以让其享受优惠的运费率，为其带来可观的经济效益。从自营仓储、合同制仓储到公共仓储，这种产业协同效应是依次增强的。

操作灵活性是指调节企业内部策略和程序以适应货物和客户需要的能力。由于自营仓储完全由第三方物流企业自己控制，人们通常认为它的灵活性最强。实际上，许多公共仓储和合同制仓储在操作灵活性和响应力方面与自营仓储相比毫不逊色。

地理位置的灵活性是指根据季节性需求的变化，快速调节仓库的地点和数量的能力。例如，对于应季的农产品而言，它们需要仓库能靠近市场，这样才能方便顾客挑选。但是在非上市季节，就没有必要选择靠近市场的仓库。最理想的选择就是按季节开关那些靠近市场的仓库，采用公共仓储和合同制仓储的策略正好具备这种地理位置的灵活性的需要。

规模经济指的是通过采用先进技术来降低物料搬运和仓储成本的能力。一般来说，大型仓库更有可能获得规模经济的利益，因为它们可以将投资于技术的固定成本分摊。一般来说，公共仓储和合同制仓储的规模经济优势更明显。

（2）仓库的设计与布局决策。要确定仓库布局与设计，就要分析企业需要多少空间。仓库的空间需求如图 11-3 所示。

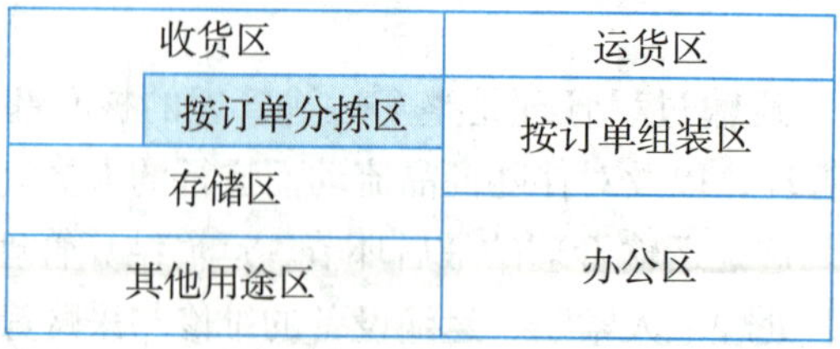

收货区
运货区
按订单分拣区
按订单组装区
存储区
其他用途区
办公区

图 11-3　仓库的空间需求

决定所需仓库空间的第一步是对企业产品的需求做出预测。这意味着要根据产品种类估计在一定的销售时期内（通常为 30 天）的产品销量。第二步是确定各类产品的数量，通常将安全储备也考虑在内。第三步是计算各部分所占的体积。此时，企业对所需的基本储存空间就有了大致的估计。此外，企业还必须为过道及诸如电梯、会议室之类的设施留出所需的空间。

（3）集中仓储或分散仓储。第三方物流仓储管理的另一项重要决策就是决定是采用集中储存还是分散储存。这一决策决定了第三方物流企业应有多少家仓库进行运作和管理的问题。

（4）仓库的大小与选址。与仓库数量、集中仓储还是分散仓储决策密切相关的另两个仓储决策是仓库的大小与选址的决策。如果第三方物流企业采用自营仓储，仓库的规模与选址就极为重要。

（5）存货种类。这项仓储决策是决定第三方物流企业在不同仓库中储存货物的数量和种类。拥有多家仓库的企业必须决定是每家仓库都储存所有种类的产品，还是专门储存某几类产品，或者是将二者结合起来。

（6）雇员的安全。在一些设施条件比较落后的仓库里，雇员们干的是千篇一律、危险或强体力的工作，由此造成的雇员安全风险也将影响决策。

综上所述，仓储决策是一项重要的决策。仓储作业时要充分考虑最有效地利用劳动力，最安全和经济地搬运货物，最良好地保护和管理货物。应注意，仓储决策与物流系统的其他决策密切相关。

2. 第三方物流储位管理

随着货品流通的加快和市场少量、多样化的需求，货品在储存作业中会因流动频繁及品种的增加而难以掌控。有效掌控货品去向及数量的方法就是利用储位来使货品处于“被保管状态”，而且能够明确地指示储位的位置，货品在储位上的情况都能准确记录。储位管理就是提供储位的管理法则。储位管理的原则如下。

（1）储位明确。一般先将储存区域详细规划区分，并标示编号，让每一项预备储存的货品均有位置。此位置必须是明确经过储位编码的，不可是边界含混不清的位置，如过道、楼上、角落或某货品旁等。

（2）有效定位。依据货品保管区分方式的限制，寻求合适的储存单位、储存策略、指派法则及其他储存考虑因素，把货品有效地配属在先前规划的储位上。

（3）记录变动。当货品有效地配置在规划好的储位上后，后面的工作就是储位的维护，也就是说，货品不管是因拣货取用或因产品以旧换新，或是受其他作业的影响，只要货品的位置或数量有了改变，就必须真实地把变动情形予以记录，以使出账与实际数量能够完全吻合，这样才能进行管理。

11.3.3　第三方物流配送管理

1. 第三方物流配送管理的概念

第三方物流配送是按照用户的订货要求和时间计划，在物流节点进行分拣、加工和配货等作业后，将配好的货物送交收货人的过程。配送系统是物流系统的一个子系统，它直接面对用户提供物流服务。

2. 第三方物流配送基本环节的管理

第三方物流配送的基本环节主要有集货、分拣、配货、配载和送货等环节。

（1）集货。这是配送的第一个业务环节，属于配送的准备工作，是把分散的、待配送的物品集中起来，为后面的分拣和配货环节做准备。集货的最大优势就是通过货物集中能形成规模效益。在铁路货运及邮政物流中，集货的环节尤为重要。

（2）分拣。分拣工作主要涉及以下业务操作：把需要配送的物品从储位上拣选出来，准备齐全，按配装和送货要求分类，然后送入指定发货地点堆放。分拣的作用是为送货做准备。成功的分拣可以减少差错，提高配送的服务质量。在邮包运输中，高质量的分拣工作是保证及时、高效完成运输任务的关键。

（3）配货。物品按要求分类拣选后，再经过配货检查，就可以装入集装箱或其他工具，并且做好标记，运到发货准备区，等待装车发送。

（4）配载。充分利用运输工具的载重量和容积，采用先进的装载方法，合理安排货物装载。对第三方物流企业来说，在配送中心的作业流程中安排配载，将多个用户的货物或同一用户的多种货物合理装载于同一辆车上，既可以降低营运成本，提高企业的经济效益，又可以减少交通流量，改善交通拥挤状况。

（5）送货。送货是把配好的货物按照预定的配送路线和合适的运输方式送达用户指定的地点，将货物交于指定收货人。在这一环节中，如何确定最佳路线，把配载和路线有效结合，是物流运输管理人员的主要决策职责。

11.4 第四方物流

11.4.1 第四方物流的含义

第四方物流（4PL）是1998年美国埃森哲咨询公司率先提出的，它专门为第一方物流、第二方物流和第三方物流提供物流规划、咨询、物流信息系统和供应链管理等活动。第四方物流是供应链的集成商，它通过拥有的信息技术、整合能力以及其他资源提供一套完整的供应链解决方案，以此获取一定的利润。

第四方物流突破了第三方物流单纯发展的局限性，从社会全局的角度整合资源，从供应链层次上实现信息共享，提供综合的供应链解决方案。要成为第四方物流需要具备一定的条件：能够制定供应链策略、设计业务流程再造、具备技术集成和人力资源管理的能力等。如在集成供应链技术和外包能力方面具有领先地位，并具有专业人才；如能够管理多个不同的供应商并具有良好的管理和组织能力。

知识拓展

第四方物流兴起的背景

每种物流形态的产生都有一定的原因和背景，第四方物流作为一种新型物流形态也不例外，其实质是以第三方物流为基础，结合国际贸易的发展、信息技术的改进而诞生的。

众所周知，第三方物流作为一种活跃在流通领域的物流方式，其节约物流成本、提高物流效率的功能已为众多企业认可，然而，它在整合社会物流资源以解决物流“瓶颈”、达到最大效率方面仍力不从心。虽然从局部来看，第三方物流是高效率的，但从地区、国家整体来说，第三方物流企业各自为政，这种加和的结果很难达到最优，难以解决经济发展中的物流“瓶颈”，尤其是电子商务中新的物流“瓶颈”。另外，物流业的发展需要技术专家和管理咨询专家的推动，而第三方物流缺乏高技术、高素质的人才队伍支撑。对此有人提出，必须加强客户和第三方物流的关系并进行规范化管理，由此促进了第四方物流的诞生。

11.4.2　第四方物流的运作模式

1. 协同运作模式

这种模式下，第四方物流与第三方物流只有内部合作关系。第四方物流不直接与企业客户接触，而是通过第三方物流服务供应商实施己方提出的供应链解决方案、再造的物流运作流程等。这就意味着，第四方物流和第三方物流共同开发市场，第四方物流负责向第三方物流提供技术支持、供应链管理决策、市场准入能力以及项目管理能力等，第三方物流负责为客户实施专业物流服务。它们之间可以采用合同方式绑定或战略联盟方式合作。其关系如图 11-4 所示。

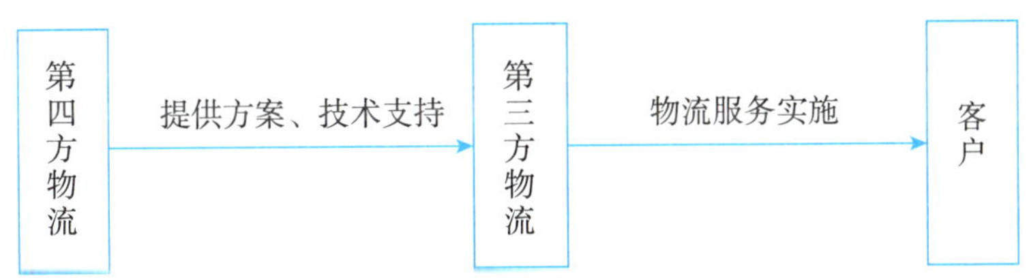

图 11-4　第四方物流协同运作模式

2. 方案集成商模式

这种模式下，第四方物流作为客户与第三方物流的桥梁、纽带，将客户与第三方物流连接起来，客户不需要与众多的第三方物流服务供应商接触，直接通过第四方物流来实现复杂的物流运作管理。第四方物流除了为客户提供可行的解决方案外，还需要对第三方物流资源进行整合，统一规划为客户服务。其关系如图 11-5 所示。

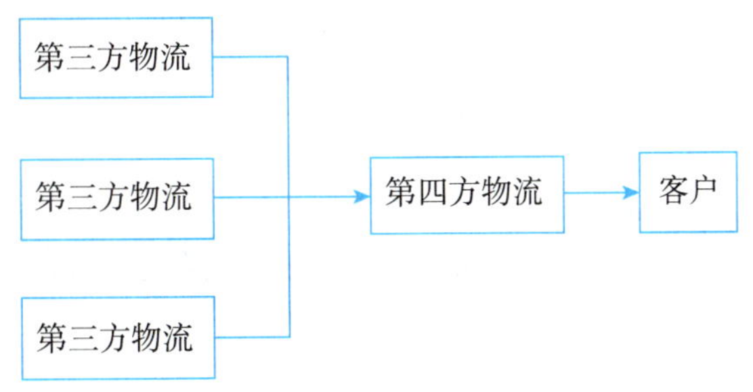

图 11-5　第四方物流方案集成商模式

3. 行业创新者模式

行业创新者模式与方案集成商模式有相似之处，都是作为第三方物流与客户沟通的纽带。两者不同之处在于：方案集成商模式只针对一个客户进行物流管理，而行业创新者模式的客户是同一行业的多个企业。这种模式下，第四方物流的解决方案在行业里实施，规模扩大，使得整个行业在物流运作上获益。其关系如图 11-6 所示。

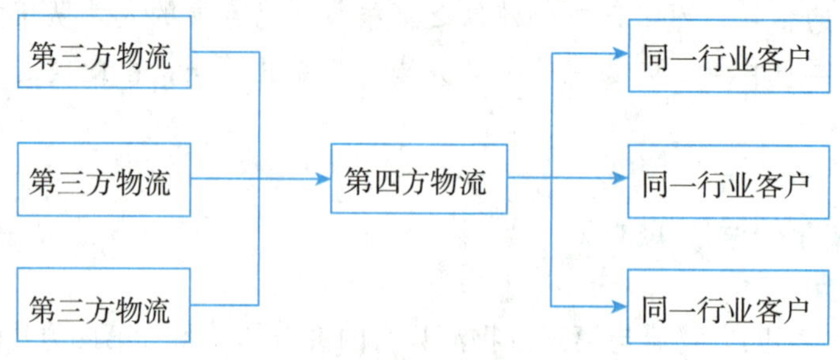

图 11-6 第四方物流行业创新者模式

11.4.3 第四方物流的主要作用

第四方物流还在探索和创新的进程之中，对于其作用，现在已经取得共识的主要有以下三个方面。

1. 第四方物流影响整个供应链

第四方物流通过对整个供应链产生影响的能力来增加价值，能够为整条供应链的客户带来利益。第四方物流通过影响整个供应链来提高包括物流在内的大系统的水平，因此第四方物流更具有战略性的作用。

2. 第四方物流能适应需方多样化和复杂的需求

目前物流需求范围广，有时候又有深度，着重从事实物活动的第三方物流很难满足这种需求。第四方物流开展多功能、多流程的供应链管理，其范围远远超出传统第三方物流外包运输管理和仓储运作的范围，扩展成包括物流在内的供应链集成服务。企业可以把整条供应链交给第四方物流运作，第四方物流则为供应链的全部功能或流程提供服务。

3. 第四方物流提供综合效益

第四方物流企业可以做到集中更多的资源（包括物流资源在内）为客户提供更高水平、更完善的解决方案和运作。它不仅集成了管理咨询和第三方物流服务商的能力，而且能够实施和运作，为客户带来利益。利益的主要表现是为客户及第四方物流自身带来的综合效益：服务水平提高、利润增长和运营成本降低，以及减少货物物流时间，节约物流资源，提高物流效率，还能减少物流对环境的污染。

思政园地

介绍九州通医药物流，让学生了解医药行业供应链和第三方物流服务的概况，加深对课程知识的理解，并从中感受到第三方物流的专业性、全面性，激发学生努力掌握专业知识，提升专业技能水平，增强服务意识，敬职敬业、创新高效。

课后习题

一、单项选择题

1.下列有关第三方物流含义的说法错误的是（　　）。

A.第三方物流向客户提供一系列分散的物流功能

B.第三方物流服务具有个性化物流服务特征

C.第三方物流是建立在现代电子信息技术基础上的

D.第三方物流企业之间是联盟关系

2.第三方物流最显著的特征是（　　）。

A.关系契约化　　B.功能专业化　　C.服务个性化　　D.信息网络化

3.能够对制造企业或分销企业的供应链进行监控，在客户和物流信息供应商之间充当唯一“联系人”角色的是（　　）。

A.第一方物流　　B.第二方物流　　C.第三方物流　　D.第四方物流

4.独立于供需双方为客户提供专项或全面物流系统设计或运营的物流服务模式是（　　）。

A.采购　　B.外包　　C.承包　　D.第三方物流

5.（　　）就是指一个业务实体将原本应在企业内部完成的业务，转移到企业外部由其他实体完成。

A.采购　　B.外包　　C.承包　　D.第三方物流

6.（多选）与传统物流相比，第三方物流的功能要素是（　　）。

A.合约关系　　B.服务功能

C.增值服务　　D.供应链因素

二、判断题

1.第三方物流通常称为契约物流或合同物流，也可称为外包物流。（　　）

2.现代物流的主要标志是第三方物流。（　　）

3.选择第三方物流时，最好选择服务资源丰富的企业。（　　）

4.第三方物流只创造经济效益，不能创造社会效益。（　　）

5.只有当物流自营具有成本优势时，企业可以选择物流自营。（　　）

6.第三方物流是物流专业化的重要形式。（　　）

三、简述题

1.简述第三方物流是如何产生的。

2.简述第一方物流、第二方物流、第三方物流及第四方物流的区别。

3.举例说明第三方物流企业是如何运作的。

4.简述第三方物流企业增值服务的途径。

5.简述第三方物流企业实现运输合理化的主要措施。

6.举例说明第三方物流企业是如何进行仓储决策的。

7.举例说明第三方物流企业是如何进行配送环节管理的。

四、案例分析题

某家电公司从一个濒临破产的小厂快速成长为中国乃至世界前列的家电制造商，产品门类从单一型号的家电产品，发展到已拥有近百类的产品品牌。随着公司业务的不断发展，其现有的物流体系已经远远不能满足企业的物流需求。

王先生在该公司工作了20多年，主要负责制定公司物流战略。他邀请其他三位主管讨论如何改善现有的物流系统，提高客户服务水平。主管们意识到，成功的关键取决于物流系统的运作效率，但是他们在选择自营物流还是第三方物流的问题上未能达成一致意见。以下是他们观点的总结。

张先生：50岁，主要负责运输管理。他认为公司应采用自营物流的方式，因为公司现有从事物流工作的职工有1200多人，运输车辆有200辆，如果采用第三方物流，将面临富余人员安置、物流费用增加等问题。

刘先生：40岁，主要负责仓储管理。他认为公司应采用自营物流的方式，原因是自营物流可以保证公司的服务水平、降低仓储外包的成本；而选择第三方物流，公司将面临更大的信息泄露风险和部分员工失去工作的风险。

陈小姐：32岁，在被提升为物流主管之前曾多年从事财务管理。她认为，选择自营物流将面临更多的物流基础设施投资和更多管理难题，因此应该选择第三方物流，这样不但可以优化公司资产结构，加快资金流动，而且可以降低公司投资风险，提高客户服务水平。

>>思考分析

该公司目前应选择自营物流还是第三方物流？为什么？

实践与实训 如何选择第三方物流供应商

【实践与实训目标】

1.培养学生对供应商的分析能力。

2.培养学生对供应商选择方法的应用能力。

【实训内容与要求】

模拟某企业在选择第三方物流合作伙伴时的决策分析。

1.调查并收集某企业的相关资料。

2.分析统计某企业的物流网络、实力、规模、信誉和业务能力。

3.定性定量综合分析选择物流供应商。

【成果与检测】

1.提交物流网络、实力、规模、信誉、业务能力的统计资料。

2.学生制订方案，教师评估。

第 12 章　供应链管理

1. 掌握供应链的概念、特点
2. 掌握供应链管理的概念、基本特征
3. 了解供应链管理的产生和发展
4. 了解供应链管理的特点

素质目标

1 能识别实际运作中的供应链类型
2. 能运用供应链管理的日标对企业展开有效管理

案例导入

知名品牌供应链的成功之处

戴尔公司的独特之处：戴尔的营运方式是直销。在直销模式下，公司接到订货单后，将电脑部件组装成整机。而不是像其他企业一样，根据市场预测进行大量的生产。戴尔公司通过各种途径获得订单，订单被汇总后，供应链系统会自动匹配出所需的原材料，同时比较公司现有库存和供应商库存，创建一个供应商材料清单。因此，戴尔的存货仅保留 7 小时。

苹果公司的独特之处：苹果是把握消费趋势的高手，构建了务实的设计创新。它根据不同的产品，采用各具特色的消费渠道，饥饿营销运用得很成功。iPod+iTunes把庞大的消费类电子厂商、芯片制造商、软件公司、音乐公司和零售商的力量整合在一起，为客户打造了播放、下载和视频等供应链系统。

麦当劳的独特之处：遵从物流合理化近距离原则，使得库存量最小。采用供应链采购，麦当劳只需要把自己的需求信息向供应商传递，由供应商根据需求信息预测需求量并进行生产计划和送货计划的制订，小批量多次补充货物。

◎思考题：

1. 这些成功的企业有哪些共同点？这些企业在供应链管理中的特色是什么？

2. 对于同类型的企业来说，可以借鉴它们的哪些方面？

12.1 供应链形成背景

1. 全球经济一体化为供应链形成提供了基础

20 世纪 80 年代以来，全球经济一体化的浪潮不断推进，资本流动国际化、跨国界生产和流通在消费地生产和组装产品形成一种新趋势。跨国公司在全世界争夺市场过程中发现，国际贸易这种传统做法，常常受国际风云变幻影响，受局部战争干扰，受对方国政策阻挠，受关税、反倾销的措施限制。如果在开展国际贸易的同时，在贸易对象国建厂，不仅能解决上述问题，还能充分利用当地廉价的劳动力资源、土地、电力、能源等，好处甚多。在全世界的贸易对象国建厂还有一个好处，就是大幅降低国际物流费用。于是在全球范围内寻求合作伙伴，在众多的企业中择优选择，结成广泛的生产、流通、销售网链便形成了一股潮流和趋势。

2. 第三方物流的出现为供应链提供了可能性

由于全球采购、全球生产、全球销售趋势的形成；也由于新经济和信息时代的到来，国际专业分工日趋明显；同时由于国际贸易竞争、企业争夺国际市场的激化和为了降低成本，加强竞争力，越来越多的大企业集团采取加强核心业务，甩掉多余包袱的做法。他们将生产、流通和销售等多种业务外包给合作伙伴，自己只做自己最擅长、最专业的部分。这样做既维持了国际贸易份额，又与贸易对象国紧紧地融合在一起，增强了抗风险的能力，减少了外界干扰。供应链形成后，他们既达到了预想的目的，又节省了费用，而且利润得以保持，稳定度加强，降低了风险。

3. 互联网的兴起为供应链提供了信息平台

互联网公众平台的建立，把世界经济带入了信息化时代。信息传递打破了国界和行业局限；信息共享、全球网络化信息传递使世界经济格局和贸易方式发生了“质”的变化。跨国公司、大型企业只要资金雄厚，市场定位准确就能在全世界无限制地择优选择合作者，迅速构筑供应链，并能随时更换合作对象，永远维持供应链的最优化结构。因为实现了远程化运作，供应链的管理和决策者能够选择世界任何一个地区最可靠、最积极、质量最佳、服务最热情、费用最低廉的合作者，并可以做到随时筛选、随时更换，主动权完全掌握在供应链主宰者手中。

4. 物流方面的社会咨询机构或组织的出现为供应链提供了人才资源

随着社会经济和科技的不断发展，管理学、系统学、运筹学和组织学有了长足的进步。出现了高水平、高智商、高专业能力和组织筹划能力的社会咨询顾问机构，这些机构能够为企业设计出现代化、系统化和可操作性极强的供应链系统。这种社会咨询机构或组织，拥有一批高精尖的人才队伍，掌握了最新的专业知识和最新的信息手段。他们充分利用计算机和互联网技术，能为客户设计出最佳供应链组合，构筑一整套高效益、低成本的供应链管理方案。

12.2　供应链的基本概念

供应链（Supply Chain）的概念经历了一个发展过程。下面对其概念的演进进行介绍。

1. 物流管理阶段

早期的观点认为供应链是指将采购的原材料和收到的零部件，通过生产转换和销售等活动传递到用户的一个过程。因此，供应链仅仅被视为企业内部的一个物流过程，它所涉及的主要是物料采购、库存、生产和分销诸部门的职能协调问题，最终目的是优化企业内部的业务流程、降低物流成本，从而提高经营效率。

2. 价值增值链阶段

进入 20 世纪 90 年代，人们对供应链的理解又发生了新的变化。由于需求环境的变化，原来被排斥在供应链之外的最终用户、消费者的地位得到了前所未有的重视，从而被纳入了供应链的范围。这样，供应链就不再只是一条生产链了，而是一个涵盖了整个产品运动过程的增值链。美国的史迪文斯（Stevens）认为："通过价值增值过程和分销渠道控制，从供应商的供应商到用户的用户的流就是供应链，它开始于供应的源点，结束于消费的终点。"这种定义注意了供应链的完整性，考虑了供应链中所有成员操作的一致性。

3. 网链阶段

随着信息技术的发展和产业不确定性的增加，今天的企业间关系正在呈现日益明显的网络化趋势，如核心企业与供应商、供应商的供应商乃至与一切前向的关系，与用户、用户的用户及一切后向的关系。供应链的概念形成了一个网链的概念，像丰田、耐克、尼桑和麦当劳等公司的供应链管理都是从网链的角度来实施的，如图 12-1 所示。

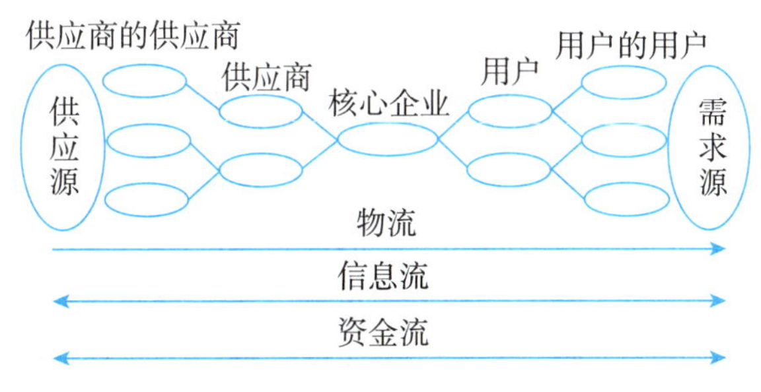

图 12-1　供应链结构

从图 12-1 可以看出，供应链由围绕核心企业的供应商的供应商、供应商、用户、用户的用户组成。一个企业是一个节点，节点企业和节点企业之间是供应与需求的关系。供应链中的节点企业除制造商外，既包括处于供应链上游，为制造商提供原材料和零部件的供应商；也包括处于供应链下游，从事产品代理、批发、零售等业务的分销商；还包括专业从事某项职能服务的专业服务提供商，如仓储服务商、运输服务商、第三方物流服务商、律师事务所等；甚至包括顾客。供应链上的每一个环节都含有“供”和“需”两方面的含义。例如，制造商的销售部门是分销商的供方，但又是生产部门的需方，如图 12-2 所示。

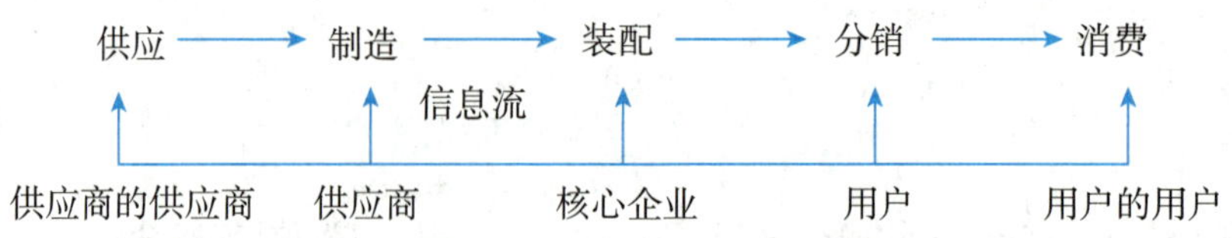

图 12-2 供应链节点企业关系

中华人民共和国国家标准《物流术语》（GB/T 18354—2021）对供应链（Supply Chain）的定义是：

供应链是在生产及流通过程中，涉及将产品或服务提供给最终用户所形成的网链结构。

简单地说，供应链是指产品生产和流通过程中所涉及的原材料供应商、生产商、批发商、零售商以及最终消费者组成的供需网络。其要素包括供应商、制造中心、仓库、配送中心和零售点，以及在各机构之间流动的原材料、在制品库存和产成品。它不仅是一条连接供应商到用户的物料链、资金链、信息链，而且还是一条增值链，物料在供应链上因加工、包装、运输等过程而增加其价值，给相关企业带来效益。

从结构上看，供应链是一个网络，即自主或半自主的企业实体构成的网络，这些企业实体共同负责与一类或多类产品相关的采购、生产并最终将产品送达客户等各项活动；从运行机制来看，供应链是一个过程，即根据客户订单，通过原材料供应、存储、产品生产、产品送达客户的物品移动过程。

供应链中存在着三种流，即物流、资金流和信息流，这三种流贯穿了企业的全部活动。其中，物流从上游向下游流动，资金流从下游向上游流动，而信息流的流动则是双向的。供应链既存在于制造行业，也存在于服务性行业。供应链中的实体包括供应商、工厂、仓库、分销中心和零售商，其产品也可以是某种服务。

12.3 供应链的类型

12.3.1 基于管理范围的供应链类型

基于管理范围的供应链可以分为内部供应链和外部供应链。

内部供应链是指企业内部产品生产和流通过程中所涉及的由采购部门、生产部门、仓储部门、销售部门等组成的供需网络。外部供应链则是指企业外部的，与企业相关的产品生产和流通过程中涉及的原材料供应商、生产厂商、储运商、零售商及最终消费者组成的供需网络。可以说，内部供应链是外部供应链的缩小化。比如，对于制造厂商，其采购部门就可看作外部供应链中的供应商。它们的区别只在于外部供应链范围大，涉及企业众多，企业间的协调更困难。

12.3.2 基于市场环境的供应链类型

基于市场环境的供应链可以分为稳定的供应链和动态的供应链。

根据供应链存在的稳定性划分，可以将供应链分为稳定的供应链和动态的供应链。基于相对稳定、单一的市场需求而组成的供应链稳定性较强，基于相对频繁变化、复杂的需求而组成的供应链动态性较高。在实际管理运作中，需要根据不断变化的需求，相应地改变供应链的组成。

12.3.3 基于供应链容量与用户需求关系的供应链类型

基于供应链容量与用户需求关系的供应链可以分为平衡的供应链和倾斜的供应链。

一个供应链具有一定的、相对稳定的设备容量和生产能力（所有节点企业能力的综合，包括供应商、制造商、运输商、分销商、零售商等），但用户需求处于不断变化的过程中，当供应链的容量能满足用户需求时，供应链处于平衡状态，而当市场变化加剧，造成供应链成本增加、库存增加、浪费增加等现象时，企业不是在最优状态下运作，供应链则处于倾斜状态，如图 12-3 所示。

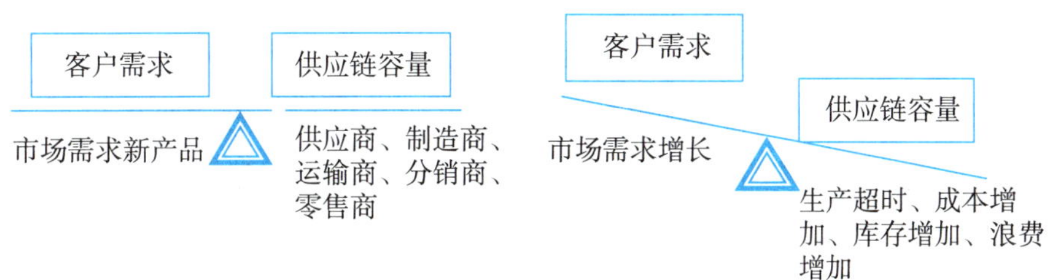

图 12-3　平衡的和倾斜的供应链

平衡的供应链可以实现各主要职能（采购/低采购成本、生产/规模效益、分销/低运输成本、市场/产品多样化和财务/资金运转快）之间的均衡。

12.3.4 基于响应目标的供应链类型

基于响应目标的供应链可以分为有效性供应链（Efficient Supply Chain）和反应性供应链（Responsive Supply Chain）。

有效性供应链主要体现供应链的物理功能，即以最低的成本将原材料转化成零部件、半成品、产品，以及在供应链中的运输等；反应性供应链主要体现供应链的市场中介的功能，即把产品分配到满足用户需求的市场，对未预知的需求做出快速反应等，如图 12-4 所示。

	功能性产品	革新性产品
有效性供应链	匹配	不匹配
反应性供应链	不匹配	匹配

图 12-4　基于响应目标的供应链与产品类型的匹配

供应链由最终顾客的需求驱动，为有效地满足顾客需求，有必要对不同产品的需求特点进行分析。产品根据其需求特点可以分为两大类，即功能性产品（Functional Product）和革新性产品（Innovative Product）。

功能性产品主要指具有基本功能，满足用户基本需求的产品。

革新性产品主要指增加了特殊功能或技术、外观上具有创新的产品。

功能性产品需求具有稳定性，可预测。这类产品的寿命周期较长，但它们的边际利润较低，经不起高成本供应链折腾。功能性产品一般用于满足用户的基本要求，如生活用品（柴米油盐）、家电、粮食等，其特点是变化很少。功能性产品适宜有效性供应链。有效性供应链以实现供应链的物理性能为主要目标，以最低的成本将原材料转化为零部件、半成品和产品，并最终运送到用户手中。

革新性产品主要指增加了特殊功能或技术、外观上具有创新的产品。革新性产品的需求一般难以预测，寿命周期较短，但利润空间高。这类产品是按订单制造的，如计算机、流行音乐、时装等。生产这种产品的企业没接到订单之前不知道干什么，接到订单就要快速制造。革新性产品适宜反应性供应链。反应性供应链以实现供应链的市场性能为主要目标，把产品分配到用户需求的市场，对未知需求做出快速反应。

功能性产品与革新性产品分别对应不同类型的供应链。关于反应性供应链和有效性供应链的比较如表 12-1 所示。

表 12-1 两种类型供应链的比较

比较项目	反应性供应链	有效性供应链
基本目标	对不可预测的需求做出快速反应，以减少缺货等，并使库存最小化	以最低的成本有效地满足可预测的需求
生产方面	配置多余的缓冲能力，容易实现产品切换	有效控制生产成本，保持较高的平均利润率
库存策略	配置零部件或成品的缓冲库存	实现高周转而使整个供应链的库存最小化
提前期策略	大量投资以缩短提前期	在不增加成本的前提下尽可能缩短提前期
供应商选择标准	根据速度、柔性、质量选择	根据成本和质量选择
产品设计策略	用模块化设计尽可能缩小产品差别	采用联合设计手段，对整个供应链采用精益生产体系使客户和供应商之间价值所产生的浪费最小化，让产品以最大效率流动

12.4 供应链管理概述

知识拓展

供应链管理的兴起

20 世纪 90 年代以来，随着各种自动化和信息技术在制造企业中的不断应用，制造生产率已被提高到了相当高的程度，制造加工过程本身的技术手段对提高整个产品竞争力的潜力开始变小。为了进一步挖掘降低产品成本和满足客户需要的潜力，人们开始将目光从管理企业内部生产过程转向产品全生命周期中的供应环节和整个供应链系统。

随着全球经济一体化和信息技术的发展，企业之间的合作日益加强，它们之间跨地区甚至跨国合作制造的趋势日益明显。国际上越来越多的制造企业不断地将大量常规业务"外包"出去给发展中国家，而只保留最核心的业务。譬如，波音 747 飞机的制造需要 400 多万个零部件，可这些零部件的绝大部分并不是由波音公司内部生产，而是由 65 个国家中的 1 500 个大企业和 15 000 个中小企业提供；美国克莱斯勒公司制造汽车使用的零部件有 2/3 是从外部获得，它需要从 1 140 个不同的供应商那里购买 60 000 多个不同的零部件。

在这些合作生产的过程中，大量的物资和信息在很广的地域间转移、储存和交换，这些活动的费用构成了产品成本的重要组成部分，而且对满足客户的需求起着十分巨大的作用。因此，有必要对企业整个原材料、零部件和最终产品的供应、储存和销售系统进行总体规划、重组、协调、控制和优化，加快物料的流动、减少库存，并使信息快速传递，时刻了解并有效地满足客户需求，从而大大降低产品成本，提高企业效益——这就是所谓的供应链管理。

（资料来源：张冠凤，王祯，钟伟. 现代物流管理概论［M］. 北京：航空工业出版社，2019.）

12.4.1　供应链管理的概念

中华人民共和国国家标准《物流术语》（GB/T 18354—2021）对供应链管理（Supply Chain Management）的定义为：

供应链管理是对供应链涉及的全部活动进行计划、组织、协调与控制。

供应链管理的实质就是使供应链节点上的各相关企业充分发挥各自的核心能力，形成优势互补，从而最有效地实现最终顾客价值。一条富有竞争力的供应链，各成员必须是专业化的，即要根据自己的业务优势定位。供应链管理的主要内容如下。

（1）以顾客满意为最高目标，以市场需求的拉动为原动力。

（2）企业之间关系更为紧密，共担风险，共享利益。

（3）把供应链中所有节点企业作为一个整体进行管理。

（4）对工作流程、实物流程和资金流程进行设计、执行、修正和不断改进。

（5）利用信息系统优化供应链的运作。

（6）缩短产品完成时间，使生产尽量贴近实时需求。

（7）减少采购、库存、运输等环节的成本。

从图 12-5 中可以看出，（1）（2）（3）是供应链管理的实质，（4）（5）是实施供应链管理的两种主要方法，而（6）（7）则是实施供应链管理的主要目标，即从时间和成本两个方面为产品增值，从而增强企业的竞争力。

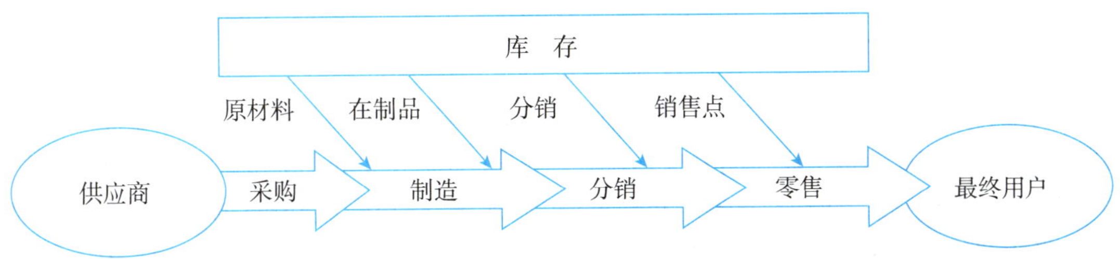

图 12-5　供应链管理的范围

12.4.2 供应链管理的特点

1. 复杂性

供应链并非一个直线的链条，而是一个“网”，除了上下游企业间的纵向联系，还有各类专业服务提供商的参与，所以对供应链的管理比单个企业更为复杂。

2. 动态性

为适应市场需要的变化和企业战略的调整，节点企业也需要实时地调整与更新，这使得供应链管理更具动态性。

3. 需求拉动

供应链管理工作并非供方推动的，而是需方拉动的。供应链的形成、存在、重构都是基于一定的市场需求而发生的。

4. 交叉性

节点企业既可以是这个供应链的成员，又可以是另一个供应链的成员，众多的供应链形成交叉结构，增加了协调管理的难度。

在传统企业中，生产与经营系统设计没有考虑供应链的影响，而且库存管理是静态的、单级的，库存控制决策没有与供应商联系起来，无法利用供应链上的资源。在供应链环境下，物流要实现快速、准时的交货，低成本、准时的物资采购供应，物流信息的准确输送，信息的反馈与共享，物流系统的敏捷性和灵活性，供需协调实现无缝供应链连接，如表 12-2 所示。

表 12-2　传统物流管理与供应链环境下的物流管理比较

传统物流管理	供应链环境下的物流管理
· 纵向一体化的物流系统 · 不稳定的供需关系，缺乏合作 · 资源的利用率低 · 信息的利用率低，没有共享有关的需求资源，需求信息扭曲现象严重	· 过程同步 · 合作互利 · 交货准时，响应敏捷 · 信息共享，服务满意

课堂互动

近年来，以互联网为代表的网络技术的发展，有力地促进了信息封闭向信息共享的转变。那么，在互联网环境下，供应链节点企业是否能够完全实现信息共享？为什么？

总之，供应链管理把供应链中所有节点企业看作一个整体，供应链管理涵盖整个物流过程，即从供应商到最终用户的采购、制造、分销、零售等职能领域过程。供应链管理强调和依赖战略管理。“供应”是整个供应链中节点企业之间事实上共享的一个概念（任意两个节点之间都是供应与需求关系），同时它又是一个有重要战略意义的概念，因为它影响或者决定了整个供应链的成本和市场占有份额。供应链管理最关键的是需要采用集成的思想和方法，而不仅仅是节点企业、技术方法等资源简单的连接。供应链管理具有更高的目标，通过管理库存和合作关系去达到高水平的服务，而不是仅仅完成一定的市场目标。

12.4.3 供应链管理的目标

供应链由相关上下游企业组成，满足最终客户特定的需求。在供应链系统的运作和管理中，以总成本最低、客户服务最优、产品或服务质量最优、响应速度最优为目标，而这些目标之间存在着一定的相互冲突。

1. 总成本最低

供应链的基本目标就是以系统总体最低的成本满足客户特定的需求。而总体成本由与满足特定最终需求相关的各个企业，以及各个企业内部的各个环节的成本构成。供应链管理的成本目标是系统最优，单个企业的成本最优并不必然保证总体成本最优。另外，供应链管理的成本目标是客户的整个产品或服务的寿命周期成本最优。

2. 客户服务最优

影响客户满意度的因素除了所提供的产品或服务本身，整个过程的服务水平也是越来越重要的因素。从供应链的角度看，客户最终感受到的服务水平是供应链各成员企业共同作用的结果。供应链管理的客户服务目标就是要通过各成员企业相关环节的共同努力，来保证最终服务水平的最优。

3. 产品或服务质量最优

最终客户所接受的产品或服务的质量，受到供应链中上游的供应商、供应商的供应商、下游的客户、客户的客户，直到最终客户之前的各个环节的共同影响。供应链管理的目标是以系统最低成本来保证最终产品或服务的质量最优。

4. 响应速度最优

现代竞争是在成本、质量和速度基础上的综合竞争。响应时间越来越成为竞争的重要因素。供应链管理的速度目标是要通过各环节、各成员企业的提前管理，最终实现总体响应周期最短，赢得时间要素的竞争优势。

按照传统的观点，上述供应链管理的目标是相互冲突的。客户服务水平的提高、响应速度的加快，会引起成本的上升。供应链管理就是要从系统的观点出发，寻求改进服务、缩短时间、提高品质与减少库存、降低成本的均衡，从而实现系统的最优化。

案例拓展

日本 7-11 便利店的供应链管理

日本 7-11 便利店在物流管理中充分运用了供应链管理的思想。该公司认为，物流的高效率离不开商品生产到销售的整个供应链的有效管理，因此，要综合考虑制造商、批发商、配送中心、连锁公司总部、加盟店和消费者所组成的供应链的物流情况，使系统达到最优化。

7-11 便利店的硬件和软件信息系统形成生产—物流—销售的综合性网络，使商品的销售信息灵活应用于商品供应计划及物流中，防止因无计划所造成的低效率和浪费。此外，该系统还能根据商品的销售情况定期发出订单，制造商、批发商接到订单后开始制造或筹备所需商品，共同配送中心则根据总部、制造商和批发商提供的商品明细表和指示单向不同商店配送商品。

7-11 凭借成功的供应链管理实现了物流运作的低成本化和效率化，在与其他零售企业的竞争中处于优势地位。

思政园地

2024 年 4 月，数字经济峰会在香港举行，京东物流受邀参会并发表主题演讲“数字化驱动供应链物流可持续发展”。通过该主题演讲，引导学生了解智慧社会的时代背景，深刻理解国家数字化战略及数字化供应链战略的重要性，培养学生具备数字化职业素养，建立为社会服务的奉献意识，增强民族责任感和家国情怀。

课后习题

一、单项选择题

1.供应链就是生产与流通过程中涉及将产品或服务提供给最终用户的上游与下游企业所形成的（　　）。

A.线形结构　　B.环形结构　　C.网链结构　　D.树形结构

2.供应链不仅是一条连接供应商到用户的物料链、信息链、资金链，而且还是一条（　　）。

A.合作链　　B.价值链　　C.增值链　　D.需求链

3.供应链由所加盟的节点企业组成，其中一般有一个（　　）企业。

A.牵头　　B.主要　　C.核心　　D.支撑

4.供应链管理，即利用计算机网络技术全面规划供应链中的商流、物流、信息流、资金流等，进行计划、组织、协调与（　　）。

A.合作　　B.监督　　C.管理　　D.控制

5.基于响应目标的供应链类型为（　　）。

A.稳定的供应链和动态的供应链　　B.平衡的供应链和倾斜的供应链

C.有效性供应链和反应性供应链　　D.内部供应链和外部供应链

二、判断题

1.企业从原料和零件采购、运输、加工制造、分销直至最终送到顾客手中的这一过程是一个环环相扣的链条，这就是供应链。（　　）

2.供应链与市场营销学中的销售渠道是一个概念。（　　）

3.运用集成化管理思想，从系统的观点出发，改进服务、缩短时间、提高品质与减少库存、降低成本是可以兼得的。（　　）

4.企业之间关系更为紧密、共担风险、共享利益是实施供应链管理的主要方法。（　　）

5.统一的信息编码是实现供应链企业间数据交换与共享的基础。（　　）

6.以前的竞争是企业与企业之间的竞争，以后的竞争将是供应链与供应链之间的竞争。（　　）

7.在选择长期合作伙伴时，应选择能提供最低价格的供应商。　　（　）

三、简答题

1.供应链的主要特点有哪些？

2.供应链的类型是如何划分的？

3.什么是供应链管理的概念？

4.如何理解供应链管理的主要内容？

四、案例分析题

良品铺子背后的供应链分析

良品铺子是一家集休闲食品研发、加工分装、零售服务的专业品牌连锁运营公司。自2006年成立以来，由最初的4人团队发展到如今的4 000余人，门店发展到1 185家。为更好地发展，良品铺子在2015年对供应链及产品体系做出了一系列的规划与改进。

1.良品铺子供应链概述

总体来说，良品铺子的供应链管理模式分为四层，由下至上分别为零售层、核心企业层、产品供应层及原材料供应层。

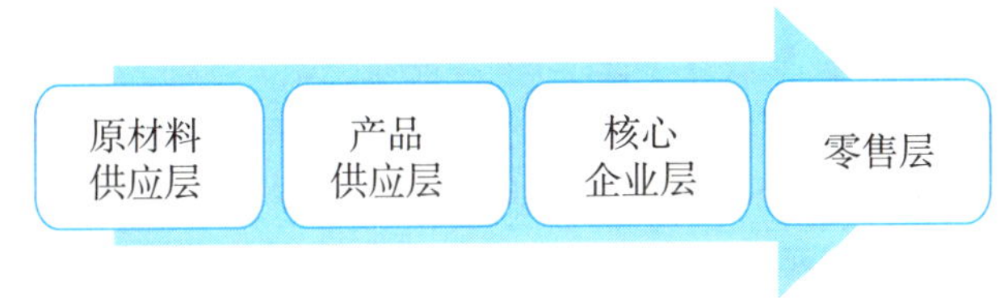

零售层即良品铺子的销售渠道，包括在天猫、京东等电子商务平台的客户，与其他企业合作的大批量订单和在各城市开设的门店的销售订单。

核心企业层则在整个供应链系统中起到了承上启下的作用，它是良品铺子有限公司所在的层面，不仅包括了汉口总部的商品中心的枢纽，也包括了位于武汉东西湖区的总仓物流枢纽，它接受由各食品加工厂生产的产品，提供了运输的中转站的功能，并将产品再分发到全国各地乃至世界的门店和顾客手中。

产品供应层则是由各食品加工厂组成，它们将从原材料供应商所获得的各类原材料加工成各式各样的零食产品，在该层面上，决定了在整条供应链上可以供给消费者的产品种类及产品数量。而良品铺子对于食品加工厂的要求十分严格，除了本身加工能力有所要求并对供应商的与食品质量有关的相关文件经过层层审核，80%的加工厂必须经过良品铺子的整改。良品铺子专门设置了供应商管理工程师，对各供应商进行考察，他们掌握了供应商的“生杀大权”。

最上游一层即为原材料供应层。良品铺子与全国各地的食材供应商合作，对于食材供应商的筛选也是十分严格的，因为只有原料合格过关，才可以制作出美味的零食。近年来，许多零食品牌对于零食产品开发往稀缺性原料的零食产品发展，而处于上游的原料供应链就处于各零食企业的兵家必争之地。2016年，良品铺子就与獐子岛集团进行合作，推出了芝士扇贝、贝柱、玉米虾等零食产品，盈利超过6 600万元。获得如此大的成功，除了在销售策略上有新意，也离不开产品本身的优质原材料，不然就保证不了产品的口味。

2. 良品铺子的供应链管理模式

良品铺子在供应链上投入了巨额资金，所有品牌做全渠道，打通第三方本地生活平台，信息实时共享。传统的零售模式，通常是由各个食品厂家直接提供产品，然后在各商超等终端销售的，生产与销售是两个不相干的环节。良品铺子颠覆了这种模式，将终端卖场深入生产一线，与厂家共同生产。

葡萄干在制作过程中，当地人通常会将葡萄放在戈壁滩上自然晾干，这种做法虽能保持原有口味，但很容易混进沙土。沙土很细，肉眼看不到，但吃进嘴里口感不好。对葡萄干，一些商家并不会对其中的沙土进行处理，因为若用水清洗，一来会影响甜度，二来容易使葡萄干变质腐烂，是件吃力不讨好的事。良品铺子经过三年研发，终于攻克难关：用20～25℃水清洗，水温高了糖分会流失，水温低了又冲不掉沙子。它还设计出特殊的漏斗式清洗槽，保证在清洗过程中，让细沙与葡萄干分离，再经快速烘干杀菌，从而让葡萄干既没有了细沙，又保持了原有口味。

从这个角度来理解，良品铺子也是一家食品厂。在其产品的包装袋上，通常会有这样的表述——委托单位：湖北良品铺子食品工业有限公司；被委托单位：某食品公司。这表明，与其他的销售商相比，良品铺子对其售卖的食品比生产商更处于主导地位。

3. 以销定产，以量补货

良品铺子采取的是一体化供应链体系，对于销货量与补货量控制得非常精准。货卖掉之后，计算机系统会自动生成补单，参考店面规模、地理位置、销售速度等因素，订单会自动平衡，既可保证1 000多家店不会出现断货，又不至于出现存货积压现象，可以从容地以销定产，以量补货。一体化的信息管理系统，也是良品铺子能管理好1 000多家店的秘诀。

4. 独特的加盟方式

良品铺子早期提倡让加盟商参与店面的营运和管理，但很快问题就出现了。最明显的问题是加盟商招不到员工。另外，加盟商各自为政，标准化的缺失导致管理出现混乱。

修正后的加盟规制，采取类似投资的操作方法：加盟商只需提供门店、缴纳一定的加盟费和首次进货的货款，门店的一切运营活动，从装修到人员招聘和管理、促销活动、商品定价及配送等，全部由良品铺子总公司负责。

虽然每一家店的日常运营仍由总公司负责，但每家店拥有一定的自主权。比如，根据店铺规模、位置、周边人群特征等因素的不同，店铺可灵活搭配商品，什么好卖就卖什么。事实上，良品铺子的信息系统也会给每家店定制品类清单，根据实际销量在后台进行大数据分析，每半个月会给出一份报告，告诉老板哪种货卖得好要多准备一些，哪种货销量最差要换掉。这种方式能更好地对所有店铺进行有效管理，降低市场风险，而对于加盟商来说，相当于成了甩手掌柜。

（资源来源：搜狐网.资料有删减.https://www.sohu.com/a/210493866_99955960.）

>>思考分析

1. 请分析良品铺子供应链的特征有哪些？
2. 你认为良品铺子总公司未来在供应链的角度上应该关注的重点问题是什么？

实践与实训 调研不同企业的供应链

【实践与实训目标】

1.拓展学生对各类企业供应链的认识。

2.培养学生对各类企业供应链环节、主体、结构等的认识。

【实训内容与要求】

1.调查具体某企业供应链运作情况，包括上下游企业和参与主体等。

2.分析具体某企业供应链的模式及问题。

3.尝试提出供应链的解决措施，并说明理由。

【成果与检测】

1.学生分组撰写具体企业供应链的研究报告。

2.教师各小组表现进行评价。

第 13 章　国际物流

学习目标

1. 掌握国际物流的概念
2. 掌握国际贸易与国际物流的关系
3. 了解“一带一路”
4. 了解自由贸易区的含义

素质目标

1. 能阐述清楚国际物流和国际贸易的关系
2. 能掌握国际物流的系统，并能对国际物流进行组织和运作

案例导入

“一带一路”倡议的提出，标志着中国对外开放进入一个新阶段。

“一带一路”贯穿亚欧非大陆，一头是活跃的东亚经济圈，一头是发达的欧洲经济圈，中间广大腹地国家经济发展潜力巨大。丝绸之路经济带重点畅通中国经中亚、俄罗斯至欧洲（波罗的海）；中国经中亚、西亚至波斯湾、地中海；中国至东南亚、南亚、印度洋。21 世纪海上丝绸之路重点方向是从中国沿海港口过南海到印度洋，延伸至欧洲；从中国沿海港口过南海到南太平洋。

根据“一带一路”走向，陆上依托国际大通道，以沿线中心城市为支撑，以重点经贸产业园区为合作平台，共同打造新亚欧大陆桥、中蒙俄、中国—中亚—西亚、中国—中南半岛等国际经济合作走廊；海上以重点港口为节点，共同建设通畅安全高效的运输大通道。中巴、孟中印缅两个经济走廊与推进“一带一路”建设关联紧密，要进一步推动合作，取得更大进展。

“一带一路”建设是沿线各国开放合作的宏大经济愿景，需各国携手努力，朝着互利

互惠、共同安全的目标相向而行。努力实现区域基础设施更加完善，安全高效的陆海空通道网络基本形成，互联互通达到新水平；投资贸易便利化水平进一步提升，高标准自由贸易区网络基本形成，经济联系更加紧密，政治互信更加深入；人文交流更加广泛深入，不同文明互鉴共荣，各国人民相知相交、和平友好。

（资源来源：中国经济网．360 百科．资料有改动．http://www.ce.cn/xwzx/gnsz/szyw/201408/11/t20140811_3324310.shtml；https://baike.so.com/doc/7487210-7757266.html.）

◎**思考题：**

"一带一路"倡议的实施对国际贸易、国际物流会产生哪些方面的影响？

13.1　国际物流概述

13.1.1　国际物流的概念

国际物流又称全球物流，是指生产和消费分别在两个或两个以上的国家独立进行时，为克服生产和消费之间的空间距离和时间距离，对物资进行物理性移动的一项国际商品交易或交流活动，从而完成国际商品交易的最终目的，即实现卖方交付单证、货物和收取货款，而买方接受单证、支付货款和收取货物的贸易对流条件。

中华人民共和国国家标准《物流术语》（GB/T 18354—2021）给国际物流（International Logistics）下的定义是：

国际物流是指跨越不同国家或地区之间的物流活动。

13.1.2 国际物流的发展

国际物流活动随着国际贸易和跨国经营的发展而发展，主要经历了以下三个阶段（见表 13-1）。

表 13-1　国际物流的发展阶段

<table>
<tr><th>阶段</th><th>时间</th><th>发展状况</th><th>备注</th></tr>
<tr><td rowspan="2">第一阶段</td><td>20 世纪 60 年代</td><td>开始形成国家间的大宗物流，在物流技术上出现了大型物流工具，如 20 万吨的油轮、10 万吨的矿石船等</td><td rowspan="2">这一阶段物流设施和物流技术得到了极大发展，建立了配送中心，广泛运用电子计算机进行管理，出现了立体无人仓库，一些国家建立了本国的物流标准化体系等。物流系统的改善促进了国际贸易的发展，物流活动已经超出了一国范围，但物流国际化的趋势还没有得到人们的重视</td></tr>
<tr><td>20 世纪 70 年代</td><td>· 船舶大型化趋势进一步加强，出现了提高国际物流服务水平的要求，大数量、高服务型物流从石油、矿石等物流领域向物流难度最大的中、小件杂货领域深入；
· 国际各主要航线的定期班轮都投入了集装箱船；
· 出现了航空物流大幅增加的新形势，同时出现了高水平的国际联运</td></tr>
<tr><td rowspan="2">第二阶段</td><td>20 世纪 80 年代前期</td><td>· 出现了"精细物流"，物流的机械化、自动化水平提高；
· 国际物流着力于解决"小批量、高频度、多品种"的物流</td><td rowspan="2">日本处于成熟的经济发展期，以贸易立国，采取了建立物流信息网络，加强物流全面质量管理等一系列措施。这一阶段物流国际化的趋势局限在美、日等一些发达国家</td></tr>
<tr><td>20 世纪 80 年代中后期</td><td>· 出现电子数据交换系统；
· 向更低成本、更高服务、更大量化、更精细化方向发展，国际物流已进入了物流信息时代</td></tr>
</table>

续表

阶段	时间	发展状况	备注
第三阶段	20 世纪 90 年代至今	国际物流的概念和重要性已为各国政府和外贸部门普遍接受。贸易伙伴遍布全球，必然要求物流国际化，即物流设施国际化、物流技术国际化、物流服务国际化、货物运输国际化、包装国际化和流通加工国际化等。	世界各国广泛开展国际物流理论和实践方面的大胆探索

案例拓展

荷兰送衣物到中国

在全球化时代，国际物流已成为连接各国商业和文化的重要纽带。一家位于荷兰的时尚品牌，专注于设计和生产高质量的时尚服饰。在中国市场拥有一定的受众群体，品牌决定将新发布的春季服装系列快速送达中国，以满足中国消费者的需求，同时加强品牌在亚洲市场的存在。

挑战：国际时尚物流面临多重挑战，包括快速交付、报关手续、安全运输和客户满意度。品牌需要一个可靠的物流合作伙伴，以确保衣物能够安全、快速地抵达中国，并且能够顺利通过复杂的清关流程、解决方案。

品牌与一家专业的国际物流公司合作，该公司在国际时尚物流领域拥有丰富的经验，以下是他们采取的关键步骤。

· 定制化方案：物流公司与品牌合作，制订了定制化的物流方案，包括适当的运输方式、运输时间和费用预估为报关服务。物流公司提供报关代理服务，确保所有必要的文件和手续能够在适当的时间内准备好，以避免可能的延误。

· 货物保护：物流公司为每件衣物提供适当的包装，以确保在运输过程中不受损坏。他们还提供了货物保险，以应对意外情况。物流公司为品牌提供了实时的货物追踪和通知服务，使品牌能够随时了解货物的位置和状态。

· 海关清关：物流公司协助品牌完成海关清关手续，确保衣物能够顺利进入中国市场。

成果：通过与物流公司的合作，这家荷兰时尚品牌成功地将新的春季服装系列送达中国市场。快速、安全的交付不仅有助于提升品牌声誉，还能够满足中国消费者对时尚的需求。品牌在中国市场的存在得到了加强，为未来的国际扩展奠定了坚实的基础。

这个案例充分说明了国际物流在跨国时尚业务中的关键作用。通过与专业的物流合作伙伴合作，品牌能够克服国际物流的挑战，实现快速、安全、顺畅的跨境物流，从而在全球市场中取得成功。合适的物流策略对于国际业务的成功至关重要。

（资料来源：今日头条. 2023-08-16.）

13.1.3 国际物流的特点

1. 物流环境差异大

不同国家适用法律不同使国际物流的复杂性远高于国内物流，甚至会阻断国际物流。

不同国家经济和科技发展水平不同会造成国际物流处于不同科技条件的支撑下，甚至有些地区根本无法应用某些技术而迫使国际物流全系统水平下降。不同国家标准不同，造成国际接轨困难，使国际物流系统难以建立。不同国家的风俗、人文不同也使国际物流受到很大局限。

2. 物流系统范围广

物流本身的功能要素、系统与外界的沟通就已经很复杂，国际物流又在这复杂系统上增加了不同国家的要素，这不仅使地域和空间更广阔，而且所涉及的内外因素更多，所需的时间更长，广阔范围带来的直接后果是难度和复杂性增加、风险增大。当然，也正因为如此，国际物流一旦加入现代化系统技术，其效果才比以前更显著。例如，开通某个"大陆桥"之后，国际物流速度会成倍提高，效益会显著增加。

3. 必须有国际信息系统的支持

国际信息系统是国际物流，尤其是国际联运非常重要的支持手段。国际信息系统建立的难度有三个方面：一是管理困难；二是投资巨大；三是地区物流信息水平不均衡。当前建立国际物流信息系统一个较好的办法是和各国海关的公共信息系统联机，及时掌握有关港口、机场、站场、联运线路的实际状况，为供应或销售物流决策提供支持。国际物流是最早发展电子数据交换的领域，以 EDI 为基础的国际物流将会对物流的国际化产生重大影响。

4. 标准化要求较高

要使国际物流畅通起来，统一标准是非常重要的。可以说，如果没有统一的标准，国际物流水平是难以提高的。目前，美国、欧洲基本实现了物流工具、设施的统一标准，如托盘采用 1 000mm × 1 200mm 等，这大大降低了物流费用，降低了转运的难度。而无统一标准的国家，必然在转运标准等许多方面要耗费更多的时间和费用，从而降低其国际竞争力。在物流信息传递技术方面，欧洲各国不仅实现了企业内部的标准化，而且实现了企业之间及欧洲统一市场的标准化，这就使欧洲各国之间比其与亚、非等国家和地区间交流更简单、更有效。

13.2　国际贸易与国际物流

13.2.1　国际贸易与国际物流的关系

国际物流是随着国际贸易的发展而产生和发展起来的，它们之间存在着非常紧密的关系。要实现国际贸易，完成把商品从一国运送到另一国指定的地点并交给客户，必须实现国际物流。所以，国际物流是国际贸易实现的保障，是商品超越国界从供给国向需求国在空间、时间上的物理性的实体流动过程。国际物流全过程包括出口国的出口物品离开国境后，一直进入进口国的国境。

1. 国际物流是国际贸易的必要条件

世界范围的社会大生产必然引起不同的国际分工，由于国际分工的日益细化和专业化，必须有国际合作与交流，这就要求开展与国际贸易相适应的国际物流，将国外客户需要的商品适时、适地、按质、按量、低成本地送到，从而提高本国商品在国际市场上的竞争力，扩大对外贸易。同时可将本国需要的设备、物资等商品适时、高效、低成本地进口到国内，满足国内人民生活、生产建设，科学技术与国民经济发展的需要。

2. 国际贸易促进物流国际化

跨国经营与国际贸易的发展，促进了商品和信息在世界范围内的大量流动和广泛交换，物流国际化成为国际贸易和世界经济发展的必然趋势。一方面，国际贸易是国际物流生存的前提和基础，国际贸易发展的速度和规模决定着国际物流发展的速度和规模；另一方面，国际物流的科学化、合理化又是国际贸易发展的有力保障。

3. 国际贸易对物流提出新的要求

随着世界经济的飞速发展，国际贸易表现出一些新的趋势和特点，从而对物流提出了更新、更高的要求。

（1）质量要求。国际贸易的结构正在发生巨大变化，传统的初级产品、原料等贸易品种逐步让位于高附加值、精密加工的产品。由于高附加值、高精密度商品流量的增加，对物流工作质量提出了更高的要求，同时由于国际贸易需求的多样性，造成物流多品种、小批量化，这就要求国际物流向优质服务和多样化发展。

（2）效率要求。国际贸易活动的集中表现就是合约的订立和履行，而国际贸易合约的履行是由国际物流活动来完成的，因而要求物流高效率地履行合约，因此必须加强物流管理。根据国际贸易商品的不同，国际物流企业需要采用与之相适应的巨型专用货船、专用泊位及大型机械等专业运输设备，提高物流效率。

（3）安全要求。由于国际分工和社会生产专业化的发展，大多数商品在世界范围内分配和生产。例如，美国福特公司某一牌号的汽车的生产需要 20 多个国家中的 30 多个厂家提供原材料、零配件，产品销往 100 多个国家或地区。物流所涉及的国家多，地域辽阔，在途时间长，受气候条件、地理条件等自然因素和政局、罢工、战争等社会政治、经济因素的影响大，因此在组织国际物流，选择运输方式和运输路线时，要密切注意所经地域的气候条件、地理条件，还应注意沿途所经国家和地区的政治局势、经济状况等，以防止人为因素和不可抗拒的自然力造成货物损失。

（4）经济要求。国际贸易的特点决定了国际物流的环节多，备运期长。在国际物流领域，控制物流费用、降低成本有很大潜力。对于国际物流企业来说，选择最佳物流方案，提高物流经济性，降低物流成本，保证服务水平，是提高竞争力的有效途径。

案例拓展

菜鸟国际物流大通道助力跨境物流

早在 2018 年，菜鸟便启动了“国际物流大通道”的建设。经过这些年不懈的努力，菜鸟已经建成覆盖全球 200 多个国家和地区的物流网络。如今菜鸟日均处理 450 万个跨境包裹，菜鸟的跨境物流能力可以比肩国际物流巨头。“5 美元 10 日达”物流产品更是覆盖 20 个国家，这些国家的消费者从中国网购的商品 10 天便可以送达，花费的运费却只有一杯咖啡的价格。

为构建“国际物流大通道”，菜鸟在海运、空运、陆运以及多式联运上全面发力，还充分运用了数智技术来提升全球物流效率，主动让物流科技走向了海外，先进的物联网、自动化等技术已经被带到了东南亚、南亚等地区。

2022 年 8 月，菜鸟物流往巴基斯坦集中发运了 50 余个集装箱，里面装的是建造自动化快递分拨中心的全套设备。这些设备全部都是中国制造，菜鸟在短短两个月时间里在巴基斯坦修建了两处自动化的快递分拨中心，成为当地乃至南亚地区最先进的快递基础设施之一。

在数字经济时代，菜鸟等中国物流企业也积累了相当的供应链和物流技术。来自菜鸟的中国技术经验是经过市场和时间检验的，是成熟和稳定的。对于方兴未艾的巴基斯坦电商物流行业而言，这将极大降低其试错和时间成本。在菜鸟向巴基斯坦技术输送的过程中，我们不难发现一个特点：中国企业往往结合自己的业务特长，因时因地制宜。他们以一种开放、灵活、科学的姿态，“对口”帮助当地完善商业设施和生态网络。

贸易发展的奥秘，便是商品的不断流通。菜鸟建设完成的“国际物流大通道”进一步促进全球产业链供应链高质量发展，为全球经济发展添砖加瓦！

（资料来源：今日头条. 2022-11-08.）

13.2.2　国际物流系统

国际物流系统是由商品的运输、仓储、检验、流通加工、装卸与搬运、包装和信息等子系统组成的，如图 13-1 所示。国际物流系统通过其所联系的各子系统发挥各自的作用，实现其自身的时空效益，尽最大可能地降低物流费用，提高客户服务水平，最终达到全球物流系统整体效益最大化，从而满足国际贸易活动和企业跨国经营的要求。

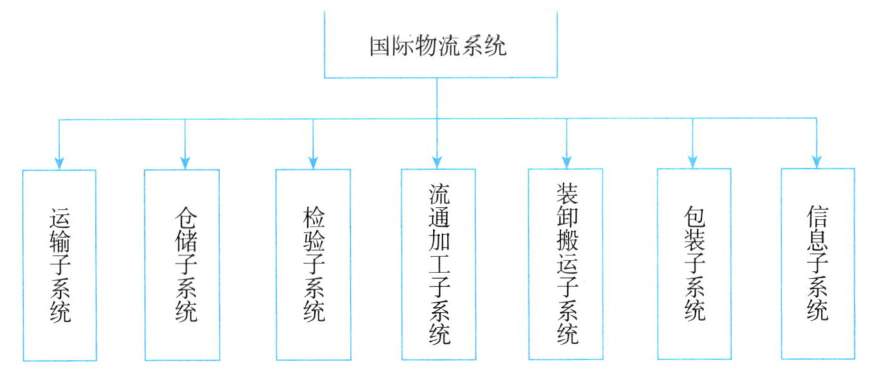

图 13-1　国际物流系统构成

1. 运输子系统

运输的作用是将商品使用价值进行空间移动，物流系统依靠运输作业克服商品生产地和需要地的空间距离，创造了商品的空间效益。国际货物运输是国际物流系统的核心，商品通过国际货物运输作业由卖方转移给买方。国际货物运输具有路线长、环节多、涉及面广、手续繁杂、风险性大、时间性强等特点。运输费用在国际贸易商品价格中占有很大比重。

2. 仓储子系统

商品储存、保管使商品在其流通过程中处于一种或长或短的相对停滞状态，这种停滞是完全必要的。因为商品流通是一个由分散到集中，再由集中到分散的源源不断的流通过程。国际贸易和跨国经营中的商品从生产厂或供应部门被集中运送到装运港口，有时需临时存放一段时间，再装运出口，是一个集和散的过程。它主要是在各国的保税区和保税仓库进行的，主要涉及各国保税制度和保税仓库建设等方面。保税仓库的出现，为国际物流的海关仓储提供了既经济又便利的条件。有时会出现对货物不知如何处理的情况，这时买主（或卖主）会将货物在保税仓库暂存一段时间。若货物最终复出口，则无须缴纳关税或其他税费；若货物将内销，可将纳税时间推迟到实际内销时为止。从物流角度看，应尽量减少储存时间、储存数量，加速货物和资金周转，实现国际物流的高效率运转。

3. 检验子系统

由于国际贸易和跨国经营具有投资大、风险高、周期长等特点，使得商品检验成为国际物流系统中重要的子系统。通过商品检验，确定交货品质、数量和包装条件是否符合合同规定。如发现问题可分清责任，向有关方面索赔。在买卖合同中，一般都订有商品检验条款，其主要内容有检验时间与地点、检验机构与检验证明、检验标准与检验方法等。根据国际贸易惯例，商品检验可概括为 3 种，如表 13-2 所示。

表 13-2 商品检验

检验类型	检验时间与地点	承担的责任
出口国检验	在工厂检验	卖方只承担货物离厂前的责任，对运输中品质、数量变化的风险概不负责
	装船前或装船时检验	货物品质和数量以当时的检验结果为准。买方对到货的品质与数量原则上一般不得提出异议
进口国检验	卸货后在约定时间内检验	其检验结果可作为货物品质和数量的最后依据。在此条件下，卖方应承担运输过程中品质、数量变化的风险
	在买方营业处所或最后用户所在地检验	
出口国检验、进口国复验	货物在装船前进行检验	以装运港双方约定的商检机构出具的证明作为议付货款的凭证，但货到目的港后，买方有复验权
	进口国复验	如复验结果与合同规定不符，买方有权向卖方提出索赔，但必须出具卖方同意的公证机构出具的检验证明

4. 流通加工子系统

流通加工是随着科技进步，特别是物流业的发展而不断发展的。它是具有一定特殊意义的物流形式。流通加工业是为了促进销售、提高物流效率和物资利用率及为维护产品的质量而采取的，能使物资或商品发生一定的物理和化学及形状变化的加工过程，并保证进出口商品质量达到一定的要求。出口商品的流通加工，其重要作用是使商品更好地满足消费者的需要，不断地扩大出口；同时是充分利用本国劳动力和部分加工能力，扩大就业机会的重要途径。流通加工的具体内容包括袋装、定量小包装（多用于超级市场）、贴标签、配装、拣选、混装、刷标记（刷唛）等出口贸易商品服务。另外，还包括生产性外延加工，如剪断、平整、套裁、打孔、折弯、拉拔、组装、改装等。这种出口加工或流通加工，不仅能最大限度地满足客户的多元化需求，同时由于是比较集中的加工从而可以降低加工成本。

5. 装卸搬运子系统

国际物流运输、储存等作业离不开装卸搬运，因此国际物流系统中的又一重要子系统是装卸搬运子系统。装卸搬运是随着运输和保管而产生的必要物流活动，是对运输、保管、包装、流通加工等物流活动进行衔接的中间环节，以及在保管等活动中为进行检验、维护、保养所进行的装卸活动，如货物的装上、卸下、移送、拣选、分类等。它是短距离的物品搬移，是储存和运输作业的纽带和桥梁。它也能提供空间效益，高效率地完成物品的装卸搬运，以更好地发挥国际物流节点的作用。装卸作业的代表形式是集装箱化和托盘化，使用的装卸机械设备有吊车、叉车、传送带和各种台车等。在物流活动的全过程中，装卸搬运活动是频繁发生的，是产品损坏的重要原因之一。

6. 包装子系统

由于国际物流运输距离长、运量大、运输过程中货物堆积存放、多次装卸，在运输过程中货物损伤的可能性大，因此在国际物流活动中包装活动非常重要。集装箱的出现为国际物流活动提供了安全便利的包装方式。杜邦定律（美国杜邦化学公司提出）认为：63%的消费者是根据商品的包装装潢进行购买的，国际市场和消费者是通过商品来认识企业的，而商品的商标和包装就是企业的形象，它反映了一个国家的综合科技文化水平。

包装的目的是在商品流通过程中保护产品，方便储运，促进销售。该阶段往往处于生产过程的终点和物流过程的起点，是现代物流中不可缺少的环节。在考虑出口商品包装设计和具体作业过程时，应将包装与储存、搬运和运输有机联系起来统筹考虑，全面规划，实现现代国际物流系统所要求的“包、储、运一体化”，即商品开始包装时，就应考虑储存的方便性、运输的便捷性等系统设计的要求。

7. 信息子系统

国际物流信息子系统的主要功能是采集、处理和传递国际物流和商流的信息情报。没有功能完善的信息系统，国际贸易和跨国经营将寸步难行。国际物流信息子系统的主要内容包括进出口单证的作业过程信息、支付方式信息、客户资料信息、市场行情信息和供求信息等。国际物流信息子系统的特点是信息量大、交换频繁、传递量大、时间性强、环节多、点多、线长。

13.2.3 国际物流网络系统

国际物流网络系统是指由多个收发货的节点和它们之间的连线所构成的物流网及与之相伴随的信息流网的有机整体。

物流网的收发货节点是指进、出口国内外的各层仓库，如制造厂仓库、中间商仓库、口岸仓库、国内外中转点仓库及流通加工配送中心和保税区仓库。国际贸易商品就是通过这些仓库的收入和发出、中间存放保管，实现国际物流系统的时间效益，克服生产时间和消费时间上的分离，促进国际贸易顺利运行的。其连线是指连接上述国内外众多收发货节点间的运输，如各种海运航线、铁路线、飞机航线及海、陆、空联运航线。这些网络连线是库存货物的移动（运输）轨迹的物化形式；每一对节点有许多连线以表示不同的运输路线、不同产品的各种运输服务；各节点表示存货流动暂时停滞，其目的是更有效地移动（收或发）。

信息流网的连线通常包括国内外的邮件，或某些电子媒介（如电话、电传、电报及目前的电子数据交换等），其节点则是各种物流信息汇集及处理之点，如员工处理国际订货单据、编制大量出口单证、准备提单或计算机对最新库存量的记录。物流网与信息流网并非独立的，它们之间的关系是密切相连的。国际物流系统网络如图 13-2 所示。

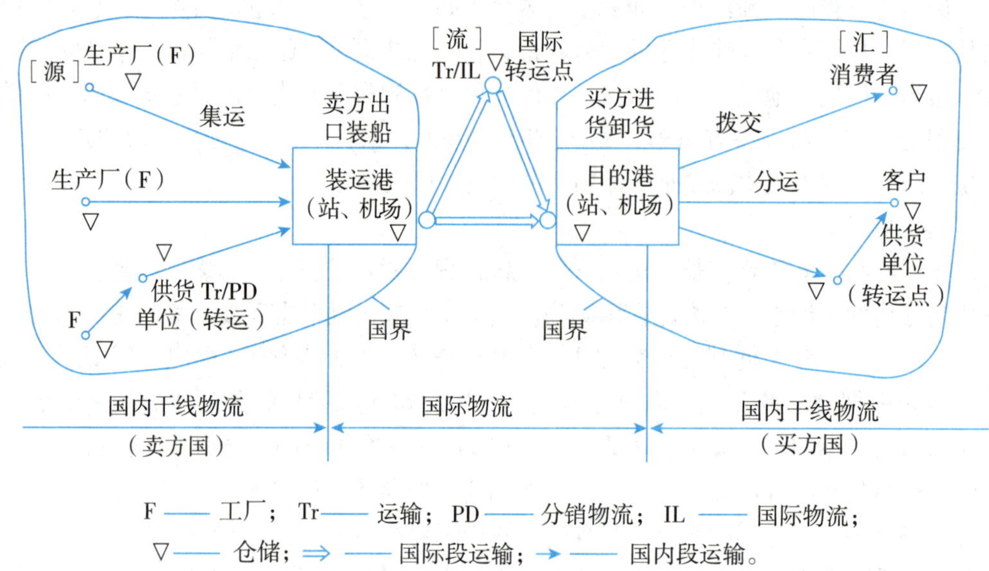

图 13-2 国际物流系统网络

在图 13-2 中，物流网与信息流网从结构流程图上颇相似，都是由节点和连线组成的。两者最主要的差别是商品的流向、商品的分配与进出口路线不同：物流网朝最终国外消费者方向移动；而信息流网的方向大多与商品进出口分配通路方向相反，朝商品货源地方向移动，即实施其反馈功能。信息流网在整个国际物流系统网络中的作用不容忽视，它是沟通、主导物流活动的，所以从流向来讲，信息流具有双向反馈特点。

知识拓展

打造富有韧性的国际物流供应链 中欧班列为全球贸易注入更多稳定性

中欧班列被誉为连通亚欧大陆的“钢铁驼队”，凭借全天候、大运量、绿色低碳、高效便捷等优势，开辟了亚欧大陆陆路运输新通道和经贸合作新桥梁，打造了富有韧性的国际物流供应链，在局地动荡风险加剧之时，中欧班列正逐渐成为众多企业国际运输的优选项，准时可靠等优势成为稳定国际运输的“担当”，为全球贸易注入更多稳定性。

黑龙江至荷兰首条中欧班列线路成功开行

2024 年 3 月 14 日，一列满载 55 个集装箱货物的中欧班列从哈尔滨启程，预计 15 天后抵达荷兰蒂尔堡，标志着黑龙江至荷兰首条中欧班列线路成功开行。该班列开通后，两地间货物运输时间较以往海运方式节省三分之二。

哈欧国际物流股份有限公司总经理邢仁大介绍，中欧班列时效快，比海运及海铁联运所用时间少。同时，黑龙江至荷兰中欧班列线路成功开行后，也可以把哈尔滨作为一个货源的集结中心，承运全国的货物，在哈尔滨集结发往俄罗斯和欧洲。

东中西“三通道五口岸”多点开花式发展

中欧班列运行于中国与欧洲及“一带一路”共建国家间，是运输集装箱等的铁路国际联运列车。从新疆阿拉山口、霍尔果斯打开西通道，从内蒙古二连浩特打开中通道，从内蒙古满洲里、黑龙江绥芬河打开东通道。中国东、中、西“三通道五口岸”多点开花式发展，口岸通关效率提升 50% 以上，单列通关时间缩短至 2 小时以内，为区域经济发展注入强劲动能。

地缘风险频发凸显中欧班列稳定器作用

面对复杂多变的国际形势，中欧班列作为陆路运输的重要一环，有效降低了单一海运或空运的风险，提供了更加稳定可靠的物流选择。中欧班列优势凸显，2023 年，中欧班列在中、欧间运输费用仅为空运 1/5、运输时间约是海运 1/4，且准时可靠、稳定性高。国铁集团最新数据显示，2024 年前三个月，全程时刻表中欧班列累计开行 40 多列，境内外运输时效得到可靠保障。

新疆首趟全程时刻表中欧班列顺利开行

新疆首趟全程时刻表中欧班列乌鲁木齐至霍尔果斯至阿拉木图日前开行，这是中国乌鲁木齐与哈萨克斯坦阿拉木图间中欧班列运行时刻表首次实现全程贯通。该班列全程运行 35 小时 24 分钟，较普通班列压缩六成以上。

中欧班列：通达欧洲 25 个国家 219 个城市

作为连通欧亚的“钢铁驼队”，中欧班列铺画了通达欧洲 25 个国家、连通 219 个城市的运输线路，和覆盖欧洲全境的运输服务网络，运输的产品已达 53 大门类 5 万多个品种，涵盖了各国民众生产生活所需的方方面面。从一条线到一张网，中欧班列成为具有强大辐射力、带动力和影响力的国际物流新品牌。

（资料来源：新浪财经 . 2024-3-16.）

13.3　国际物流与自由贸易区

13.3.1　自由贸易区概念

1. 自由贸易区

自由贸易区（Free Trade Area）是指签订自由贸易协定的成员国相互彻底取消商品贸易中的关税和数量限制，使商品在各成员国之间可以自由流动。但是各成员国仍保持自己对来自非成员国进口商品的限制政策。有时，它也用来形容一国国内，一个或多个消除了关税和贸易配额，并且对经济的行政干预较小的区域。有的自由贸易区只对部分商品实行自由贸易，如“欧洲自由贸易联盟”内的自由贸易商品只限于工业品，而不包括农产品。这种自由贸易区被称为“工业自由贸易区”。有的自由贸易区对全部商品实行自由贸易，如“拉丁美洲自由贸易协会”和“北美自由贸易区”，对区内所有的工农业产品的贸易往来都免除关税和数量限制。

自由贸易区从“自由港”发展而来，通常设在港口的港区或邻近港口地区，尤以经济发达国家居多，如美国有对外贸易区 92 个。早在 20 世纪 50 年代初美国就提出：可在自由贸易区发展以出口加工为主要目标的制造业。20 世纪 60 年代后期，有发展中国家利用这一形式，并建成特殊工业区，发展成出口加工区。20 世纪 80 年代开始，许多国家的自由贸易区向高技术、知识和资本密集型发展，形成“科技型自由贸易区”。

2. 自由港

自由港（Free Port）又称自由口岸、自由贸易区、对外贸易区，是指全部或绝大多数外国商品可以免税进出的港口。这种港口划在一国关境之外，外国商品进出港口时除免交关税外，还可在港内自由改装、加工、长期储存或销售，但须遵守所在国的有关政策和法令。自由港依贸易管制情况分为完全自由港和有限自由港。前者对所有商品进出口都实行免税，后者对少数商品征收少量关税并有某些贸易限制。

13.3.2 自由贸易区产生的原因

自由贸易区的产生和发展有其深刻的历史、经济、政治、文化原因。

1. 古代

英国推行贸易自由政策。18 世纪中叶至 19 世纪中叶，英国完成第一次工业革命，经历了几次严重的经济危机，建立了全球殖民体系，形成了英国支配的世界市场，转而推行自由贸易政策。英国拓展亚洲和非洲市场，要求各国开放贸易和投资市场；1840 年发动第一次鸦片战争，以炮舰政策逼迫中国开埠通商；向美国、德国等国家发放出口信贷，鼓励各国购买英国的机车、船舶和设备，对海外投资予以保护。英国于 1846 年废除《谷物法》，免除农产品进口关税；1853 年开放殖民地市场，解散特权贸易公司；1854 年废除航海条例，实行航运自由；1859 年改革关税制度，逐步取消进口关税，废除出口税；1860 年取消对殖民地的贸易垄断，英法两国签订自由通商条约，条约包括航运、投资、贸易等内容，以后又有英意、英荷、英德等自由通商条约，相互提供最惠国待遇。英国的自由贸易政策较之垄断贸易政策，比较容易被各国和殖民地国家接受，以往的不平等贸易增加了平等的成分，各国贸易政策逐步由对抗转向包容，自由贸易成为趋势。

2. 当代

当代世界经济有两大显著特点：一是经济全球化；二是区域经济一体化。区域经济一体化发展很快，WTO 的成员国基本上都与其他有关国家建立了自由贸易关系。中国和东盟成员都是发展中国家，经济实力有限，经济增长对外部市场的依赖度高，全球经济的变动会对其经济产生重大影响。中国东盟自由贸易区正是为应对经济全球化中的负面影响和应对区域经济一体化的快速发展应运而生的。

（1）与多边贸易体制相比，区域内国家易于就自由贸易区达成协议并产生实效。同时，现有的自由贸易区大多富有成效，也激发了更多国家参加自由贸易区。

（2）就地区或邻近国家而言，自由贸易区有利于进一步发挥经贸合作的地缘优势。邻近国家间的自由贸易区具有人员往来与物流便利、语言文化相近、生活习惯类似等多种有利条件。因此，邻近国家和地区间具有更多的有利条件来扩大和加深经济合作以获得互利双赢的效果，其效果比参加多边贸易体系带来的利益要更明显一些。

（3）在加入多边合作机制的同时，缔结自由贸易区有利于推动各成员国内的经济结构改革，从而可以借助更多外力来推进国内改革。

（4）20 世纪 90 年代一再发生的地区性经济危机的教训，也促使世界各国更加重视地区经济合作的制度化。1997 年的东南亚经济危机证明，在同一地区国家之间，危机蔓延的速度往往更快，相互影响也更为强烈。因此，加强地区内经贸合作不仅有助于防范新的危机，也有助于世界经济的稳定发展。

13.3.3　自由贸易区的分类

1. 按性质分类

就性质而言，自由贸易区可分为商业自由区和工业自由区。前者不允许货物的拆包零售和加工制造；后者允许免税进口原料、元件和辅料，并指定加工作业区加工制造。

2. 按功能分类

世界自由贸易区的功能设定是根据区位条件和进出口贸易的流量而确定的，并且随着国内外经济形势的发展而调整和发展。就功能而言，自由贸易区的主要类型有以下几种。

（1）转口集散型：这一类自由贸易区利用优越的自然地理环境从事货物转口及分拨、货物储存、商业性加工等。最突出的是巴拿马的科隆自由贸易区。

（2）贸工结合、以贸为主型：这类自由贸易区以从事进出口贸易为主，兼搞一些简单的加工和装配制造。在发展中国家最为普遍，如阿联酋迪拜港自由港区。

（3）出口加工型：这类自由贸易区主要以从事加工为主，以转口贸易、国际贸易、仓储运输服务为辅，如尼日利亚自由贸易区。

（4）保税仓储型：这类自由贸易区主要以保税为主，免除外国货物进出口手续，较长时间处于保税状态，如荷兰阿姆斯特丹港自由贸易区。

13.3.4　自由贸易区与保税区的区别

尽管保税区与自由贸易区都起到类似自由港的作用，但在开放程度、功能设计及监督管理等方面还存在较大区别，如图 13-3 所示。一是保税区在海关的特殊监管范围内，货物入区前须在海关登记，保税区货物进出境内、境外或区内流动有不同的税收限制；而自由贸易区是在海关辖区以外的、无贸易限制的关税豁免地区。二是保税区的货物存储有时间限定，一般为 2 ~ 5 年；而在自由贸易区内，货物存储期限不受限制。三是由于保税区内的货物是“暂不征税”，对货物采用账册管理方式；而在自由贸易区内，主要考虑货畅其流为基本条件，多数自由贸易区采取门岗管理方式，运作手续更为简化，交易成本更低。四是目前许多保税区的功能相对单一，主要是起中转存放的作用，对周边经济带动作用有限；而自由贸易区一般是物流集散中心，大进大出，加工贸易比较发达，对周边地区具有强大的辐射作用，能带动区域经济的发展。

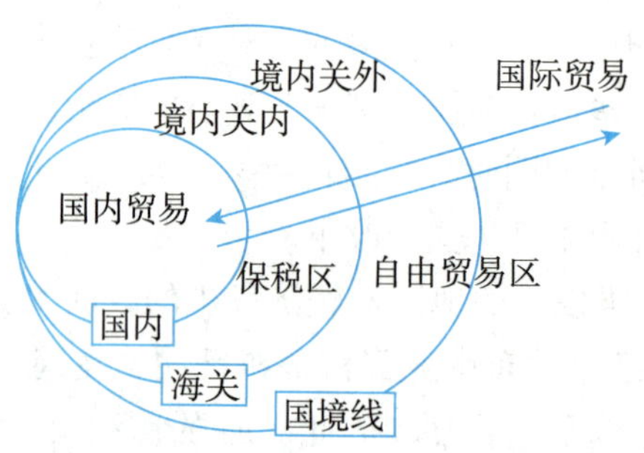

图 13-3 自由贸易区与保税区的区别

案例拓展

我国国际物流运行持续向好

2023 年以来，我国国际货运航空、中欧班列等增加明显，国际物流运行持续向好。随着我国高水平对外开放不断推进，我国国际物流网络在不断加密延伸。中国物流与采购联合会最新数据显示，2023 年以来我国新增货运航线约 180 条，其中，欧美航线与亚洲航线超过一半。截至 2023 年 10 月，中欧班列共开行 14 562 列、发送货物 157.9 万标箱，同比分别增长 6% 和 9%，我国已与 21 个共建“一带一路”国家签署政府间国际道路运输协定，主要陆路口岸过货能力持续提升。全国万吨级及以上港口泊位数不断增加，智慧港口、绿色港口建设加快推进，进出口货物整体通关时间大大缩短。境外物流网络布局方面，我国已建成海外仓 2 400 多个，面积 2 500 多万平方米。

（资料来源：网易新闻 . https://www.163.com/news/article/IK4UR8G9000189FH.html.）

思政园地

引入我国在“双循环”背景下加快建设现代流通体系的政策，使学生了解在新发展格局下国际物流的政策导向与发展趋势，再结合疫情防控期间我国防疫物资进出口的生动案例，帮助学生理解国际物流的作用与意义，厘清国际物流与国际贸易的关系，培养学生作为现代物流人的大局观念、国际视野、社会责任感和使命感。

课后习题

一、单项选择题

1. 国际物流的地理特征是（　　）。

A. 国际性　　B. 复杂性　　C. 高风险性　　D. 流通性

2. 国际物流为（　　）的衍生物。

A. 物流　　B. 国际贸易　　C. 信息　　D. 国际分工

3.国际物流系统的核心子系统是（　　）。

A.物流信息　　B.国际货物运输

C.国际货物通过　　D.树形结构

4.（　　）指签订自由贸易协定的成员国相互彻底取消商品贸易中的关税和数量限制，使商品在各成员国之间可以自由流动。

A.保税区　　B.自由贸易区

C.综合保税区　　D.自由港

5.国际物流的作用是使货物产生（　　），实现货物的空间效益。

A.空间位移　　B.流通加工

C.附加值　　D.价格优势

二、判断题

1.国际联运是国际物流的核心内容，因此国际物流必须有国际信息系统的支持。（　　）

2.物流网络系统和物流系统是同样概念的不同说法。（　　）

3.自由贸易区按功能可分为商业自由区和工业自由区。（　　）

4.保税仓储型自由贸易区主要以从事加工为主，以转口贸易、国际贸易、仓储运输服务为辅。（　　）

5.国际物流系统包含运输、仓储、检验、流通加工、装卸搬运、包装、信息子系统。（　　）

6.以EDI为基础的国际物流对物流的国际化产生了重大影响。（　　）

三、简述题

1.简述国际物流产生的背景。

2.简述国际物流系统和国际物流网络系统的区别。

3.阐述国际物流的特点。

4.简述自由贸易区的分类。

5.简述自由贸易区与保税区的区别。

四、案例讨论

该不该在自由贸易区内注册公司

“你如果现在进来还有装修的房间，下个月就肯定只有毛坯了。”2013年10月8日，上海自贸试验区挂牌后的首个业务受理日，一名自称“代办公司”市场部经理的人士如此描述上海自贸试验区的企业抢注热。

很多企业关注的“一元注册公司”，是工商部门在上海自贸试验区的政策突破，也就是将公司注册资本实缴登记制改为认缴登记制。

但对于一家准企业来说，如果要注册成为上海自贸试验区内的企业，其注册地必须在区内。现在，“代办公司”提供的有门牌号码的公司注册地点，租金已高达2万元/年。如果同时要在上海自贸试验区内租借办公地点，25平方米的空间需要1000元/月的租金。

企业：先进去占个位再说

据了解，最近该公司代办注册的企业以贸易类企业为主，一些电子商务和金融服务企业也对在自贸试验区内注册非常积极。一些拟进入企业表示，它们目前也不清楚区内和区外开展业务到底有多大差别，但“不管做什么，总要先进来再说”。一些国外的企业、金融机构，对中国市场的理解和体会是，第一个吃螃蟹的人肯定是占便宜的。

自贸试验区拥有投资和服务贸易的便利性，同时可享受关税、增值税等减免，降低贸易成本，这些都在增强上海自贸试验区的吸引力。

自贸试验区或对企业在贸易、投资准入、金融服务方面有以下的益处。

（1）贸易领域。自贸试验区内允许企业“先进区，再申报”，预计可以减少企业60%左右通关时间。在区域内允许外国商品货物豁免关税，免除通关、清关的手续，可在区域内自由流通或再出境。这与现有的保税区作用类似，对物流中转、商品买卖、进出口代加工等企业有直接的好处，并将大大提高试验区国际分拨、中转集拼业务的国际竞争力，促进第三方物流发展，发挥保税港区优势，促进上海充分发挥国际航运中心的货物集散的枢纽作用。

另据海关总署表示，自贸试验区内将积极推动跨境电子商务试点，充分发挥自贸试验区连接国际市场的保税物流功能优势，建立与跨境电子商务服务功能相适应的海关监管模式，创造国内消费者在境内购买国际品牌的良好环境。

（2）投资准入。上海自贸试验区将探索建立负面清单管理模式，借鉴国际通行规则，对外商投资试行准入前国民待遇。所谓负面清单，即除了清单上规定不能干的，其他都可以干，且不再需要政府事先审批。目前，选择金融、航运、商贸、文化等服务领域扩大开放。

（3）金融服务。据国务院方案，在自贸试验区内对人民币资本项目可兑换、金融市场利率市场化、人民币跨境使用等方面进行先行先试。这几个方面都是中国金融改革的关键问题，如果放开，对企业的贸易结算便利化、投融资自由化都会产生积极影响，特别是鼓励跨境投融资服务对企业“走出去”是一大助力。

分析人士指出，自贸试验区的意义不单是对外贸易的便利化，更重要的是通过金融服务等方面的配套改革，以进一步扩大开放，服务实体企业。据最新消息，区内中外资、民资将可设立银行等金融机构，浦发等银行已将其区内的分行升级为一级分行。

自贸试验区作为中国新一轮改革开放的“试验田”，寄托了决策层，甚至整个国家对中国经济进一步放松管制、扩大自由开放、转型升级的期望。虽然目前具体的各项细则还未完善，但其将成为外贸、金融等相关企业的一大利好，应是无疑的。

（资料来源：搜狐网.资料有改动.https://www.sohu.com/a/458236418_120811996.）

>>思考分析

1.是否最早进入自贸试验区的企业就一定有“螃蟹吃”？

2.自由贸易试验区有哪些方面的政策优惠？

实践与实训 了解国际货运代理

【实践与实训目标】

1.使学生对国际货运代理有整体的感性认识。

2.了解国际物流的主要业务。

【内容与要求】

1. 国际货运代理企业如何开展代理业务？

2. 国际货运代理企业在开展代理业务中存在的问题。

【成果与检测】

1. 学生写调研报告。

2. 学生间调研报告交流讨论，评比出优秀报告。

3. 谈谈对国际货运代理的认识。

第 14 章　智慧物流

学习目标

1. 了解智慧物流的基本概念
2. 了解智慧物流发展的现状和趋势
3. 掌握智慧物流的服务模式和运营模式

素质目标

1. 通过各类教学活动建立学生对智慧物流前景的自信
2. 培养学生不断超越和创新的精神

案例导入

九州通医药集团东西湖现代医药物流中心是全球单体最大医药物流中心，也是亚洲技术最先进的医药物流中心，箱式穿梭车库、螺旋输送机、自动条码复核系统、自动输送分拣系统等均为国内乃至亚洲最先进和首次使用的技术。目前，中心总存储能力达 70 万箱，年吞吐量 1680 万箱，支持年销售额 120 亿元，年订单处理能力 2300 万条，80% 货物可全自动入库，50% 实现全自动出库，货物整箱采用托盘集装化达 90%，拆零拣选采用周转箱达 100%。智能化、信息化仓储物流设备和技术的投入应用，推动基地服务湖北区域的物流能力提升 300%，物流效率提升 50%。

（资料来源：新浪新闻．WIKI 资讯．资料有删改．https://news.sina.com.cn/o/2018-10-31/doc-ifxeuwws9990319.shtml；https://wiki.antpedia.com/article-454691-90.）

◎**思考题**：

1. 结合案例，分析智慧物流园区的特征。
2. 试分析智慧物流园区的发展趋势。

14.1 智慧物流的基础知识

14.1.1 物流信息化发展阶段

当前，物联网、云计算、移动互联网等新一代信息技术的蓬勃发展，正推动着我国物流行业的巨大变革。物流信息化是现代物流区别于传统物流的主要标志，从某种意义上说，没有物流信息化，就没有现代物流企业。大数据时代的到来，有效推动“大物流”体系的形成。我国的物流信息化始于 20 世纪 80 年代，根据经济社会发展水平、信息化发展水平、物流业发展水平的不同，我国物流信息化发展可分为四个阶段。具体如表 14-1 所示。

表 14-1 我国物流信息化发展阶段

发展阶段	发展重点	主要特点
单点信息化时代	流程的信息化改造	电子化、信息化
网络信息化时代	公共信息平台、物流技术	平面型网络化信息系统
供应链互联互通时代	供应链上下游信息业务融合	立体式、多维化、跨企业、跨平台的信息整合
智慧物流时代	物流大数据分析与应用	模块化、自动化、智能化，跨集团、跨企业、跨组织的深度协同

1. 以单点信息化为主的业务流程改造阶段

这一阶段是物流信息化建设发展的起步阶段，以物流企业为主体的单点信息化建设为主要特征。随着全社会信息化意识的整体加强，信息化作为提高生产力水平的必要手段受到了普遍重视，开始以各类大中型物流企业为龙头进行信息化建设，物流信息化发展实现了从无到有的转变。这一阶段物流信息化的主要目的是借助信息化技术提高企业自身业务能力和规范化程度，致力对原有业务流程进行信息化改造升级，应用信息化管理手段实现各类单据的电子化、办公的自动化以及流程的可视化，信息化建设内容通常包括运单管理、运输管理、仓储管理、人力资源财务管理系统等软件建设。

2. 以网络信息化为主的综合服务发展阶段

这一阶段是物流信息化建设发展的深化阶段，以网络信息化建设为主要特征。物流业发展成为新的经济增长点，物流业需求的外部期望值更高，信息技术对行业发展的支撑作用更加明显。此外，物流企业间信息往来日益密切，物流作业网络化特征更加明显。传统单点信息系统的应用已经难以满足新形势下业务形态的需要，物流企业开始追求网络化物流信息服务手段，企业间信息网络化传递需求呈爆发式增长态势。以公共服务为主的物流公共信息平台开始涌现并不断发展，全球定位系统（GPS）/ 地理信息系统（GIS）、条码等新技术得以广泛普及，物流需求响应的时效性进一步增强，物流过程的透明化程度进一步提高，对物流成本控制的要求进一步提高。

3. 以供应链互联互通为主的服务融合升级阶段

这一阶段是物流信息化建设发展的升华阶段，以供应链互联互通建设为主要特征。在这一阶段，市场竞争逐步由企业单体竞争向供应链整体竞争转变，物流企业与供应链中上下游企业的业务融合程度成为衡量物流企业综合竞争实力和服务水平的重要指标。物流信息化呈现立体式、多维化、跨行业、供应链纵深发展特征，跨企业、跨行业、跨平台的信息整合开始出现，物流企业主动规范自身信息化建设标准，并以开放式思想实现自身业务系统与上下游企业间信息系统对接，物流信息集中度迅速提升。行业管理部门政务系统加快建设，提供政务信息查询服务。

4. 以智慧物联网为主的数字物流服务提升阶段

随着物联网技术和硬件设备在物流领域的普及，信息化的重点转向物流数据分析与应用，致力提高智慧物流服务水平，这一阶段是物流信息化发展的高级阶段。在智慧物联网阶段，受物联网、大数据、云计算、机器人等技术推动，物流信息化进一步朝模块化、自动化、智慧化方向发展，物流系统思维、感知、学习、分析决策、智慧执行能力迅速提高，社会物流成本随之降低，而效率则得以极大提高。物流场景的数字化、物流要素的互联互通、数据驱动下的决策机制、跨组织的深度协同、全局优化智能算法调度下各参与方的高效分工协作成为这一阶段的主要特点。

14.1.2 智慧物流的定义和特点

1. 智慧物流的提出

2009 年，IBM 首次提出建立一个面向未来的具有先进、互联和智能三大特征的供应链，通过感应器、RFID 标签、GPS 和其他设备及系统生成实时信息的“智慧供应链”概念，紧接着智慧物流（Intelligent Logistics System，ILS）的概念由此延伸而出。

2. 智慧物流的定义

智慧物流在全球并没有严格的定义。我国物联网校企联盟认为，智慧物流是利用集成智能化技术，使物流系统能模仿人的智能，具有思维、感知、学习、推理判断和自行解决物流中某些问题的能力，即在流通过程中获取信息从而分析信息做出决策，使商品从源头开始被实施跟踪与管理，实现信息流快于实物流，即可通过 RFID、传感器、移动通信技术等让配送货物自动化、信息化和网络化。2019 年出版的《物流管理：职业技能等级认证（职业基础）》将智慧物流定义为：智慧物流就是以条码、射频识别技术、传感器、全球定位系统等先进的物联网技术，通过信息处理和网络通信技术平台广泛应用于物流业运输、仓储、配送、包装、装卸等基本活动环节，实现货物运输过程的自动化运作和高效率优化管理，提高物流行业的服务水平，降低成本，减少自然资源和社会资源消耗。

无论何种表达方式的定义，“智慧物流”都体现将物联网、传感网与现有的互联网整合起来，通过精细、动态、科学的管理，实现物流的自动化、可视化、可控化、智能化、网络化，从而提高资源利用率和生产力水平，创造更丰富社会价值的综合内涵。

3. 智慧物流的特点

（1）互联互通，数据驱动。所有物流要素实现互联互通，一切业务数字化，实现物流系统全过程透明可追溯；一切数据业务化，以“数据”驱动决策与执行，为物流生态系统赋能。首先，智慧物流的发展以云计算、物联网、传感器、互联网等技术的发展为前提，并有赖于相关领域技术的发展和水平提升；其次，智慧物流需要管理方法和手段的创新，精细管理是“智慧物流”的管理核心，需要用“智慧”来武装物流管理。

（2）深度协同，高效执行。跨集团、跨企业、跨组织之间深度协同，基于物流系统全局优化的智能算法，调度整个物流系统中各参与方高效分工协作。其他物流形式也提及“系统”概念，但这是一种狭义的“系统”，仅考虑物流系统中的物品等核心要素，未考虑人员、设备、基础设施等支持要素。智慧物流将实现物流系统中的物品、人员、机器、设备和基础设施的协同，强调的是广义的“系统”。

（3）自主决策，学习提升。软件定义物流实现自主决策，推动物流系统程控化和自动化发展；通过大数据、云计算与人工智能构建物流大脑，在感知中决策，在执行中学习，在学习中优化，在物流实际运作中不断升级，学习提升。不断学习体现了智慧物流的动态性，即物流系统所处环境是动态的，其构成要素也是动态的。其他物流形式都是基于静态或周期性动态变化假设，无法实现实时动态决策。而“智慧物流”与其他物流形式相比，一个显著的特点就是它没有不变的模式。

案例拓展

天正电气智慧物流升级

作为“温州模式”的一面旗帜，深耕行业30余年的天正电气，以质量立企，于低压电器领域占据一席之地。为应对行业发展趋势，天正电气积极推进数智化创新，驱动企业发展引擎。从生产端入手，将目光瞄准数字化、智能化改造。结合自身的生产模式，合理应用先进的物流技术，打造了行业标杆的智能物流中心。实现了从传统生产模式向智能制造的转型，有力地推动了企业的高质量发展。

项目背景

天正电气生产超50000余种电器元件，日均处理订单5000余行，产品体积各异。多年来受制于传统物流模式，产品大多集中储存于多楼层仓库，仓管员需根据订单进行人工拣货与复核。因此，企业亟须提升拣选效率，改善存储空间利用率，并且提高员工安全性、降低劳动强度和人力成本。

首次尝试自动化改革，天正电气非常谨慎，通过反复调研，并综合国内外先进企业经验，以新一代信息技术与先进物流技术深度融合，对智能园区物流体系进行了整体解决方案规划和实施。最终天正电气携手凯乐士科技，在其智慧物流中心内规划并实施了整套穿梭车立体库系统。

项目方案

智慧物流园区建筑面积10万余平方米，主要由2座厂房、1座立体库及行政办公楼组成。整个物流园区规划布局使得人流物流有效分开，零件入库与成品出库各行其道。

物流园立体库内，通过历史出库量与销售分析，将产品进行合理分类并科学规划了托盘式立体库存储区、箱式多穿库存储区、机器人拆垛区等。其中，方案采用的凯乐士大规模多层穿梭车立体库系统，可高效应对周转箱/纸箱的混合存储，凭借高柔性的优势，可灵活应对复杂多变的订单需求，赋能天正电气应对未来的业务波动，及时响应市场需求。

密集存储：通过应用多层高密度立体货架，配合凯乐士多层穿梭车立体库系统，基于

“货架、智能穿梭车、高速提升机”等标准化、模块化配置的独特箱式立体库存储方案，既满足了业务高峰时对高库容的需求，也满足了企业海量SKU的需求，相比传统库房提升了10倍的存储能力。

快速存取：与自动化立体仓库（AS/RS）或轻型料箱式立体仓库（Miniload）相比，天正电气箱式多层穿梭车立体仓库最大的优势在于提高货物单元的存取效率，单个多穿巷道的最大存取效率可达1000箱/小时甚至更多，是Miniload立体仓库系统的3～5倍，更是托盘堆垛机立体仓库的15～20倍。

高效拣选：针对厂内流转效率，结合生产业务特点，利用智能穿梭车在超高空间利用率的库内高速地存取货物，配合提升机系统快速实现货物的出入库作业。从“人拣货”模式到“货到人”模式，纯劳力人员优化40%，年度人力成本减少上百万元。

智能调度：整个智能物流中心通过标准容器、RFID技术、5G、WMS系统等技术，实现了对成品批次的精细化管理，有效地提升了先进先出的效率，库存产品呆滞率降低至1%，周转天数缩短至28天。

以人为本：当自动化物流设备承担了重复度高和体力消耗较大的任务时，员工能够解放双手，重新分配到需要更多决策和专业技能、复杂度高且更有价值的工作中。降低员工在手动拣选过程中常见的体力负担和受伤风险，保障员工安全。

绿色低碳：项目采用的核心硬件设备——凯乐士智能穿梭车，主供电采用超级电容，可反复充放电100万次。同时，在不影响效率的情况下，调度系统充分考虑目标任务的位置和当前位置的任务优化，提升设备稼动率，综合节能15%。

天正电气以数智化改革为引擎，推动企业实现高质量发展。在新时代的征程中，天正电气将继续以创新为动力，以智能制造为支撑，以质量为核心，不断拓展市场空间，实现企业可持续发展。

（资料来源：现代物流网.资料有删改.https://mh.jgvogel.cn/c1372073.shtml.）

14.1.3 智慧物流的主要技术

1.自动识别技术

自动识别技术是以计算机、光、机、电、通信等技术的发展为基础的一种高度自动化的数据采集技术。它通过应用一定的识别装置，自动获取被识别物体的相关信息，并提供给后台的处理系统以完成相关后续处理。它能够帮助人们快速而又准确地进行海量数据的自动采集和输入，在运输、仓储、配送等方面已得到广泛的应用。经过近30年的发展，自动识别技术已经发展成为由条码识别技术、智能卡识别技术、光学字符识别技术、无线射频识别技术、生物识别技术等组成的综合技术，并正在向集成应用的方向发展。

条码识别技术是目前使用最广泛的自动识别技术，它是利用光电扫描设备识读条码符号，从而实现信息自动录入。

无线射频识别（RFID）技术是近几年发展起来的现代自动识别技术，它是利用感应、无线电波或微波技术的读写器设备对射频标签进行非接触式识读，达到对数据自动采集的目的。

生物识别技术是利用人类自身生理或行为特征进行身份认定的一种技术。生物特征包括手形、指纹、脸形、虹膜、视网膜、脉搏、耳郭等，行为特征包括签字、声音等。

2. 数据挖掘技术

数据仓库出现在 20 世纪 80 年代中期，它是一个面向主题的、集成的、非易失的、时变的数据集合，数据仓库的目标是把来源不同、结构相异的数据经加工后在数据仓库中存储、提取和维护，它支持全面、大量的复杂数据的分析处理和高层次的决策支持。数据仓库使用户拥有任意提取数据的自由，而不干扰业务数据库的正常运行。数据挖掘是从大量的、不完全的、有噪声的、模糊的及随机的实际应用数据中，挖掘出隐含的、未知的、对决策有潜在价值的知识和规则的过程。一般分为描述型数据挖掘和预测型数据挖掘两种。描述型数据挖掘包括数据总结、聚类及关联分析等，预测型数据挖掘包括分类、回归及时间序列分析等。其目的是通过对数据的统计、分析、综合、归纳和推理，揭示事件间的相互关系，预测未来的发展趋势，为企业的决策者提供决策依据。

3. 人工智能技术

人工智能就是探索研究用各种机器模拟人类智能的途径，使人类的智能得以物化与延伸的一门学科。它借鉴仿生学思想，用数学语言抽象描述知识，用以模仿生物体系和人类的智能机制，主要的方法有神经网络、进化计算和粒度计算三种。

4. GIS 技术

GIS是打造智能物流的关键技术与工具，使用GIS可以构建物流一张图，将订单信息、网点信息、送货信息、车辆信息、客户信息等数据都在一张图中进行管理，实现快速智能分单、网点合理布局、送货路线合理规划、包裹实时监控与管理。GIS技术可以帮助物流企业实现基于地图的服务，例如网点标注、片区划分、快速分单、车辆监控管理系统、物流配送路线规划辅助系统、数据统计与服务。GIS 基本功能的实现过程如图 14-1 所示。

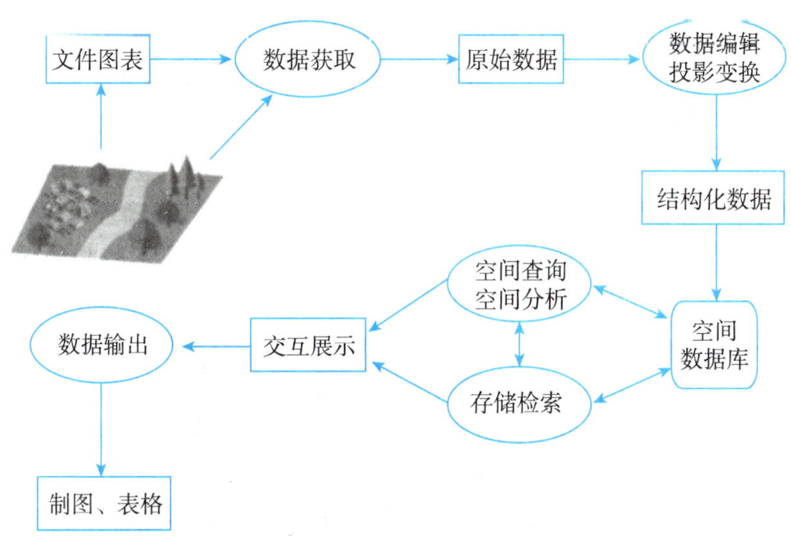

图 14-1 GIS 基本功能的实现过程

5. 其他智慧物流技术

其他智慧物流技术，如无人机快递、智能快递柜、分拣机器人、智能配送机器人、无人仓、AR 技术等，正在重塑物流市场主体，带领物流设施设备朝着自动化、集成化和智能化方向发展。

（1）无人机快递。无人机快递，即通过利用无线电遥控设备和自备的程序控制装置操纵的无人驾驶的低空飞行器运载包裹，自动送达目的地，其优点主要在于解决偏远地区的配送问题，提高配送效率，同时减少人力成本。缺点主要在于恶劣天气下无人机会送货无力，在飞行过程中，无法避免人为破坏等。无人机快递如图 14-2 所示。

图 14-2　无人机快递

（2）智能快递柜。智能快递柜是随着快递业不断发展新生的事物，为突破物流快递中这“最后 100 米”障碍，根据现代物品流通更网络化、电子化、自动化的发展趋势，融合了网络购物、电子商务、物流方式等现代商业运营模式，将远程通信、全球定位系统、自动控制等电子科技融为一体，以全新的商业运营模式，引领并满足人们快捷、便利、低成本的物流消费的生活方式。快递终端的自助化简化了人工操作流程，提高了工作效率和准确性，可大大降低企业的运营成本。

（3）分拣机器人。分拣机器人是一种具备了传感器、物镜和电子光学系统的机器人，可以快速进行货物分拣。基于高效、准确的分拣需求，分拣机器人系统应运而生。通过分拣机器人系统与工业相机的快速读码及智能分拣系统相结合，可实现包裹称重/读码后的快速分拣及信息记录交互等工作。分拣机器人系统可大量减少分拣过程中的人工需求，提高分拣效率及自动化程度，并大幅提高分拣准确率。随着大数据算法的日趋完善化、货物信息逐步标准化、智能控制系统集成化，分拣机器人系统已成为物流业由劳动密集型产业向批量智能化转型高度契合的产物。分拣机器人如图 14-3 所示。

图 14-3　分拣机器人

（4）智能配送机器人。智能配送机器人内含多种高科技。走在路上 360 度环境监测，自动避让行人车辆，还会绕开路障，自动识别红绿灯，客户可以通过人脸识别、提货码、手机 App 链接三种方式进行取货。全面协助快递员进行快递配送，一名快递员本来一天能送 200 件快件，配合智能配送机器人后，一天能送 1000 件快件。智能配送机器人如图 14-4 所示。

图 14-4 京东无人配送小车

（5）AR 技术。增强现实（Augmented Reality，AR）技术是一种实时计算摄影机影像位置及角度并加上相应图像的技术，是一种将真实世界信息和虚拟世界信息“无缝”集成的新技术。由于人工智能和区块链的分布式账本技术的创新，AR 技术有望在此基础上成为用于管理供应链的强有力助手。AR 技术可以将数字信息叠加到现实世界中，举几个例子：AR 技术可以帮助卡车司机、仓库员工和管理员更直观地跟踪货物，从它们离开工厂直到送到客户的家门口。通过在包装上使用传感器，公司经理可对产品进行更高级的分析。而工厂可以根据当天无数个零售店的销售额来实时决定增产或减产。从事数字供应链工作的数据家可以从他们的产品中获得更全面的见解，无论货物是放在正在路途中的运输货车还是位于经销商的仓库货架上。

14.1.4 智慧物流的现状和发展趋势

1. 智慧物流的现状

随着移动互联网、物联网、大数据等信息技术的广泛应用，我国物流业结构调整和发展方式不断转换，智慧物流步入快速发展轨道，推动传统物流业焕发出新的生机，物流市场呈现良好发展态势。智慧物流大数据表明，我国智慧物流正处于快速发展阶段。

（1）政策环境持续改善。2016 年，国家发展和改革委员会会同有关部门研究制定了《“互联网+”高效物流实施意见》，交通运输部、商务部、工业和信息化部等有关部门从各自职能领域出发部署推进“互联网+”高效物流相关工作，为推动智慧物流发展营造良好政策环境。

（2）物联网逐步形成。近年来，随着移动互联网的快速发展，大量物流设施通过传感器接入移动互联网。截至 2019 年年底，我国已经有超过 400 万辆重载货车安装了北斗卫星定位装置，还有大量托盘、集装箱、仓库、货物接入互联网。物流连接呈快速增长趋势，以信息互联、设施互联带动物流互联，“万物互联”的物联网的发展正处于关键时期。物流在线化创造和奠定了智慧物流发展的前提与基础。

（3）物流大数据得到应用。物流在线化产生大量业务数据，使得物流大数据从理念变为现实，数据驱动的商业模式推动产业智能化变革，大幅提高生产效率。例如，菜鸟网络推出智能路由分单，实现包裹与网点的精准匹配，准确率高达98%以上，分拣效率提高50%以上，大大缓解了爆仓压力。利用物流大数据服务对物流大数据进行处理与分析，挖掘对企业运营管理有价值的信息，从而科学合理地进行管理决策，是企业的普遍需求。

（4）物流云服务强化保障。依托大数据和云计算能力，通过物流云高效整合、管理、调度资源，为各参与方按需提供信息系统及算法应用服务，是智慧物流的核心需求。近年来，京东、菜鸟、百度等纷纷推出物流云服务应用，为物流大数据提供了重要保障。业务数据化正在成为智慧物流的重要基础。

（5）协同共享助推模式创新。智慧物流的核心是协同共享，这是信息社会区别于传统社会，并将爆发出最大创新活力的理念源泉。协同共享理念克服了传统社会的产权所有观念，通过分享使用权而不占有所有权，打破传统企业边界，深化企业分工协作，实现存量资源的社会化转变与闲置资源的最大化利用。例如，菜鸟驿站整合高校、社区、便利店、物业等社会资源，有效解决末端配送效率与成本问题。近年来，互联网+物流服务成为贯彻协同共享理念的典型代表。

（6）人工智能正在起步。以人工智能为代表的物流技术服务应用物流信息化、自动化、智能化技术来实现物流作业的高效率、低成本，是物流企业较为迫切的现实需求。其中，人工智能通过赋能物流各环节、各领域，实现智能配置物流资源、智能优化物流环节、智能提升物流效率。特别是在无人机、无人仓储、无人配送、物流机器人等人工智能前沿领域，菜鸟、京东、苏宁等一批领先企业已经着手开展试验应用。

2. 智慧物流的发展趋势

物联网、大数据及人工智能三大领域是未来智慧物流发展的重要方向。智慧物流迎来发展机遇的同时，也面临巨大的挑战，因此智慧物流加快转型升级成为必然趋势。

（1）智慧物流引领产业发展。智慧物流将引领智慧供应链变革，凭借靠近用户的优势，智慧物流带动互联网深入产业链上下游，以用户需求倒逼产业链各环节强化联动与深化融合，助推协同共享生态体系加快形成。中国物流与采购联合会会长何黎明在“2017年全球智慧物流峰会”上表示，现在物流企业对智慧物流的需求主要集中在物流技术、物流云、物流模式和物流大数据这四个领域。2016年智慧物流这四大领域的市场规模已经超过了2000亿元，预计到2025年，智慧物流的市场规模将超过万亿元。以先进物流信息技术为依托的智慧物流将再造物流产业结构，引领物流产业新发展。

（2）数据和连接升级。随着信息系统建设、数据对接协同与手持终端的普及，物流数据将全面实现可采集、可录入、可传输、可分析。预计未来5～10年，物流数字化程度将显著提升，打破行业信息不对称和信息孤岛现象，全程透明强化智慧物流基础。物联网、云计算、大数据等新一代信息技术将进入成熟期，物流人员、装备设施以及货物将全面接入互联网，呈现指数级增长趋势，形成全覆盖、广连接的物联网，万物互联将助推智慧物流发展。

（3）智能升级，物流机器人会大量出现。随着人力成本的不断提高，机器人成本会逐渐低于人工成本，简单重复性劳动被机器人取代只是时间问题，预计未来 5 ~ 10 年，物流机器人使用密度将达到每万人 5 台左右，物流赋能改造传统物流基因，智能革命将改变智慧物流格局。

（4）绿色升级。“绿水青山就是金山银山”。随着环境保护、垃圾分类等呼声越来越高，物流业也将承担全球绿色发展与可持续发展的使命，充分利用社会闲置资源，积极降低能源耗费。预计未来 5 年，绿色包装、绿色运输、绿色仓储将得以加快推广应用，绿色低碳将提升智慧物流影响力。

（5）模式和体验升级。预计未来 5 ~ 10 年，众包、众筹、共享等新的分工协作方式将得以广泛应用，打破传统分工体系，重构企业业务流程与经营模式，创新驱动成为智慧物流动力。预计未来分布式的物联网将更加接近消费者，全面替代集中化运作方式，依托开放共享的物流服务网络，满足每个客户的个性化服务需求，体验经济将创造智慧物流价值。

案例拓展

“智慧农业”奏响田园新乐章

工作人员手指轻轻一点，温室内风机运行，自动将绿叶生菜区调节到合适温度；番茄温室内的轨道上，机器人一边前行一边均匀喷药；环境传感器 24 小时不停“工作”，将数据实时传输到后台……朝来农艺园作为国家数字农业创新应用基地项目中的建设基地之一，2021 年 9 月底开始对园区进行智能化改造和全环节智能化升级，推动农业向数字化、精准化、智慧化加快迈进，智能化设备逐渐站上了农业管理的“C位”，开辟了朝阳农业现代化的新路径。

机器人“跑腿”采摘效率高

药物灌溉机器人在番茄生产区的轨道上来回“行走”，将农药均匀喷洒在两侧的番茄种植区域；采摘机器人正在技术人员的帮助下“练习”锁定成熟番茄的本领；客服机器人在东西通道“站岗”，为前来参观的游客“答疑解惑”……朝来农艺园实现智能化建设后，智能机器人成了园区的“大忙人”。

“让机器人摘番茄容易，但要判断番茄是否成熟却有难度。”在番茄生产区，技术人员张轩正在对即将“上岗”的采摘机器人进行调试。张轩在电脑上进行参数调整时，采摘机器人的摄像头便开始捕捉影像，机械臂不停尝试着调整方向。

“我们已经提前在电脑中设置了成熟的西红柿图片，对相关数据进行了标注，并将成熟西红柿的模型、形状、颜色等制作为平面和立体模型，通过多层神经网络，帮助采摘机器人准确分析番茄成熟度。”张轩告诉记者，采摘机器人通过“大脑”将坐标、路径等信息传输至两个摄像头，摄像头进行识别后，就能控制“手”对成熟番茄进行采摘。采摘机器人的“手”用柔性材质制成，不会对番茄进行损坏。

除了正在“练习”的采摘机器人，朝来农艺园内的其他数字化智能设备更是随处可见。数字化智能设备应用后，对比历年土培种植模式进行测算，产量可以提高亩产15%以上，实现节省50%左右的人力投入，水肥药等农业投入品使用降低10%以上，园区数字化生产管理水平得到了有效提高。

精准养护，收获高品质蔬菜

全环节的智能化应用，让朝来农艺园实现了从育苗过程到生产环境，再到病虫害控制等关键环节的综合联动智能调控，不仅改变了设施生产低效、高耗、费工的生产现状，还为园区生产高品质农产品奠定了良好基础。

精准水肥灌溉是保证蔬菜品质的重要环节。在园区的设备间，配备有水肥调控系统的核心设备及储水设施。

“运行时长2分钟，每天浇7次，设置pH（氢离子浓度指数）……”几秒钟的时间，毛盼龙便在水肥一体化设备前将番茄区浇灌的相关数值设置完毕。在配方设置中调好各种参数后，系统自动按照目标值将原液和纯净水进行配比。

“以往土培模式，进行大水漫灌、人工施肥，不仅浪费水资源，还往往因过量施肥或者施肥不均匀导致土壤板结等破坏土壤结构，蔬菜长势不一。”毛盼龙说，水肥药调控系统基于环境传感器采集的土壤温湿度、空气温湿度等环境数据，根据不同作物的控制策略决定什么时候进行水肥灌溉、进行多少灌溉量，或者某些蔬菜品种，也可以进行定时定量的水肥灌溉。通过水肥调控管理系统的使用，可以节水节肥30%以上，实现了设施安全生产、肥药精确调控。

为了保证蔬菜的新鲜程度，园区还配备了两间冷库设施。外间预冷处理，使得蔬菜采收后能够在短时间内降低温度，抑制采后蔬菜的呼吸作用，减慢蔬菜后熟衰老及水分丢失；内间做蔬菜采收后的储藏使用，保证蔬菜在预冷处理后能够延长储藏时间，两间冷库结合使用可以最大限度延长蔬菜的保鲜时效。

“在园区的育苗区内，我们还通过育苗基质智能配制、精量播种、智能催芽、智能补光、智能灌溉，结合种苗生产管理系统达到园区育苗全程记录、科学管理、数字化控制的目标，提升种苗品质。”朝来农艺园相关负责人介绍，园区还安装了包括农残检测仪及条码打印机等设备，并配套蔬菜质量安全区块链溯源系统。园区通过质量追溯系统设备及软件的使用，提高农残自检能力，实现对农产品生产加工环节的全程监控和质量安全可追溯，提升消费者对农产品品质和安全的品牌可信度，为大家提供更多安全可口的农产品。

（资料来源：北京朝阳区农业农村局.资料有删改.http://www.bjchy.gov.cn/dynamic/news/4028805a82a015780182aab2199f07ad.html.）

14.2 智慧物流服务模式

在“大数据”“互联网+”国家战略推动和“物联网”技术应用加快发展的大背景下，智能交通、智慧仓储快速发展，“物联网”促进交通运输、仓储设施设备互联互通。智慧物流的建设，已成为推动物流业供给侧结构性改革的重要引擎。物流行业借助互联网、物联网、大数据、云计算、人工智能、区块链等技术，正发生翻天覆地的变化，中国物流业的新时代，或将由智慧物流引领开启。物流发展方式和商业模式发生重大转型，效率驱动、数字驱动、体验驱动、消费者驱动更加明显，物流企业通过技术的快速进步、服务的快速迭代，使得其市场竞争力极大提升，智慧物流使得物流服务模式发生了变化。

智慧物流服务模式根据不同的分类方式有不同的类别，按照物流服务提供方不同可分为第一方物流服务、第二方物流服务、第三方物流服务和第四方物流服务；按提供方式不同分为自营、第三方、“1+3”和基于管理平台的服务模式；按平台方式分类，可以分为一体化服务模式、网络化服务模式、虚拟化服务模式和移动化服务模式。智慧物流服务模式分类如图 14-5 所示。

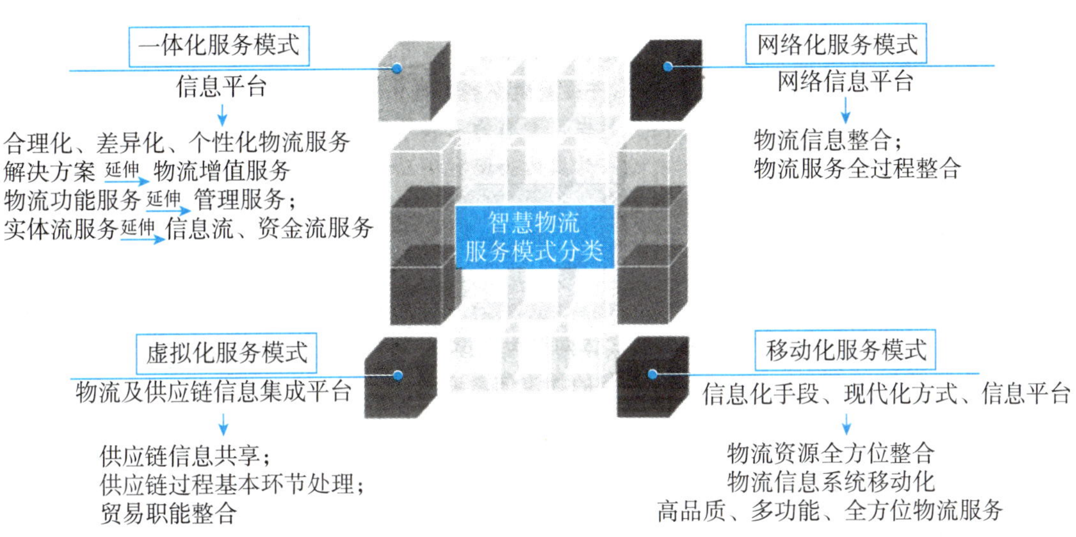

图 14-5 智慧物流服务模式分类

14.2.1 一体化服务模式

一体化服务模式是以信息平台为基础，根据客户需求，从原材料采购到产成品分销的整个供应链的流程方案，整合、协调和管理涉及整个流程的资源，一体化服务不是若干物流功能服务的简单汇总，而是提供综合物流服务整体解决方案，扮演物流参与者角色；将多个物流功能服务进行整合，对物流运作进行总体设计和管理，扮演的是物流责任人角色。一体化物流服务的市场竞争，实际上是物流解决方案合理性的竞争。

14.2.2 网络化服务模式

网络化服务模式是以互联网和实体网络为支撑，并将分散的物流资源有效整合的一种服务模式，使得原本呈现分散态势的物流信息资源，通过网络信息平台实现整合，使物流企业之间突破地域的界限，在计算机网络这个空间相互交流、协作，并且实现优势互补，每个智慧物流服务通过网络平台实现相互衔接，最终实现物流服务全过程的整合。与此同时，为能够使各种物流服务整体优化，网络化服务模式将服务功能建立在满足服务使用者的基础之上，做到高效益、高精确度的服务，促进智慧物流服务由智慧物流服务的规模化、综合化逐渐向自动化和信息化迈进。

14.2.3 虚拟化服务模式

虚拟化服务模式是以计算机网络技术进行物流运作与管理，实现企业间物流资源共享和优化配置的物流服务方式，它依靠物流及供应链信息集成平台，通过物流组织、交易、服务、管理方式的虚拟网络化，以获取物流领域的规模化效益为纽带，以先进的信息技术为基础，以达到供应链信息共享的目的，实现物流的高速、安全、可靠、低费用。虚拟化服务模式一般借助虚拟物流企业，它是功能合理分配的、信息和运作一体化的、利益共享的，对于社会物流需求而言又是整合众多原先物流各环节承担者所组成的物流共同体。

14.2.4 移动化服务模式

移动化物流服务模式充分运用信息化手段和现代化方式，以信息平台为依托，对物流市场做出快速反应，对物流资源进行全方位整合，实现了物流信息系统的移动化，提供高品质、多功能、全方位的物流服务。物流信息具有很强的时效性、动态性，信息价值衰减速度快，对物流信息的管理及时性要求高，如订单处理、配送管理和运输管理对信息的时效性要求很高。因此为进一步降低运作成本、提高工作与沟通效率、加强企业竞争力，移动信息化服务彰显自己的优势。

14.3 智慧物流的运营模式

随着时代的发展，智慧物流的开启对旧有的运营模式提出了新的挑战。智慧物流使物流具有信息化、数字化、网络化、集成化等先进技术特征。这一系列高新技术的应用会给物流行业带来海量数据，如何使这些数据有效地服务于物流，是不可避免的一项挑战。显然旧有的车、人、库单一的运营模式已经落伍，这时，大数据+物流的到来，为智慧物流开启了新的运营模式。

大数据+物流在物流上最好的体现是在第三方平台。借助互联网网络建立一个开放、透明、信息共享的数据应用平台，从而为物流公司、发货企业或个人车源、货源等提供一个高效的业务对接平台，提高物流行业服务水平的同时降低物流成本。平台运用大数据可为用户带来更多优质的选择与服务。智慧物流的创新运营模式主要有云物流、云仓资源共享、物流众包共享等。

14.3.1 云物流

1. 云物流的概念

云物流是指基于云计算应用模式的物流平台服务。在云平台上，所有的物流公司、代理服务商、设备制造商、行业协会、管理机构、行业媒体、法律机构等都集中整合成资源池，各个资源相互展示和互动，按需交流，达成意向，从而降低成本，提高效率。云物流的特点为全供应链化，大数据驱动整个供应链重新组合，不管是上游原材料、生产制造端，还是下游的分销端，都会重新组合，由线性的、树状的供应链转型为网状供应链。

2. 物流云服务的典型场景

（1）数据共享。实现物流基础数据互联互通，减少物流信息重复采集，消除物流企业信息孤岛，提高服务水平和效率，如供应链上下游各方共享货品、车辆等基础数据。

（2）销售预测。利用用户消费特征、商家历史销售等海量数据，通过大数据预测分析模型，对订单、促销、清仓等多种场景下的销量进行精准预测，为仓库商品备货及运营策略制定提供依据。

（3）网络规划。基于历史大数据、销量预测数据，构建成本、时效、覆盖范围等多维度运筹模型，对仓储、运输、配送网络进行优化布局。

（4）库存部署。在多级物流网络中科学部署库存，智能预测补货，实现库存协同，加快库存周转，提高现货率，提升整个供应链效率。

（5）行业洞察。利用大数据技术，挖掘分析计算机类、通信类和消费类电子产品，家电，鞋服等不同行业以及运输、仓储、配送、快递等不同环节物流运作特点及规律，形成最佳实践，为物流企业提供完整解决方案。

14.3.2 云仓资源共享

1. 云仓资源共享的概念

云仓资源共享是指通过建立云仓设备自动化及智能仓储系统实现仓库设施网络的互联互通，在此基础上面向用户开放云仓资源，实现仓储资源共享的模式。云仓系统是基于实体的仓库设施网络系统打造的在线互联网平台，通过互联网联通全国各地仓库的管理系统，实现仓库数据与云仓平台互联互通，基于云计算和大数据分析，整合、运筹和管理实体仓库系统，实现优化仓库资源配置和实时进行全国仓库系统的网络化运营与共享的管理。

2. 云仓技术应用和云仓技术服务典型场景

（1）云仓技术应用的典型场景

①自动化设备：通过自动化立体仓库、自动分拣机、传输带等设备，实现存取、拣选、搬运、分拣等环节的机械化、自动化。

②智能设备：通过自主控制技术，进行智能抓取、码放、搬运及自主导航等，使整个物流作业系统具有高度的柔性和扩展性，如拣选机器人、码垛机器人、自动引导车、快递无人机、智能配送机器人等。

③智能终端：基于高速联网的移动智能终端设备，物流人员操作将更加高效便捷，人机交互协同作业将更加人性化。

（2）云仓技术服务的典型场景

①“互联网+”智能仓储：开发全自动仓储系统，设计智能仓储机器人，完成货物上架、拣选、打包、贴标签等操作，大幅提高仓储管理效率与水平。通过仓储信息集成、挖掘、跟踪与共享，有效实现取货自动化、进出货无缝化和订单处理准确化。

②“互联网+”高效运输：通过搭建互联网平台，实现货运供需信息在线对接与实时共享，将分散的货运市场有效整合起来，改进运输组织方式，提升运输运作效率。

③“互联网+”便捷配送：借助互联网平台，搭建城市配送运力池，采用共同配送、集中配送、智能配送等先进模式，解决“最后一公里”难题。

④“互联网+”智能终端：适应本地生活服务需要，整合末端人力资源、服务网络和智能终端，实现资源分布式布局与共享式利用，提升资源利用效率与用户服务体验。

3. 我国三大云仓应用

（1）菜鸟云仓。菜鸟把自己定位为物流大数据平台，菜鸟网络将组建全球最大的物流云仓共享平台。菜鸟搭建的数据平台，以大数据为能源，以云计算为引擎，以仓储为节点，编织一张智慧物流仓储设施大网，覆盖全国乃至全球，开放共享给天猫和淘宝平台上各商家。

（2）京东云仓。京东自建的物流系统已经开始对社会开放，京东物流依托自己庞大的物流网络设施系统和京东电商平台，从供应链中部向前后端延伸，为京东平台商家开放云仓共享服务，提升京东平台商家的物流体验。此外，利用京东云仓完善的管理系统，跨界共享给金融机构，推出“互联网+电商物流金融”的服务，利用信息系统全覆盖，实现仓储配送一体化。

（3）顺丰云仓。顺丰利用覆盖全国主要城市的仓储网络，加上具有差异化的产品体系，围绕高质量的直营仓储配送网，优化供应链服务能力，重点面向手机、运动鞋服、食品冷链和家电行业客户开放共享云仓系统。

14.3.3 物流众包共享

1. 物流众包共享的概念

物流众包共享是一种基于互联网平台的开放式配送模式，它借助成熟的移动网络技术，将原来由专职配送员完成的任务，以自愿、有偿的方式，通过网络外包给非特定的群体，这些人只要有一部智能手机和一辆交通工具，在空闲时间就可以抢单、取货、送货，门槛低、时间自由，还能赚一份兼职收入。目前以新达达、人人快递、京东众包、闪送、快收、蜂鸟配送等为代表的众包模式受到了快递人员与消费者的欢迎。

2. 物流众包共享典型场景

（1）统筹资源。整合社会闲散仓库、车辆及配送人员等物流资源，通过仓库租赁需求分析、人力资源需求分析、融资需求趋势分析、设备使用状态分析等，合理配置，实现资源效益最大化。

（2）软件即服务。实现仓库管理系统（WMS）、运输管理系统（TMS）、订单管理系统（OMS）等信息系统的软件即服务化，为更多物流企业提供更加快捷、更加多样化的系统服务与迭代升级。

（3）算法组件化服务。将路径优化、装箱、耗材推荐、车辆调度等算法组件化，为更多物流企业提供单个或组合式的算法应用服务。

案例拓展

物流众包：大妈兼职快递员，O2O企业省成本

O2O消费方式在潮人中越来越流行。但做O2O的企业却面临一个难题：送货如何解决？订单太多，送不过来怎么办？

那就选择物流众包吧！采用这种方式的企业发现，既省心又节约成本。而且，那些有闲暇时间的人，还能捎带赚点劳务费。

众包，就是把原由企业员工承担的工作，转交给企业外的大众群体来完成。企业只需要支付少量报酬，甚至是免费的。“众包物流缩短了需求者与供应者两个终端之间的距离，降低了成本，必然会成为越来越多O2O商家的选择。”四川省现代物流协会秘书长文德华说。

案例背景：两个大妈搞定一个小区

6 月初，家住成都华润凤凰城的白领敬然在泡泡洗衣App上下了个单。2 小时后，工作人员上门，把她打算收箱底的冬天衣物取走去清洗了。3 天后，洗干净的衣物被送了回来。上门收送件的不是快递员，也不算是泡泡洗衣的员工，而是她的邻居李大妈。

到了冬天，洗衣旺季，泡泡洗衣火了。“每天 300 ~ 400 单，收送件简直‘要命’，就尝试把物流众包了出去，在一些生意好的小区，就近招小区住户当兼职配送员。”泡泡洗衣运营总监唐振华说。选择众包物流，不需要养那么多专职配送员。“O2O企业一般都是小型创业团队，我们整个团队也就 10 来个人，自建物流不现实。”唐振华说。

泡泡洗衣在下单量较多的 2 个小区开始了尝试。每个社区找 2 名住户，承包这个小区的收送件任务。“每天能拿出 6 小时左右时间的，一般是全职妈妈和刚退休的大爷大妈。”唐振华说，每单支付他们 5 块钱，每天每人负责 5 单左右。他们对小区情况熟悉，轻车熟路，服务质量可以得到保证。

（资料来源：网易新闻 . https://www.163.com/news/article/AS9T45AP00014AED.html.）

思政园地

引入智能运输，介绍在“一带一路”过程中，我国交通运输业的跨越式发展，让学生珍惜历史机遇，立志为新时代贡献力量；引入智能配送，介绍机器人配送包裹，增强学生为社会提供专业服务，创造更多价值的意识；引入智能仓储，插入《大国工匠》纪录片相关片段，将工匠精神融入教学，提升学生精益求精，追求卓越的品质；引入智能装卸搬运，播放上海洋山港自动化码头的照片和视频，让学生了解智慧装卸和绿色装卸，激发对国家、民族的归属感。

课后习题

一、单项选择题

1. 全球定位系统的简称是（　　）。

A. GIS　　B. GPS　　C. GSM　　D. WMS

2. 不属于智慧物流依托的技术是（　　）。

A. 物联网　　B. 大数据　　C. 云计算　　D. 助推器

3. 基于云计算应用模式的物流平台服务称为（　　）。

A. 云服务　　B. 云仓　　C. 云物流　　D. 云平台

4. 云物流的特点为（　　）。

A. 开放式　　B. 封闭式　　C. 全网络化　　D. 全供应链化

5.可以为客户提供主要物标数据的技术是(　　)。

A. GIS　　B. GSM　　C. WMS　　D. TMS

二、多项选择题

1.智慧物流的特点有(　　)。

A.互联互通，数据驱动　　B.深度协同，高效执行

C.模块独立，互不干扰　　D.自主决策，学习提升

2.智慧物流的应用包含的物联网技术有(　　)。

A.条码技术　　B.无线射频识别技术

C.传感器　　D.全球定位系统

3.智慧物流应用的自动识别技术有(　　)。

A.条码识别技术　　B.RFID技术

C.生物识别技术　　D.化学识别技术

4.智慧物流应用的数据挖掘技术有(　　)。

A.精准型数据挖掘　　B.描述型数据挖掘

C.预测型数据挖掘　　D.模糊型数据挖掘

5.智慧物流的创新运营模式包含(　　)。

A.云物流　　B.物流众包共享

C.网络资源共享　　D.云仓资源共享

三、判断题

1.大数据时代的到来，有效推动“小物流”体系的形成。(　　)

2.智慧物流技术的应用将使物流成本和效率同时提高。(　　)

3.条码识别技术是目前使用最广泛的自动识别技术。(　　)

4. GIS是打造智能物流的关键技术与工具。(　　)

5.使用GPS地址匹配技术可以实现快速分单功能。(　　)

6.智慧型供应链的核心是使供应链中的成员在信息流、物流和资金流等方面实现无缝对接。(　　)

四、简答题

1.信息化和大数据时代对物流有哪些影响?

2.我国智慧物流的发展现状和趋势如何?

3.“菜鸟”是如何推行智慧物流技术的?

4.随着环境保护、垃圾分类等呼声越来越高，物流业应该如何承担全球绿色与可持续发展的使命呢?

5.智慧物流的应用场景有哪些?

五、案例分析题

京东的首个无人仓库也是全球首个全流程无人货仓坐落在上海市嘉定区的仓储楼群，属于上海亚洲一号整体规划中的第三期项目，总面积达到4万平方米。这个物流中心包括4个作业系统，分别是：收货、存储、订单拣选、包装，存储系统由8组穿梭车立体库系统组成，

可同时存储商品 6 万箱。从现场看，整个无人仓分为三个主要区域：入库+分拣+打包，仓储区域和出库区域。京东无人仓库的“黑科技”主要包括智能控制系统、无人分拣机器人、机械手、全自动打包系统、订单拣选作业系统等，极大地提供了仓储管理和作业的效率。

>>思考分析

1.以你所学知识，分析无人仓与传统仓库的差异性。

2.试分析无人仓的运行机理。

实践与实训　调查学校周边配送中心智慧物流的应用情况

【实践与实训目标】

1.让学生在实践中分析问题，发现问题，培养观察生活的能力。理解物流信息对人们生活的影响、对企业生产经营和发展的影响。

2.让学生了解企业智慧物流应用情况，尝试寻找智慧物流实施的条件和面临的挑战。

【内容与要求】

1.实地考察配送中心智慧物流的应用情况。

2.收集与企业有关智慧物流发展的政策、法规、管理制度、规划等资料。

3.分析和整理企业智慧物流实施过程中面对的挑战。

【成果与检测】

1.提交调研报告。

2.开展学生间的交流讨论，评比优秀报告和优秀发言。

参考文献

[1] 崔艾嘉.电子商务环境下物流管理的创新发展研究[J].物流工程与管理，2023，45(3)：78-80.

[2] 刘占山，杜利楠，史书铨.关于我国综合交通运输理论框架体系的思考[J].交通运输研究，2023，9(3)：16-22.

[3] 李梁，安振东.新形势下做好物流运输管理的措施分析[J].运输经理世界，2022(9)：83-85.

[4] 许航.基于RFID的智能仓储系统设计及性能评估[J].自动化仪表，2023，44(2)：44-47.

[5] 白光利.冷链仓储自动化技术发展研究[J].物流技术与应用，2023，28(S1)：74-76.

[6] 李俊枝，补婧.智慧社区视角下社区物流末端配送优化研究[J].物流工程与管理，2024，46(1)：7-9，20.

[7] 李艳淇，邓超.零售连锁企业物流配送路径优化方法[J].物流技术，2022，41(3)：86-89.

[8] 宋华.中国供应链韧性建设与高质量发展：内涵、机制与路径[J].供应链管理，2023，4(9)：5-24.

[9] 杨志华.基于大数据的智慧物流应用模式分析[J].物流工程与管理，2022，44(1)：38-40.

[10] 马萌.乡村振兴战略下农村智慧物流建设研究[J].农业经济，2022(3)：133-135.

[11] 王春利.企业物流优化分析[J].物流工程与管理，2016，38(8)：32-33，144.

[12] 李璟.现代物流经济视角下的企业物流管理措施[J].物流工程与管理，2023，45(6)：111-112，102.

[13] 段虹宇.国际物流与国际贸易[J].物流工程与管理，2010，32(8)：18-20.

[14] 张毅.跨境电商环境下国际物流模式解析[J].全国流通经济，2023(11)：49-52.

[15] 张春燕.第三方物流发展现状及对策[J].合作经济与科技，2023(17)：66-68.

[16] 肖伟.智能物流包装在现代物流中的发展研究[J].中国包装，2024，44(1)：16-18.